Harzwanderungen

Paul Scraton

Harzwanderungen

Auf Heines Spuren durch den deutschen Wald

Aus dem Englischen von Ulrike Kretschmer

Matthes & Seitz Berlin

Inhalt

Prolog 7

1 Die Geister von Göttingen 9
2 Hinunter zum Fluss 33
3 Narben in der Landschaft 57
4 Die Geschichten, die wir gehört haben 81
5 Über den Pass und in den Berg 105
6 Stimmungsmusik 131
7 Der deutsche Berg 155
8 Auf dem Brocken 179
9 Sirenengesang 205

Epilog: In Weimar 229

Anmerkungen 243
Ausgewählte Literatur 249
Sonstige Quellen 254

Prolog

In einer der Hallen des alten Berliner Flughafens Tempelhof war vor Kurzem eine Ausstellung zu sehen, die Künstlerinnen und Künstler aus ganz Europa umfasste und Aspekte der Vielfalt und Einheit im zweiten Jahrzehnt des einundzwanzigsten Jahrhunderts beleuchtete. In der Mitte der Halle befand sich eine Installation, eine Art dreidimensionale Kombination aus Gemälde und Skulptur von Anselm Kiefer. Sie trug den Titel »Winterreise« und bot Einblick in einen gefrorenen Wald mit schneeverwehten Bäumen und morschen Eichenstümpfen, mit riesigen Pilzen und einem ausrangierten, verrosteten Bett, auf dem eine herrenlose Maschinenpistole lag. Mit seinem Kunstwerk wollte Kiefer die französisch-deutsche Historie erkunden: Die Geschichten in Kiefers Winterwald erzählen davon, wie Gefühl, Empfindung und Romantik zu Militarismus und Gewalt führen können. In Kiefers Wald gehen die Geister derjenigen um, die unter seinem Blätterdach leben und deren Namen hier und dort eingeritzt sind. Tieck und von Eichendorff. Novalis und Ulrike Meinhof. Und ganz hinten, zwischen Fichte und Lord Byron: Heinrich Heine.

Im Laufe seiner Karriere kehrte Anselm Kiefer immer wieder zum deutschen Wald zurück, wobei ihm Heinrich Heine oft Gesellschaft leistete. Und in diesem Geiste machte auch ich mich auf meinen ganz eigenen Weg durch die Bäume, reiste mit Heine in den Harz und hielt mich dabei so dicht wie möglich an die Route, die er in seiner *Harzreise* unsterblich gemacht hat. Heine war in den rund zehn Tagen, in denen ich ihm in seinen Fußstapfen folgte, mein beständiger Begleiter, doch gab es sowohl vor als auch nach uns viele, die den deutschen Wald bereisten. Und so ist meine Harzwanderung wie jeder Waldspaziergang, der etwas auf sich hält, voller Umwege und Abschweifungen – manche zufällig, manche erzwungen, manche ganz und gar absichtlich. Dieses Buch erzählt von einer Wanderung, von Bewegung, und davon, was unterwegs zu finden ist, was dieser unser Wald unter seinem Kronendach birgt und welche Geschichten er bereithält.

Paul Scraton, Weimar und Berlin, Juli 2021

1

Die Geister von Göttingen

An einem strahlenden Herbsttag raste der Zug nach Süden in Richtung Göttingen. Eine Zeit lang verliefen die Gleise parallel zum flachen Wasser der Leine, wo sich das Licht auf den winzigen Wellen fing, die sich in der leichten Brise über die Oberfläche des Flusses kräuselten. Am Ufer ließen Weiden ihre Äste hängen, als reichten sie dem Wasser die Hand. Beim Blick zurück aus dem Zugfenster, das Tal hinunter, zeichnete das schmale Band der Bäume, die den Fluss säumten, seinen Lauf nach; wie Wächter standen sie zu beiden Seiten zwischen den Schienen und den Feldern, die sich in sanftem Anstieg zu den niedrigen Hügeln hinaufzogen. Auf der anderen Seite des Waggons waren die Hügel steiler und bewaldet. Ein erster Hinweis darauf, was unsichtbar – noch zumindest – in der Ferne lag. Der Zug raste nach Süden in Richtung Göttingen, neben dem Fluss und einem Weg her, der für Radfahrer asphaltiert worden war und auf dem ich am nächsten Morgen meine Reise beginnen wollte.

Am Stadtrand von Göttingen wurde der Zug langsamer. Reisende standen von ihren Sitzen auf, um ihr Gepäck zusammenzusuchen, die Felder und bewaldeten Hänge vor dem Zugfenster waren Outlet- und Shoppingcentern, einem Schrottplatz und Supermärkten gewichen. Auf einer verstopften Hauptstraße staute sich an einer Ampel der Verkehr, über der Szene türmte sich ein Wohnhochhaus auf und verdeckte die Sonne. Auch im Zug staute es sich; wir reihten uns im Gang vor der Tür auf, während die Waggons am Bahnsteig allmählich zum Stillstand kamen. Die meisten meiner Mitreisenden waren jung und mit Gepäck beladen: Rucksäcke auf der Ablage über den Köpfen der Passagiere, riesige Rollkoffer auf den Gepäckregalen im Einstiegsbereich. Überwiegend Studenten, dachte ich, die das erste Mal in die Stadt kamen oder rechtzeitig zum neuen Semester zurückkehrten.

Im Gedränge vor dem Bahnhofseingang genossen die Leute in ihrer Mittagspause die Sonne. Sie aßen Sandwiches, checkten ihre Smartphones und suchten Schatten unter Bäumen, die so ausladend und alt waren, dass sie aus einer Zeit zu stammen schienen, lange bevor es einen Bahnhof oder die Gleise gegeben hatte, die ihn mit dem Rest der Welt verbanden. Unter einem der Bäume, neben einem Trio aus Fahrrädern, die in aller Eile von zu einem Zug hastenden Menschen dort abgestellt worden waren, saß eine Frau mit im Schoß verschränkten Händen, die Augen geschlossen, als sei sie in Gedanken versunken.

Sie war nicht real. Nicht mehr. Ihr Name war Frau Charlotte Müller, so stand es eingraviert auf dem Steinsockel, auf dem sie saß. Sie war die älteste Marktfrau der Welt[1] – wortwörtlich in Stein gemeißelt. Sie hatte den Reisenden Süßigkeiten und Obst verkauft, als es noch keinen Kiosk am Bahnhof gegeben hatte. Einen Platz im Buch der Rekorde und eine Statue unter einem alten, knorrigen Baum hatte sie bekommen, weil sie mit fünfundneunzig Jahren noch immer ihre Waren feilgeboten hatte. Manchmal werden wir eines einzigen Augenblicks der Inspiration, eines einzigen Erfolgs wegen berühmt. Manchmal, wenn wir lange genug ausharren, wird unsere Hartnäckigkeit belohnt. Die Statue war zwei Jahre nach Charlottes Tod aufgestellt worden. Nach der langen Zeit, die Frau Müller vor dem Bahnhof auf und ab gegangen war, hatte die Stadt ohne sie wohl nicht auskommen können. Sie ist einer der Geister von Göttingen und heißt den Reisenden bei seinen ersten Schritten in die Stadt auf ewig willkommen.

Ich schrieb Charlottes Namen in mein Notizbuch. Als Gedächtnisstütze. Hin und wieder, insbesondere an neuen und unvertrauten Orten, ist es leichter, die Geister, nicht die derzeitigen Einwohner zu erreichen. Die Geister haben nur ihre Geschichten zu erzählen, die Einwohner haben ein Leben zu führen. Der Spaziergänger streift durch eine Stadt oder ein Dorf bis zum Rand der Stadt oder zu einem kleinen Weiler in den Hügeln, wobei Begegnungen mit realen Menschen dem Zufall überlassen sind. Im Gegensatz dazu sind Charlotte und ihresgleichen stets zugegen und warten auf alle, die da kommen mögen, zu welcher Tages- oder Nachtzeit auch immer.

Und so sagen wir uns, sie seien der Schlüssel zur Geschichte, eine Abkürzung zum Verständnis des Ortes, an dem wir uns befinden. Sie warten vielleicht als Statue oder als Gedenktafel an einer Mauer. Als Grabstein auf dem Friedhof oder als Worte, vor langer Zeit geschrieben und doch neu zu lesen in frisch gedruckten Büchern. Sie warten auf uns in den Geschichten, die wir hören und die von Generation zu Generation weitergegeben, wiederholt und stets aufs Neue erzählt werden. In den Steinsockel, auf dem Charlotte kniend sitzt, können nicht allzu viele Worte eingraviert werden, aber das spielt keine Rolle. Wir haben trotzdem sofort Zugang zu ihrer Geschichte. Wir können sie abrufen und in Händen halten.

Auf der nächstgelegenen Bank hatte eine Frau ihr Sandwich aufgegessen und stand auf, um zu gehen. Ein älterer Mann blickte immer noch hochkonzentriert auf sein Smartphone. Ich hätte sie nach ihrer Geschichte fragen können, doch warum hätten sie sie mir erzählen sollen? Selbst wenn ich ihnen gesagt hätte, was ich vorhatte?

Vor allem wenn ich ihnen gesagt hätte, was ich vorhatte.

An der Rezeption des Hotels probierte ich es zum ersten Mal aus. Der Frau, die mich eincheckte, waren schon mein Rucksack, die an seiner Seite festgemachten Wanderstöcke und die schweren

Stiefel an meinen Füßen aufgefallen. Sie hatte all das bemerkt und fragte trotzdem.

»Sind Sie mit dem Auto angereist?«

Es war schlicht eine Frage, die sie auf der Liste in ihrem Kopf abhaken musste. Es war Teil des Protokolls.

Ich schüttelte den Kopf und erzählte ihr stattdessen, was ich vorhatte. Dass ich mich am nächsten Morgen auf eine Wanderung in den Fußstapfen Heinrich Heines begeben wollte. Dass ich der Leine bis nach Northeim folgen und mich dann in die Hügel aufmachen wollte, durch Ortschaften hindurch und in Bergwerke hinunter, bevor es schließlich ganz nach oben auf den Brocken hinauf ging. Und dass ich danach, wenn ich es geschafft hatte, nach Hause, nach Berlin zurückkehren, mich hinsetzen und darüber schreiben wollte.

Die Frau sah kurz vom Bildschirm ihres Computers auf. Klickte mit der Maus. Nein, keine Anreise mit dem Auto.

»Ein Frühstücksbüfett gibt es derzeit aufgrund der aktuellen Maßnahmen leider nicht«, fuhr sie fort. »Sie können sich morgen früh an der Rezeption aber ein Frühstückspaket abholen und es auf Ihrem Zimmer essen. Sie müssen mir nur sagen, ob Sie Tee oder Kaffee dazu haben möchten …«

Auf der Weender Straße rangen Vergangenheit und Gegenwart um Aufmerksamkeit. Auf der zur Fußgängerzone umgewandelten Straße ließ es sich insbesondere im warmen Herbstsonnenschein angenehm schlendern. Letzterer fühlte sich wie eine Zugabe an, ein Verweilen des Sommers, das zu genießen alle an diesem Tag in Göttingen anscheinend entschlossen waren. An der gesamten Straße entlang, die hauptsächlich aus Fachwerkhäusern mit Geschäften im Erdgeschoss bestand, drängten sich die Menschen im Außenbereich der Cafés, solange auch nur ein Sonnenstrahl auf ihm landete. Eisdielen und Bäckereien, Restaurants und Bars.

Die meisten der Läden trugen Namen, die man auf den Hauptgeschäftsstraßen in ganz Deutschland finden kann, doch gab es auch Hinweise, die das Interesse des Besuchers weckten. Die Menschen, die hier umherbummelten, waren jung, wie meine Mitreisenden im Zug. Schließlich ist Göttingen eine Universitätsstadt. Und an der Straße, auf den öffentlichen Plätzen der Stadt und über unseren Köpfen, wo die Geschäfte aus dem einundzwanzigsten Jahrhundert den Fachwerkkonstruktionen aus dem Mittelalter Platz machten, warteten noch einige weitere Geister von Göttingen darauf, entdeckt zu werden.

Vor dem Rathaus stand das Gänseliesel mit dem namengebenden Vogel auf seinem Brunnen und wartete auf die Blumen der Studenten oder den Kuss derjenigen, die ihre Doktorprüfung geschafft hatten. Ich hatte die Geschichte vom Gänseliesel und seinem Brunnen gelesen, bevor ich nach Göttingen gekommen war. Es war eine jener zeitlosen Geschichten, die Geschichte einer Tradition, die es bestimmt schon vor zweihundert Jahren, zu Heines Zeit als Student in der Stadt gegeben hatte. Aber wie so viele Traditionen wurde auch diese in deutlich jüngerer Zeit erfunden, als wir vielleicht denken. Die Statue wurde 1901 errichtet. Ein Wettbewerb war zur Gestaltung des Brunnens ausgeschrieben worden, und während die Stadtältesten einen prachtvolleren Entwurf vorgezogen hätten, bestanden die Einwohner von Göttingen auf dem Mädchen mit dem Draht zum einfachen Volk. Nicht lange danach begannen die Studenten mit dem Blumenbringen und Küssen. Wie man sieht, braucht es nicht viel, um eine Tradition zu begründen, sie zeitlos wirken zu lassen.

Als ich dem Gänseliesel begegnete, war es nicht geschmückt – weder Blumen noch Küsse gab es, als ich mich auf dem Platz aufhielt. Vielleicht war es noch zu früh im Semester. Dennoch repräsentierte das Mädchen Göttingen jetzt. Die geliebte Tochter der Stadt zierte die Cover unzähliger mehrsprachiger Reiseführer, die in einem Buchladen in der Nähe zum Verkauf standen. Sie war *das* Motiv auf den Postkarten, Aschenbechern und Bierkrügen am Souvenirstand und an dem Tag, an dem ich in Göttingen ankam, ein Dutzend Jahrzehnte, nachdem man sie auf dem Platz vor dem Rathaus aufgestellt hatte, Göttingens Hauptattraktion auf Trip-Advisor.

Ich ging weiter. An der Kreuzung Weender Straße, Prinzenstraße und Theaterstraße stieß ich auf den »Nabel« der Stadt, eine Bronzeskulptur, die sich ebenfalls unter den Top Ten auf Trip-Advisor befand, und ein Ort, an dem sich der müde und ermattete Einkäufer zu Füßen eines tanzenden Paars und dessen Kind eine Weile ausruhen kann. Die Skulptur soll für das menschliche Miteinander stehen, warf für mich auf den ersten Blick aber mehr Fragen auf, als sie Antworten gab, vor allem an einem Nachmittag, an dem niemand in der Nähe war, um Musik zum Tanz zu machen. Was ging hier vor sich? Wer waren die Figuren? Ging es hier um eine Demaskierung oder einen Verschleierungsversuch? Tanzten oder rangen die Figuren miteinander?

Ein paar Schritte weiter weg stand ein Mann und fotografierte die Skulptur. Er kämpfte sichtlich mit dem Licht, da die Sonne mittlerweile tief am Himmel stand. Ich fragte ihn, was die Skulptur seiner Meinung nach bedeutete. Was sie uns sagen wollte.

Er zuckte mit den Schultern.

»Ich finde sie einfach schön«, antwortete er.

Ich fragte weiter, ob er aus Göttingen komme, aber natürlich tat er das nicht. Kein Einheimischer würde eine Skulptur fotografieren, an der er jeden Tag vorbeimüsste. Höchstens dann, wenn etwas passiert wäre, wenn jemand etwas mit Göttingens Nabel getan hätte, das ihn auffälliger gemacht, aus der Unsichtbarkeit der Vertrautheit hätte ausbrechen lassen. Doch das war an diesem Tag nicht geschehen. Ich hatte das Gefühl, der Mann und ich waren die einzigen Menschen, die der Skulptur mehr als nur einen flüchtigen Blick schenkten.

In einer Universitätsstadt wie Göttingen – und das trifft auf Universitätsstädte vielleicht mehr als auf die meisten anderen Städte zu – kommen viele der Menschen, die mit der langen Geschichte des Ortes verbunden sind, ursprünglich nicht von dort. Ihre Namen sind an der Weender Straße und anderen Stellen festgehalten, in der Regel auf schlichten Tafeln im Erdgeschoss oder ersten Stock des Gebäudes, in dem sie einmal gewohnt haben. Es sind die Namen der zahlreichen Studenten und Professoren, die sich vorübergehend in der Stadt aufgehalten haben, die Namen von Ägyptologen, Ärzten, Astronomen, Musikern, Dichtern und Schriftstellern. Auf der Weender Straße mit ihrem Defilee an ebenerdigen Ladenfronten muss man sich schon gehörig den Kopf verdrehen, um sie zu erspähen.

Während ich weiterschlenderte, fragte ich mich, auf wen diese Reihe berühmter und weniger berühmter Namen wohl abzielte. Waren sie ein interessantes Detail für jemanden wie mich, der seinen Reisegefährten, hätte er denn einen, am Ärmel zupfen und sagen könnte, »Oh, sieh mal ... Alexander von Humboldt«? Vielleicht sollte sie aber auch die Erstsemester inspirieren, die mit einem Blumenstrauß in der Hand auf dem Weg zum Gänseliesel waren – als Erinnerung an die Geisteskraft und Talente derjenigen, die vor ihnen in Göttingen gelebt und gearbeitet hatten.

Vor meiner Abreise aus Berlin hatte ich eine Adresse in mein Notizbuch gekritzelt. Als ich in Göttingen dann vor der Weender Straße 50 stand, sah ich mich einer Filiale des Fast-Food-Fischrestaurants Nordsee gegenüber, die sich mittlerweile unter der Wohnung befand, die Heinrich Heine 1825 nach seiner Harzreise im Herbst des Vorjahres bezogen hatte. Von dieser dreimonatigen Wanderung hielt Heine nur einen kleinen Teil in seiner *Harzreise* fest. Er arbeitete an dem Text, als er in der Weender Straße wohnte, erschienen ist der Reisebericht in mehreren Fortsetzungen erstmals im Januar und Februar des Jahres 1826 in der Zeitschrift *Der Gesellschafter*. Zu dieser Zeit hatte Heine sein Studium beendet und sowohl der Weender Straße als auch Göttingen für immer den Rücken gekehrt.

Ich fotografierte das Haus und widerstand der Versuchung, mir ein Fischbrötchen zu kaufen. Stattdessen ging ich weiter. In den kommenden Tagen würde Heine mein Begleiter sein, in Göttingen aber buhlten noch andere um meine Aufmerksamkeit. Ein kurzes Stück die Straße hinunter, und erneut erreichte mich ein Ruf von den oberen Stockwerken eines schmucken Gebäudes aus, das dieses Mal mit einem Kleidergeschäft im Erdgeschoss aufwartete. Ich hatte Samuel Taylor Coleridge in Göttingen zwar nicht erwartet, hätte aber andererseits auch nicht allzu überrascht sein dürfen. Denn auch die englischen Romantiker waren langen Spaziergängen in den Wäldern Mitteldeutschlands durchaus nicht abgeneigt gewesen.

Coleridge lebte 1799 in der Weender Straße, ins Land gekommen war er gemeinsam mit William und Dorothy Wordsworth mit dem Dampfschiff vom englischen Yarmouth aus. Bevor es nach Göttingen ging, verbrachte Coleridge vier Monate in Ratzeburg, um so gut Deutsch zu lernen, dass er sich an der Universität für Seminare einschreiben konnte; indes zogen die Wordsworths weiter nach Goslar, eine Stadt am Rande des Harzes und für die gesamte Zeit, die sie aus England fort waren, ihr Stützpunkt. Es war der kälteste Winter des achtzehnten Jahrhunderts, worüber sich sowohl Coleridge als auch die Wordsworths in ihren Briefen in die Heimat beschwerten.

> *Die einzigen Bemerkungen, die sich mir aufdrängten*, schrieb Coleridge später, *waren die, dass es kalt war, sehr kalt. Entsetzlich kalt.*[2]

Vielleicht hatte Coleridge deswegen die Zeit, die Sprache so schnell zu lernen, dass er kaum ein Jahr später imstande war, Schiller zu übersetzen.

In Göttingen hauste Coleridge zunächst in einer Unterkunft, die er als »verdammtes Dreckloch« beschrieb, bevor er in die Weender Straße zog. Er besuchte Vorlesungen, verbrachte aber den Großteil seiner Zeit – acht bis zehn Stunden am Stück – in der Bibliothek, wo er sich intensiv auf alle möglichen Studienthemen konzentrierte. Am meisten jedoch interessierte sich Coleridge für das Werk Lessings, über ihn wollte er ein Buch schreiben.

Für Coleridge bedeutete Göttingen etwas, das er in England anscheinend nicht hatte finden können. Aufklärung. Toleranz. Freie Meinungsäußerung. Religionsfreiheit. Er kehrte mit einer neuen Sprache nach Hause zurück und mit einigen neuen Ideen, wie er in der eigenen Sprache schreiben könnte – dazu angeregt teilweise durch Wanderungen, die er im Mai und Juni 1799 in den Harz unternommen hatte. In seinen Briefen nach England prägte er Ausdrücke, die ihren Weg nicht nur in Coleridges Gedichte, sondern in die englische Sprache allgemein fanden. Vor Heine, aber nach Goethe, erklomm Coleridge den Gipfel des Brocken sogar zwei Mal.

Ich stand auf des gewalt'gen Brocken Gipfel,
Sah Wald auf Wald und Berg auf Berg gehäuft,
Ein wogend Bild, nur durch die blaue Ferne
Begrenzt.

I stood on Brocken's sovran height, and saw
Woods crowding upon woods, hills over hills,
A surging scene, and only limited
By the blue distance.

Später im Gedicht – »Zeilen, geschrieben in Elbingerode nach einer langen Wanderung in den Wäldern und über die Hügel«[3] – führten Coleridges Feder und Vorstellungskraft ihn hinter den Horizont an Englands »Gestade und türmend weiße Klippen«; sie verbanden die beiden Landschaften im Vers miteinander und lassen ahnen, welchen Einfluss die Monate in Deutschland nicht nur auf Coleridges Werk, sondern auch auf das des in Goslar tätigen Wordsworth haben sollten. Und so spielten Wald auf Wald und Berg auf Berg eine kleine, aber entscheidende Rolle bei der Entwicklung der englischen Romantik.

Ich folgte dem Weg, den Coleridge von seiner Unterkunft in der Weender Straße zu den Befestigungsanlagen genommen hätte, wo bis zur Mitte des achtzehnten Jahrhunderts die Stadtmauern gestanden hatten. Zu Coleridges Zeit in Göttingen war der Wall wie heute ein beliebter Ort für Spaziergänge gewesen, da er sich über die Straßen der Stadt erhob und den Blick über die Dächer im Zentrum freigab.

Coleridge spazierte gern abends gemeinsam mit Freunden auf dem Wall, einer Mischung aus englischen und deutschen Studenten, die meist jünger waren als er. Sie setzten sich unter die Bäume und sprachen über das, was sie an diesem Tag in den Vorlesungssälen und in der Bibliothek gelernt hatten. Als ich dort spazieren ging, konnte ich ebenfalls einige Paare und kleine Gruppen sehen, die sich mit ihren Büchern und Bierflaschen auf Bänken oder im Gras zwischen den Bäumen niedergelassen hatten, während mir in der herbstlichen Nachmittagsluft der Rauch von Zigaretten und Marihuana penetrant in die Nase stieg.

> *Einen solchen Abend habe ich nie zuvor erlebt,* schrieb Coleridge über seine Erfahrungen auf einer Studentenparty. *Gebrüll, Küsse, Umarmungen, Raufereien, an die Wand geworfene Flaschen und Gläser. Eine solche Szene des Aufruhrs habe ich noch nie gesehen, noch nicht einmal an der Universität in Cambridge ...*[4]

Unweit des Bahnhofs verließ ich den Wall und folgte der Hauptstraße, die aus dem Stadtzentrum führte, über die Gleise und den Fluss hinweg in Richtung Autobahn. Der Verkehr strömte einige Zeit vor der Rushhour aus Göttingen hinaus, zwischen einer Aufreihung von Supermärkten, Tankstellen und Autohäusern auf der einen und einer Backsteinmauer mit hohen Bäumen dahinter auf der anderen Seite.

Kurz nachdem ich den Stadtfriedhof mit seinen breiten, beschatteten Wegen zwischen gepflegten Rasenanlagen betreten hatte, drang der Straßenlärm durch die Abschirmung der Bäume und der Friedhofsmauer nur noch gedämpft zu mir. Mit jedem Schritt, der mich tiefer in den Friedhof hinein und von der Straße wegführte, konnte ich den Gesang der Vögel und die leisen Stimmen eines Paars, das mit Gießkannen in der Hand an einem Grab stand, besser hören. Der Friedhof erstreckte sich großflächig zwischen Straße und Bahngleisen, jenseits der alten Stadtmauern und der Leine, eröffnet worden war er im Jahr 1881. Seit damals war er für über vierzigtausend Seelen zur letzten Ruhestätte unter den Blätterdächern der Bäume geworden, die sich mir in herbstlicher Farbenpracht zeigten.

Ich war auf der Suche nach einem ganz bestimmten Grab, das ich nach etwa zwei Dritteln des Wegs durch den Friedhof auch fand, in Hörweite jetzt der Züge, die auf der anderen Seite der Friedhofsmauer in den Bahnhof ein- und wieder aus ihm hinausfuhren. Ein schlichter Stein markierte das Grab.

FRIEDRICH CARL
ANDREAS
GEB. 14. APRIL 1846
GEST. 4. OKT. 1930

Friedrich Carl Andreas war 1903 nach Göttingen gezogen und hatte den Lehrstuhl für Westasiatische Sprachen an der Universität inne. Doch es war nicht Friedrich, dessentwegen ich gekommen war; auf dem Grabstein steht ein weiterer Name, eine weitere Gravur, die dem vorüberstreifenden Besucher sogar noch weniger Informationen liefert. Weder Nachname noch Geburtsdatum. Auch kein Sterbedatum. Lediglich drei Buchstaben, wie von Hand geschrieben oder nachträglich eingraviert.

Lou

Sieben Jahre nach dem Tod ihres Mannes, mit dem sie von 1887 bis 1930 verheiratet war, aber zölibatär zusammengelebt hatte, schloss sich Lou Andreas-Salomé ihm auf dem Stadtfriedhof Göttingen an, wovon nur ihr Vorname auf dem Grabstein zeugt. Die Psychoanalytikerin und ausgesprochen produktive Schriftstellerin war lange Zeit für ihre Freundschaften mit Friedrich Nietzsche, Sigmund Freud, Paul Rée und Rainer Maria Rilke bekannt. Tatsächlich war es Lou Andreas-Salomé, die Rilke dazu überredete, seinen Vornamen René in das maskulinere Rainer zu ändern, und Freud war so beeindruckt von ihrer Arbeit, dass er sie die »Dichterin der Psychoanalyse«[5] nannte.

Allerdings ist Lou Andreas-Salomé weit mehr als nur die Summe ihrer Beziehungen zu berühmten Männern. Sie wurde 1861 in St. Petersburg geboren, studierte in Zürich an einer der zu dieser Zeit wenigen europäischen Universitäten, die auch Frauen zuließen, und wurde eine der ersten Psychoanalytikerinnen überhaupt. Als bedeutende Schriftstellerin widmete sie sich Themen wie der weiblichen Psychologie und Sexualität, dem Erotischen, der Geschlechterdifferenz und dem Glaubensverlust. Mit ihrer Arbeit nahm sie großen Einfluss auf feministische Bewegungen zu ihren Lebzeiten und darüber hinaus. Daneben schrieb sie Memoiren, Romane und Gedichte, beispielsweise das »Lebensgebet«, das später zur Grundlage von Friedrich Nietzsches »Hymnus an das Leben« werden sollte.

Gewiß, so liebt ein Freund den Freund,
Wie ich dich liebe, Rätselleben –
Ob ich in dir gejauchzt, geweint,
Ob du mir Glück, ob Schmerz gegeben.[6]

Viel von Lou Andreas-Salomés Geschichte kann über die Freundschaften erzählt werden, die sie pflegte. Den Großteil der Menschen, mit denen sie befreundet war, überlebte sie. Am Ende ihres Lebens wohnte sie in ihrem Haus am Rand von Göttingen und züchtete Nutrias in ihrem Garten, während die Nationalsozialisten die Macht in Deutschland ergriffen. 1933 hängten ihre Nachbarn die Hakenkreuzfahne im Fenster auf, woraufhin Lou Andreas-Salomé schrieb: »Richtig vernünftig sprechen kann man jetzt hier eigentlich nur mit den 11 Nutrias.«[7]

Von Nietzsches Schwester Elisabeth Förster-Nietzsche wurde sie als die »finnische Jüdin«[8] denunziert. Sie hatte Lou Andreas-Salomé schon lange vorgeworfen, Friedrich zu »verderben« und einen Keil zwischen Bruder und Schwester zu treiben, auch wenn Andreas-Salomé immer sehr ruhig darauf bestand, lediglich an Freundschaft interessiert zu sein und dass es schließlich Friedrich gewesen sei, der das unmoralische Angebot gemacht habe. Dies hatte auf Elisabeth allerdings nur die Wirkung, so hysterisch zu werden, dass sie sich übergeben musste.[9]

Wenige Tage nach Andreas-Salomés Tod drang die Gestapo in ihr Haus ein und konfiszierte die Bibliothek unter dem Vorwand, sie sei voller Bücher jüdischer Autoren und müsse »gesäubert« werden; außerdem war Lou Andreas-Salomé eine Studentin und Kollegin von Freud gewesen. Doch wie die Journalistin Katja Iken später schrieb: »Hitlers Schergen beschlagnahmten ihre Bibliothek. Ihr geistiges Erbe vermochten sie nicht zu zerstören.«[10]

Mehr als für alles andere sollte Lou Andreas-Salomé für das, was sie in ihrem Leben und mit ihrer Arbeit geleistet hat, in Erinnerung bleiben. In Göttingen ist eine Straße nach ihr benannt, zudem gibt es dort das Lou Andreas-Salomé Institut für Psychoanalyse und Psychotherapie. Und an der Herzberger Landstraße, wo einst ihr Haus stand und die Hakenkreuzflagge im Fenster der Nachbarn hing, trägt ein Denkmal ihre Worte, die zu allen sprechen, die die Pilgerreise dorthin unternehmen.

Du heller Himmel über mir
Dir will ich mich vertrauen
Lass nicht von Lust und Leiden hier
Den Aufblick mir verbauen

Ich verließ den Friedhof, überquerte erneut Fluss und Eisenbahngleise und begab mich auf den Wall zurück, um meine Umrundung des Stadtzentrums abzuschließen. Auch hier hingen Transparente aus den Fenstern der Wohnblocks an der Ringstraße, die dem Verlauf des ehemaligen Stadtgrabens folgt. Diese Flaggen riefen zur Solidarität ohne Grenzen auf, dazu, niemanden zurückzulassen; sie forderten Solidarität mit der Black-Lives-Matter-Bewegung und den Kurden. Daneben fanden sich Anti-Gentrifizierungs-Slogans, auf einem riesigen Stück Stoff stand »Wohnraum statt Leerstand« und darunter flatterte eine Werder-Bremen-Fahne stolz im Wind.

Es gab aber auch andere Unterbringungsmöglichkeiten für Studenten, prächtigere Gebäude mit Türmen und Türmchen und Wappen an den Mauern, die in manchen Fällen mit Farbbeuteln bombardiert worden waren. Dies waren die Häuser des Studentencorps und der Burschenschaften, Studentenverbindungen, die mitunter mehr als zweihundert Jahre alt waren. Einige von ihnen standen in dem Ruf, mit eher zweifelhaften politischen Ansichten aufzuwarten, was möglicherweise die Farbbomben erklärte.

Obwohl sich die Geschichte der Studentenverbindungen über Jahrhunderte bis zu den ältesten Universitäten im Heiligen Römischen Reich zurück erstreckt, wurden sie erst mit der Gründung der Burschenschaften im neunzehnten Jahrhundert politisch aktiver. Die Burschenschaften unterschieden sich von den Studentencorps, deren Traditionen auf den alten landsmannschaftlichen Zusammenschlüssen fußten und die an den Universitäten die Studenten verschiedener Regionen wie beispielsweise Preußen oder Westfalen vereinen wollten.

Im Gegensatz dazu entstanden die Burschenschaften aus dem nationalistischen Geist heraus, der sich während der Napoleonischen Kriege und danach entwickelt hatte – tatsächlich wurde die erste Burschenschaft 1815 gegründet –, kurz bevor Heinrich Heine an die Universität kam. Als er 1819 sein Studium in Bonn aufnahm, schloss er sich einer der neuen Burschenschaften an –

wenngleich er sich später einen Ruf als dezidiert anti-nationalistischer Schriftsteller schaffen sollte.

Als er ein Jahr später erstmals nach Göttingen kam, hatte sich der Gegensatz zwischen Studentencorps und Burschenschaften bereits zu einem handfesten Streit ausgewachsen. Eine schwierige Zeit für Heine, nicht nur deshalb, weil er anscheinend vom allerersten Augenblick an eine Abneigung gegen Göttingen entwickelt hatte. Er hatte im Zusammenhang mit den Rivalitäten zwischen Burschenschaften und Corps einen Mitstudenten zu einem Duell herausgefordert und sich dabei auf die Seite der Burschenschaften gestellt – was ihm einen sechsmonatigen Ausschluss von der Universität einbrachte. Und trotz seiner Bereitschaft, die Kameraden und ihre Burschenschaft zu verteidigen, wurde ihm dann auch noch die Mitgliedschaft in der Studentenverbindung entzogen.

Aus der Verbindung geworfen hatte man ihn angeblich wegen seiner »Unkeuschheit« – der wirkliche Grund war wahrscheinlich jedoch ein viel dunklerer. Auf einer geheimen Versammlung in Dresden im September 1820 beschlossen die Burschenschaften unter sich, dass ihre Einheit einem gemeinsamen deutsch-christlichen Ursprung geschuldet war und dass die Juden »keine Heimat« hatten, schon gar nicht in einer solchen Verbindung. In der Göttinger Burschenschaft traten die antisemitischen Tendenzen nur allzu deutlich zutage – der plausibelste Grund, warum man Heine ausgeschlossen hatte. Dies sollte sich wie ein roter Faden durch Heines Leben ziehen. »Zu jüdisch und nicht deutsch genug« wurde zum leidvoll vertrauten und bedrückenden Refrain, auch in seinem Werk, sowohl zu seinen Lebzeiten als auch noch lange nach seinem Tod.

Im Sonnenschein des späten Nachmittags saß ich auf den Überresten der alten Stadtmauer in Sichtweite eines scheinmittelalterlichen Schlosses, in dem eines der Studentencorps untergebracht war, und sah den Spaziergängern zu, die an mir vorbeischlenderten. Universitätsstädte haben irgendetwas an sich, das ich schon immer anziehend fand. Vielleicht ist es schlicht das Gefühl der Jugend. Dass man sich an einem Ort wie Göttingen – so alt und voller Geschichten, die Fachwerkhäuser zugepflastert mit den Namen einiger der größten Geister, die ein Land, ja sogar ein Kontinent je hervorgebracht hat – trotzdem nicht wie in einem Museum fühlt. Der Zustrom neuer Seelen, Jahr für Jahr, Herbst für Herbst, haucht den alten Straßen neues Leben ein. Die Jungen halten die Stadt jung, und das hört nie auf.

Ich saß also auf dem Wall und dachte an Coleridge und Humboldt, an Lou Andreas-Salomé und Heine sowie an all die anderen, die in diese Universitätsstadt gekommen und aus ihr gegangen und sicherlich auch hier heraufgekommen waren, um frische Luft zu schnappen und eine Aussicht zu genießen, die sie, wenn auch nur vorübergehend, über die kleine Welt, in der sie unten lebten, hinausgeführt hatte.

Ganz anders als Coleridge war Heine kein Fan von Göttingen gewesen. Angesichts dessen, was er über die Stadt schrieb, vor allem in den Anfangspassagen der *Harzreise*, hätte es mich nicht im Geringsten überrascht, hätte die Stadt nach Kräften versucht, Heines Spuren in ihr zu tilgen.

> *Die Stadt selbst ist schön*, schrieb er, *und gefällt einem am besten, wenn man sie mit dem Rücken ansieht …*

Sein Studium der Rechtswissenschaft hatte Heine in Bonn begonnen, bevor er nach Göttingen weitergezogen war, doch legen eigene Äußerungen nahe, dass ihn alles interessierte – nur nicht die Rechtswissenschaft. Das Ausleihverzeichnis der Universitätsbibliothek Bonn weist Buchleihen aus allen möglichen Bereichen aus, sei es Mythologie, Geschichte, Literatur, Volkslieder, mittelalterliche Chroniken und vieles mehr.

Die Bibliothek und der Ratskeller ruinieren mich,[11] schrieb er aus Bonn. Gleichzeitig aber befand er sich schon ein gutes Stück weit auf seinem richtigen Weg: der Vorbereitung darauf, der große Dichter und Schriftsteller zu werden, der er werden sollte. Ebenfalls in Bonn schloss er sich der Burschenschaft an, die ihn später hinauswarf. Er trat ihr aus einem eigenen Gefühl von Patriotismus heraus bei, obwohl ihm bald darauf klar wurde, dass sich der deutsche Patriotismus in eine ganz andere Richtung bewegte als in die, wie er ihn verstand. Dieser Patriotismus, schrieb er später, ließ das Herz des deutschen Patrioten kleiner und kälter werden, *daß er das Fremdländische haßt, daß er nicht mehr Weltbürger, nicht mehr Europäer, sondern nur ein enger Deutscher sein will ...*[12]

In Göttingen verfolgte er seine Interessen weiter und arbeitete in seinem ersten Winter in der Stadt an seiner Tragödie *Almansor*, während er Seminare in Geschichte und Philologie besuchte und an seinen Kommilitonen verzweifelte, von denen anscheinend keiner Altdeutsch studieren wollte.

O Deutschland! Land der Eichen und des Stumpfsinnes![13]

Ich hatte Heine dabei. Natürlich hatte ich das. Er sollte mich auf meiner Wanderung begleiten, auf der ich, so gut ich nur konnte, seiner in der *Harzreise* beschriebenen Strecke folgen wollte. Als sich Heine 1824 von Göttingen aus auf den Weg machte, konnte seine Reise kaum als originell gelten. Aber genau das war ja auch Sinn und Zweck der Sache. Neben Goethe und Coleridge hatte es viele andere gegeben, die die Wanderung in die Wälder des Harzes hinauf und auf den Gipfel des Brocken unternommen hatten und im Fieber der Romantik sowie mit zahlreichen Zeilen nicht immer brillanter Dichtkunst zurückgekehrt waren. Heine selbst eröffnete seine Reise mit einem Gedicht voller Seitenhiebe auf seine Mitstudenten, in dem er absolut klarstellte, dass seine Wanderung in die Berge nichts anderes als eine Flucht war.

Auf die Berge will ich steigen,
Wo die frommen Hütten stehen,
Wo die Brust sich frei erschließet
Und die freien Lüfte wehen.

Auf dem Wall lag Göttingen im Sonnenschein des Spätnachmittags weich und warm vor mir. Die Blätter an den Bäumen, die den Weg säumten, hatten begonnen, sich zu verfärben. Grillgeruch breitete sich vom Garten eines Hauses hinter einer hohen Mauer aus, aus einem offenen Fenster wehte der Klang von Musik zu mir herüber.

Auf die Berge will ich steigen,
Wo die dunkeln Tannen ragen,
Bäche rauschen, Vögel singen
Und die stolzen Wolken jagen.

Auf dem Wall öffnete ich die *Harzreise*, um Heines Eingangsverse noch einmal zu lesen. In fünf kurzen Strophen erzählt er von seiner Motivation, sich auf diese Wanderung zu begeben. Darauf folgt eine vernichtende Kritik Göttingens und all seiner Einwohner. Man spürt, dass er schon bevor er überhaupt aufgebrochen ist, das Gefühl hat, mit der Gesellschaft, die er in den Wäldern und Bergen des Harzes finden wird, glücklicher zu sein als mit der, die ihn in der Stadt umgibt.

Lebet wohl, ihr glatten Säle,
Glatte Herren! Glatte Frauen!
Auf die Berge will ich steigen,
Lachend auf Euch niederschauen.

Es gab nur noch zwei weitere Gäste in dem Restaurant, als ich mich an einem großen Holztisch in der Ecke niederließ. Im Kamin am anderen Ende des Raums brannte kein Feuer, die Bedienungen standen in einem gelangweilt wirkenden Grüppchen an der Bar und hofften, dass das Abendgeschäft allmählich Fahrt aufnahm. Eine junge Frau löste sich aus dem Haufen, steuerte federleicht durch den Raum auf mich zu, gab mir die Speisekarte und nahm meine Bierbestellung auf. Während ich auf mein Getränk wartete, holte ich eine Karte heraus und breitete sie auf dem Tisch vor mir aus.

Ich wusste, wo Heine auf seiner Wanderung übernachtet hatte, und teilweise ist es auch möglich, anhand des Textes herauszufinden, durch welche Dörfer und Städte er unterwegs gekommen war, doch die exakte Route konnte ich nur erahnen. Was ich wusste, war, dass er am allerersten Tag eine marathonähnliche Strecke zurückgelegt hatte, epische zweiundvierzig Kilometer, die ihn von Göttingen aus nach Northeim brachten, wo er zu Mittag aß, und schließlich nach Osterode, wo er lange nach Einbruch der Dunkelheit ankam. Ich hatte nicht die Absicht, es Heine in diesem Punkt gleichzutun und meine mehr als einwöchige Wanderung mit einem so tollkühnen Einstieg zu beginnen, und deshalb bereits beschlossen, die Strecke auf zwei Tage aufzuteilen. Mein Ziel am nächsten Tag war Northeim, und obwohl Heine wahrscheinlich die Hauptstraße dorthin genommen hatte, war ich von dem Gedanken, vier bis fünf Stunden in der Gesellschaft eines konstanten Stroms an Fahrzeugen zu verbringen, weniger angetan. Auf meiner alternativen Route wollte ich Göttingen über die Universitäts- und Vorstadtseitenstraßen verlassen und dann einem Fußweg über die Felder bis zu dem Radweg folgen, den ich vom Zugfenster aus gesehen hatte und der parallel zur Leine bis zu meinem morgigen Etappenziel verlief.

Als die Kellnerin mir mein Bier brachte, hielt sie inne und warf einen Blick auf die Karte. Ich nutzte die Gelegenheit, sie zu fragen, ob die Route aus ihrer Sicht sinnvoll war oder ob es vielleicht eine bessere gab. Vielleicht hatte ich ja irgendetwas übersehen. Sie aber wusste es nicht wirklich. Sie war Studentin und neu in der Stadt, die sie erst seit einigen Wochen kannte. Mit dem Job als Kellnerin wollte sie sich etwas für ihr Studium dazuverdienen. Sie sprach über die inoffizielle Hierarchie in der Studentenschaft, über diejenigen, die arbeiten mussten, um sich das Studium zu finanzieren, und diejenigen, die das nicht mussten. Eine Hierarchie, die auf familiärem Hintergrund und verfügbarer Zeit basierte. Darauf, wer schließlich wem die Getränke servierte.

»Ich muss arbeiten, sonst kann ich mir das Studium nicht leisten«, erzählte sie. Darüber, wie ihr Leben in Göttingen aussehen würde, wenn sie nicht arbeiten müsste, sprachen wir nicht.

Sie kam aus dem Norden, aus der Nähe von Kiel. Von einem Ort des offenen Himmels und der Radtouren auf dem Deich hinter den Dünen. Sie konnte mir bezüglich Göttingen keinen Rat geben und auch keinen Einblick in die Stadt gewähren, weil sie sie selbst noch nicht kannte. Sie erinnerte mich erneut daran, dass Universitätsstädte auch etwas Flüchtiges an sich haben, an das Hin und Her, bei dem die einen kommen und dem Gänseliesel Blumen in den Arm legen, während die anderen bereits auf den Brunnen klettern, um dem Mädchen einen Abschiedskuss zu geben.

Trotzdem war sie zufrieden. Immerhin hatte sie einen Job und eine hübsche Studentenunterkunft. Freundliche Mitbewohner. Sie hatte bislang noch keine Zeit gehabt, die Stadt oder ihre Umgebung eingehender zu erkunden, freute sich aber darauf. Während sie mir das alles erzählte, waren ihre Augen auf die Karte gerichtet, als sähe sie sich die Möglichkeiten an. Dann machte sie sich bereit, meine Bestellung aufzunehmen und sie in den Computer hinter dem Tresen einzugeben. Zuvor aber tippte sie mit dem Finger auf die Karte, an die Stelle, an der mich der Weg durchs Universitätsgelände und über die Felder zum Fluss führen sollte.

»Vielleicht wäre es mit dem Rad besser«, sagte sie.

Eine Gruppe jüngerer Leute betrat das Restaurant und setzte sich an einen Tisch am Fenster. Die Kellnerin ging nach hinten, um meine Bestellung weiterzugeben, und nahm dabei gleich ein paar Speisekarten für die Neuankömmlinge mit.

Als alle betrunken und alle Flaschen zerbrochen waren, so Coleridge weiter in seinem Bericht über die Göttinger Studentenparty, *brachten sie ein riesiges Schwert herein, versammelten sich um das Schwert und sangen ein Lied, bevor ein jeder seinen Hut auf das Schwert spießte, Hut über Hut, noch immer singend, und man sich gegenseitig küsste und umarmte. Noch immer singend ...*[14]

Ich fand eine kleine Bar unweit der Stelle, an der einst das Weender Tor gestanden und den Zugang zur Stadt von Norden aus überwacht hatte. Wenn in Göttingen Studentenpartys stattfanden, dann nicht dort, wo ich gerade war. Vielleicht wurden sie im Verborgenen abgehalten, in den Wohnungen hinter den gewaltigen, selbst gemalten Transparenten, die zur Unterstützung von Geflüchteten aufriefen, oder in den widerhallenden Sälen scheinmittelalterlicher Villen mit einem Wappen an der Mauer und Farbspritzern am Ziegelwerk.

Ich ging hinein, bestellte mir ein Bier und nahm mein Buch heraus. Die Bar war zwar nicht gerade Heines Ratskeller in Bonn, erfüllte aber ihren Zweck. An der Wand hingen Fanschals und alte Fotografien der Stadt. Ein auf stumm geschalteter Fernseher zeigte ein Fußballspiel aus der vergangenen Woche. Abgesehen von einem weiteren Mann, der am anderen Ende des Tresens saß und mit unscharfem Blick auf das polierte Holz knapp hinter seinem Glas starrte, war ich locker die älteste Person in diesem Raum. Alle anderen waren kaum zwanzig oder zwischen zwanzig und dreißig. An einem Tisch neben der Tür saßen zwei Paare. Woanders spielten einige Jungs Karten. Noch ein Paar auf Barhockern in meiner Nähe. Eine junge Frau mit Smartphone, einen halben Schritt aus der Tür, in der Hand eine Zigarette, die sie nach draußen hielt.

Der Name des Barkeepers war Mike, vielleicht auch Maik. Die Leute riefen ihm ihre Bestellungen vom Platz aus zu, er ließ sich Zeit beim Zapfen des Biers, lächelte. Mit denen, die am Tresen saßen, sprach er über das Fußballspiel, mit denen, die zu ihm kamen, um etwas zu bestellen, machte er Smalltalk. In einem ruhigen Augenblick fragte er mich, was ich da las. Ich drehte das Buch um, damit er den Einband sehen konnte. An Heine war er nicht wirklich interessiert, doch ist meine Ausgabe der *Harzreise* mit Illustrationen aufgelockert. Mit einer Abbildung vom Göttinger Marktplatz, wie er 1829 ausgesehen hat. Mit einem Gemälde vom Ilsestein. Dem Holzschnitt einer Burschenschaftsfeier um 1820, auf dem ein Student auf einem Stuhl auf dem Tisch sitzt und seine Mittrinker die Gläser erhoben haben, um auf ihn anzustoßen – außer demjenigen, der bewusstlos am Boden liegt, und dem, der den Kopf zum Fenster hinausgestreckt hat, vermutlich um sich ein wenig des Drucks auf den Magen zu entledigen.

»Coole Party«, kommentierte Mike grinsend und zapfte weiter.

Ich erzählte ihm, dass Heine nicht viel von Göttingen gehalten hatte, und las ihm ein Stück aus dem Buch vor.

> *Die Zahl der Göttinger Philister muß sehr groß sein, wie Sand, oder besser gesagt, wie Kot am Meer; wahrlich, wenn ich sie des Morgens, mit ihren schmutzigen Gesichtern und weißen Rechnungen, vor den Pforten des akademischen Gerichtes aufgepflanzt sah, so mochte ich kaum begreifen, wie Gott nur so viel Lumpenpack erschaffen konnte.*

Mike hörte mir aufmerksam zu, während er weiter zapfte, und lachte am Ende des Zitats. Er lächelte immer noch, als er mit dem Bier in der Hand den Tresen entlangging, und nickte, als wollte er Heine zustimmen.

Die Geister von Göttingen waren verstummt. Die aus der Vergangenheit ebenso wie die aus der Zukunft. Ich ging das kurze Stück zum Hotel zu Fuß, neben den Gleisen her durch ruhige Straßen. Ein Bus fuhr an mir vorbei, das Innere erhellt für den einzigen Fahrgast auf einem der hinteren Sitze. Vor mir überquerte ein Mann mit Plastiktüten in jeder Hand eilig die Straße und verschwand dann im Eingang eines riesigen Wohnblocks. Als ich an der Fassade hinaufsah, flackerte mir das Licht von anscheinend hundert Fernsehern entgegen.

Im allgemeinen werden die Bewohner Göttingens eingeteilt in Studenten, Professoren, Philister und Vieh; welche vier Stände doch nichts weniger als streng geschieden sind. Der Viehstand ist der bedeutendste.

Von meinem Hotelzimmer aus konnte ich die Züge sehen, die in den Bahnhof ein- und aus ihm hinausfuhren; ich konnte die Vibrationen der Güterwagen spüren, die ohne Halt durchratterten. Aus dem Flur hörte ich leise, teppichgedämpfte Schritte und aus irgendeinem Zimmer über mir das Rauschen der Toilettenspülung. Ich blätterte durch die Notizen, die ich an diesem Tag gemacht hatte; die Angewohnheit sollte ich auf meiner Wanderung beibehalten, die Angewohnheit, jeden Tag noch einmal Revue passieren zu lassen, bevor er überhaupt zu Ende war. Es waren immer die Eindrücke eines Fremden. Ich blieb nie lang genug, als dass es andere hätten sein können.

Ein flüchtiger Besuch. Beim Reisen durch Bewegung geht es immer nur um Eindrücke, um den raschen Blick auf einen Ort oder das Berichten einer zufälligen Begegnung. Vielleicht ist es deshalb manchmal leichter, sich von den Geistern leiten zu lassen. Von denen, die wir antreffen, wenn wir ankommen, und von denen, die wir mitbringen. Sie waren schließlich schon länger hier.

2

Hinunter zum Fluss

Bei leichtem Nieselregen verließ ich das Hotel und lief auf nassen Bürgersteigen zurück in Richtung Stadtzentrum. Mein Etappenziel für diesen Tag war Northeim, rund einundzwanzig Kilometer weiter nördlich gelegen, doch zuerst machte ich mich zum Platz der Synagoge auf. Ich war am Tag zuvor auf meinem Spaziergang über die alte Stadtbefestigung zwar nur wenige Meter von ihm entfernt gewesen, hatte es aber trotzdem irgendwie geschafft, ihn zu verfehlen. Ein bescheidener Platz, knapp innerhalb der ehemaligen Stadtmauern gelegen, und, wie der Name vermuten lässt, der Platz, an dem einst die Synagoge gestanden hatte. Gestanden hatte und seit dem 9. November 1938 nicht mehr steht. Wie so viele jüdische Gotteshäuser, Geschäfte und Wohnungen war auch sie in der Reichspogromnacht angegriffen worden. Die Synagoge von Göttingen hatte man bis auf die Grundmauern niedergebrannt.

Der Regen ließ nach, als ich mich dem Platz mit seinem in der Mitte eingelassenen Mahnmal für die alte Synagoge näherte. Es war 1970 als Gedenkstätte von der Stadt in Auftrag gegeben worden und eines der letzten Werke des italienischen Künstlers Corrado Cagli. Er war in dem Jahr, als die Synagoge zerstört worden war, in die Vereinigten Staaten geflohen und hatte gegen Ende seines Lebens diesen Ort zum Nachdenken in Göttingen geschaffen. Ich betrat den aus dem Boden gehauenen, halb von einer flammenähnlichen Skulptur umschlossenen Raum von der

Straße aus und war von Namen umgeben. Zweihundertzweiundachtzig Namen, in Bronzetafeln gegossen. Namen von jüdischen Menschen aus Göttingen, ermordet von den Nazis, umgekommen in den Vernichtungslagern.

Ich hatte noch ein gutes Stück Weg vor mir, blieb aber trotzdem lange genug, um alle Namen zu lesen. In ihrem wunderbaren und schwierigen Roman *Trieste* listet Daša Drndić auf über zweiundvierzig Seiten die Namen der neuntausend Juden auf, die im Zweiten Weltkrieg von italienischen Faschisten deportiert oder ermordet worden sind. Die Seiten bilden das Herz des Buchs und sind als direkte Herausforderung an den Leser gemeint. Wann hört man auf, die Liste zu lesen? Name für Name für Name, Seite auf Seite auf Seite. Das ist nicht leicht. Man muss sich daran erinnern, dass jede Ansammlung von Buchstaben für einen Menschen steht, für ein Leben voller Liebe und Schmerz mit allen möglichen menschlichen Erfahrungen, das viel zu schnell ausgelöscht wurde. Wie viele Leser es wohl durch alle neuntausend Namen schaffen? Ich gebe zu, ich habe es nicht geschafft, und fühle mich deswegen immer noch schuldig. Gleichzeitig habe ich das Gefühl, dass Drndić genau das erwartet und gewollt hat. Mit ihrer Aufzählung all dieser verlorenen Leben ermahnt sie diejenigen, die ihr Buch in den Händen halten.

In Göttingen stand ich im wieder einsetzenden Nieselregen, der aus einem grauen Himmel fiel, inmitten von Corrado Caglis Mahnmal und las die Namen.

Eine der großen Fragen, die Heinrich Heines Leben umgeben, betrifft zum einen das Ausmaß, in dem seine jüdische Herkunft sowohl seine Erfahrungen als auch sein Werk prägte, und zum anderen die scheinbar praktische und pragmatische Konvertierung zum Christentum kurz nach dem Abschluss seines Studiums in Göttingen. In Christian Liedtkes *Heinrich Heine* scheint der Biograf keinerlei Zweifel daran zu hegen, wie zentral Heines Jüdischsein für die Geschichte seines Lebens war. Er beginnt seine Biografie mit einer Schulszene aus Heines Kindheit, in der Heines Klassenkameraden seine Herkunft entdecken und ihn deswegen verprügeln.[15] Die Geschichte erzählt Heine selbst in seinen *Memoiren*, während Liedtke auf diesen frühen Seiten darüber reflektiert, wie der Antisemitismus, den Heine vonseiten seiner Mitschüler erfuhr, auch Heines »Leben« lange nach seinem Tod beeinflusste, und zwar sowohl hinsichtlich der Reaktionen auf den Menschen selbst als auch hinsichtlich der auf sein Werk.

In diesen prägenden Jahren seines Lebens, so Heine, lernte er bald, dass seine Ahnen und vermutlich auch er selbst »nicht zu den Jagenden, viel eher zu den Gejagten«[16] gehörten. Dies trug zu dem allgemeinen Gefühl der Entfremdung von seiner Umgebung bei, das er auch schon in seiner Heimatstadt Düsseldorf gehabt hatte – zu einer Zeit, in der die alten europäischen Monarchien ins Wanken geraten und mancherorts sogar gefallen waren, als Napoleon die Grenzen neu zog, die sich auch fortan mit jedem erneuten Machtwechsel immer wieder verändern sollten. Liedtke zufolge ist Heines frühes Denken zweifelsohne sowohl das Produkt seiner jüdischen Herkunft als auch vom französischen Gedankengut beeinflusst, das damals in Düsseldorf präsent war: in Form einer Erziehung nach den Idealen der Aufklärung und im Geist der Freiheit. Einer Erziehung, die das ganze Gegenteil von Dogma und Einseitigkeit war, ob es sich dabei nun um Kunst, Literatur, Ethik, Religion oder Politik handelte.

Diese Weltsicht wurzelte in Individualismus und Toleranz. In dieser Tradition war Heine aufgewachsen, ihr war er mehr oder weniger zeit seines Lebens treu. Sie formte, was er unter Patriotismus verstand, was es für ihn bedeutete, ein patriotischer Deutscher, ein deutscher Jude und ein Frankophiler zu sein, und womit er sein gesamtes Erwachsenenleben lang rang. Dieses Leben verbrachte er überwiegend in Paris, wo er sich damit beschäftigte, den Deutschen die Franzosen und den Franzosen die Deutschen zu erklären.

Jeder Dichter seiner Natur nach ein Kosmopolit ist.[17]

Liest man von Heines Kindheit, kommt es einem so vor, als wäre seine letztendliche Reise, sowohl als Schriftsteller als auch als Mensch, irgendwie vorherbestimmt gewesen – aber natürlich sehen wir sein Leben als Ganzes und wissen, was er schließlich geleistet und erreicht hat. Doch vielleicht gab es auch Vorzeichen, sogar in frühen Jahren. Ominös muss es sicherlich seiner Mutter erschienen sein, als sie entdeckte, dass der junge Harry (wie er damals genannt wurde) die Romane von Miguel de Cervantes und E. T. A. Hoffmann las, ganz zu schweigen von den politischen Gazetten und obskuren Zeitschriften, die Heine in der Bibliothek seines Onkels Salomon vorfand. Sie machte aus ihren Befürchtungen keinen Hehl. Einmal nahm sie ihm sogar seine Romane weg und untersagte ihm jegliche weiteren Ausflüge in die Bibliothek, da er ja wohl schon genug Flausen im Kopf hatte.

Sie hatte damals die größte Angst, dass ich ein Dichter werden möchte.[18]

Und diese Angst sollte sich für Betty, die ihren Sohn um drei Jahre überlebte, bewahrheiten.

Am 14. September 1824 machte sich Heine auf den Weg und begann seine Wanderung, die am Ende vier Wochen lang werden sollte, von der er aber nur die ersten acht Tage in seiner *Harzreise* festhielt. Er ging vom Weender Tor am Stadtrand aus los, wo eine frische morgendliche Brise und der Klang von Vogelgesang ihm bereits den Kopf frei machten. Und als hätte er nicht ohnehin schon genau gewusst, warum er der Stadt den Rücken kehrte, begegnete er auch noch Schäfer und Doris – nicht zwei Figuren aus der bukolischen Dichtung, in deren Landschaft Heine in den darauffolgenden Wochen einzutauchen hoffte, sondern exakt die Art von Göttinger Volk, dem er sehnlichst entkommen wollte.

Dieses ist nicht das idyllische Paar, wovon Geßner singt, sondern es sind wohlbestallte Universitätspedelle, die wachsam aufpassen müssen, daß sich keine Studenten in Bovden duellieren und daß keine neue Ideen, die noch immer einige Dezennien vor Göttingen Quarantäne halten müssen, von einem spekulierenden Privatdozenten eingeschmuggelt werden.

Heine schreibt von Mägden und Vogelgesang, doch alles, was ich auf dem Weg vom Platz der Synagoge zum Weender Tor sah, war der morgendliche Berufsverkehr, der sich durch die Pfützen schleppte. Letztere hatten sich nach dem anhaltenden Regen in der Nacht gebildet. Bagger ebneten den Boden für einen neuen Parkplatz neben dem Finanzamt. Männer und Frauen in schicker Kleidung eilten vom Bahnhof zu ihren Büros und Terminen. Am Weender Tor selbst passte niemand wachsam auf, dass keine gefährlichen neuen Ideen in die Stadt drangen, nur ein Schild war dort zu lesen, auf dem DENKEN IST ANALOG stand, neben einem weiteren Mahnmal, dieses Mal für die Studenten der Universität, die im Ersten und Zweiten Weltkrieg ums Leben gekommen waren.

Die Vergangenheit steht überall in der Gegenwart geschrieben, nicht nur an Gedenkstätten und nicht nur in Städten und Ortschaften. Unsere Geschichte kann in der Landschaft selbst gelesen werden, ganz bestimmt in den Wäldern und sogar auf dem höchsten Berg.

Vom Weender Tor aus ging ich zwischen den Universitätsgebäuden hindurch, die den Raum zwischen dem alten Göttinger Stadtzentrum und dem einst von Göttingen getrennten Dorf Weende füllen. Vor der Rechtswissenschaftsfakultät stand ein weiteres Denkmal. Es erinnerte an die Göttinger Sieben: sieben liberale Professoren, darunter auch Wilhelm und Jacob Grimm, die gegen die Verfassungsänderungen im Königreich Hannover durch Ernst August I. protestiert hatten. Ich dachte an noch immer lebendige Studentenproteste, als ich weiterging und an Bannern überall auf dem Campus vorbeikam, die für eine Klimademo an diesem Tag warben und an den rechtsextremen Terroranschlag in Hanau gemahnten, bei dem elf Menschen den Tod gefunden hatten. Die Geschichten unserer Zeit trafen auf die Geschichten der Vergangenheit.

Vor dem Haupthörsaal, einem brutalistischen Ungetüm, das mich an meine eigenen Studientage in Leeds erinnerte, standen Studentinnen und Studenten mit Zigaretten und Kaffeebechern in der Hand, mit denen sie gegen die morgendliche Müdigkeit ankämpften. An einer Ampel wartete ein junger Mann auf die Erlaubnis, eine leere Straße überqueren zu dürfen. Er war barfuß, trug eine Maske und hielt eine Bambusstange mit selbst gebastelter Fahne daran. Er war drei Stunden zu früh für die Demo. Hinter ihm schaute eine ältere Frau mit skeptischem Blick aus ihrem Wohnzimmerfenster.

Ich hatte mich von meinen Göttinger Geistern verabschiedet. Ich würde weder das Gänseliesel noch Charlotte noch Lou wiedersehen. Samuel hatte sich auf seinen eigenen Weg zum Brocken hinauf gemacht, auf einer anderen Route, doch unsere Pfade sollten sich später noch einmal kreuzen. Und Heinrich? Nun, der begleitete mich. Als mein Fremdenführer über die Konturen der Landschaft, die uns miteinander verband.

Am Ortsrand von Weende folgte ich einem Fußweg, der hinten am letzten der Dorfgärten entlang verlief, zwischen den Hecken, Zäunen und Hintereingängen der Häuser und dem Bach, der das Ende des Ortes markierte. Auf der anderen Seite lag ein großes, abschüssiges Feld, das den Blick über das Leinetal freigab, bis hinunter zu den Gleisen, zum Fluss und zur Hauptstraße, die Heine wahrscheinlich entlanggegangen war. Doch wie ich am Abend zuvor gelesen hatte, berichtet Heine von Jungen zu Pferd und Eseltreibern – von Abgasen schreibt er nichts. Ich tröstete mich mit dem Gedanken, dass er, hätte er mich tatsächlich begleitet, sicherlich auch für den Fußweg am Hang oberhalb der Straße und der Gemeinde Bovenden gestimmt hätte, der zwischen den Feldern und den ersten Fleckchen Wald auf meiner Wanderung hindurchführte.

An diesem ersten Morgen dachte ich viel darüber nach, was ich mir vorgenommen hatte. Nach dem erneuten Nieselregen in der Frühe wurde es allmählich wärmer, und schon wurde mir der Rucksack auf meinem Rücken schwer. Wo war sie nur hergekommen, diese Idee, Heine von Göttingen aus auf den Gipfel des Brocken zu folgen?

Sie war mir im Wald gekommen. Nicht im Harz, sondern in den Wäldern südwestlich von Berlin. Im vorigen Sommer hatten wir viele Tage auf sandigen Wegen in Buchen- und Eichenwäldern verbracht und noch mehr Kilometer in einheitlichen Kiefernpflanzungen zurückgelegt. Ich hatte damals viel an zu Hause gedacht, an den Norden Englands, wo ich aufgewachsen bin, und an das Deutschland, wo ich beinahe mein gesamtes Erwachsenenleben lang gelebt habe. Ich war gerade dabei gewesen, die doppelte Staatsbürgerschaft zu beantragen, und hatte mit der Vorstellung gerungen, zwei Orte gleichzeitig meine Heimat zu nennen. Die Wahrheit ist: Ich bin kein Patriot. Ich verspüre zu keinem der beiden Pässe in meiner Schublade ein wirkliches Zugehörigkeitsgefühl. Aber ich verspüre ein Zugehörigkeitsgefühl zu Landschaften. Zu Orten. Zu den Menschen, die darin leben, und zu den Erinnerungen, die sie bergen.

Kurz zu den Fakten: Ich wurde im Norden Englands geboren, wo ich auch aufwuchs und die ersten zweiundzwanzig Jahre meines Lebens verbrachte. In Berlin lebe ich seit 2002. Meine Lebensgefährtin Katrin ist Deutsche, unsere Tochter Lotte kam in Berlin zur Welt und hat Großeltern in Irland, England und Deutschland. Ich fliege *nach Hause*, wenn ich einen Flug nach Nordengland buche, und wir kehren *nach Hause* zurück, wenn wir wieder nach Berlin fliegen. Und ob ich nun dort oder hier bin – egal wie herum man es auch sieht –, es manifestiert sich immer ein ganz ähnliches Gefühl. Das Gefühl, sowohl verwurzelt als auch wurzellos zu sein. Ein Bürger beider Orte und trotzdem ein Bürger von nirgendwo. Zu Hause an einem Ort und gleichzeitig voller Heimweh zum anderen und obendrein noch in dem sicheren Bewusstsein, dass es bald genau umgekehrt sein wird.

Übrigens beschwere ich mich darüber nicht. Ganz im Gegenteil: Ich bin zufrieden, dort, wo ich bin.

Der Wald ist ein entscheidender Teil der Geschichte, denn wenn ich darüber nachdenke, was ich am Norden Englands und an den Britischen Inseln generell vermisse, hat dies wenig mit Geräuschen, Gerüchen und Geschmäckern, aber sehr viel mit Landschaft zu tun. Mit dem Kanaluferpfad durch die Küstenebene von West Lancashire aus meiner Kindheit. Mit einer felsigen, windgepeitschten Landspitze in Wales oder den Bruchsteinmauern des von Schafen kahl geschorenen Hochlands in Yorkshire. Mit Ilkley Moor im Sprühregen oder Llyn Idwal in strahlendem Sonnenschein. Mit stillgelegten Eisenbahngleisen an einem Sommerabend, mit warmem Dosenbier oder einem kleinen Strand auf einer Insel in der Irischen See, wo das Feuer knistert, wenn es dunkel wird und die Lichter des Festlands am Horizont schimmern.

Der Wald kommt darin gar nicht vor. In meinen Erinnerungen an ein Leben vor Deutschland tauchen Fragmente auf, kleine Waldbruchstücke, wo ich spazieren gegangen bin oder Orientierungsübungen gemacht habe, wo mein Dad laufen gegangen ist oder wir uns auf Schulausflügen absichtlich verirren wollten. Jenseits dieser fragmentarischen Erinnerungen aber habe ich Mühe, mir in der Landschaft meiner Kindheit und Jugend den Platz des Waldes vorzustellen, weil dieser letztendlich nicht wirklich existierte. Vielleicht hat ein Lehrer mir damals erzählt, dass es den Vorfahren der Eichhörnchen von Formby in einer fernen Vergangenheit möglich gewesen war, von der Küste der Irischen See bis zu den Stränden der Nordsee von Ast zu Ast zu springen – das allerdings konnte ich mir angesichts der Kohl- und Kartoffelfelder, die sich bis in die Unendlichkeit hineinzuerstrecken schienen, nur schwer vorstellen.

Nein, der Wald gehörte woanders hin. An einen anderen, fremden Ort. Er war Disney, der Anleihen bei den Brüdern Grimm macht. Eine Folge von *Akte X.* Eine Spätvorstellung von *Blair Witch Project* oder Deutschland selbst, betrachtet durch ein Busfenster auf einer Klassenfahrt zum Rhein. Der Wald war woanders. Er war eine Geschichte. Mythisch.

Der Weg verlief am Rand des Waldes oberhalb von Bovenden entlang. Die Farben waren herbstlich, ein Tumult aus Rot und Gold, der einen krassen Gegensatz zu den tristen Brauntönen der gepflügten Felder auf der anderen Seite des Wegs und dem farblosen Himmel oben bildete. Ich holte eine kleine Gruppe junger Leute ein, die den Fußweg entlangbummelten. Sie war gemischten Alters und wurde von zwei Frauen geführt. Irgendeine Art von Exkursion, vielleicht auch nur ein morgendlicher Spaziergang in den Wald. Als ich sie überholte, begannen die jungen Leute, mir neugierig Fragen zu stellen. Wohin ich unterwegs war? Was sich in meinem Rucksack befand? Warum ich so komisch sprach? Ob ich mit ihnen auf den Berg hinauf wollte?

Ich entschuldigte mich und erklärte, dass ich weiter müsste. Dass ich noch einige Kilometer und Stunden zu wandern hatte, bevor ich Northeim erreichen würde. Einer der jungen Männer zuckte mit den Schultern und streckte mir dann seine Hand hin, als wollte er sich per Handschlag von mir verabschieden. Was ich auch tat.

»Gut«, sagte er. »Dann komme ich mit.«

Unsicher, was ich als Nächstes tun sollte, setzte ich meinen Weg fort, während der junge Mann neben mir herlief. Er sagte nichts weiter, schien aber recht zufrieden. Ich fragte mich gerade, was passieren würde, würde er mich tatsächlich den ganzen Weg bis nach Northeim begleiten, da ertönte ein Ruf von einer der Frauen, die die Gruppe leiteten. Als wir uns umdrehten, um in ihre Richtung zu blicken, stand die Gruppe an einer Abzweigung, die einen kleinen Anstieg hinauf und in die Dunkelheit des Waldes führte.

»David«, rief die Frau mit einer Müdigkeit in der Stimme, die darauf schließen ließ, dass so etwas andauernd passierte. »Du wirst nicht den ganzen Weg bis nach Northeim gehen.«

David sah mich entschuldigend an und streckte mir noch einmal die Hand hin. Er umarmte mich kurz und ging zur Gruppe zurück. Ich sah ihm nach. Die Frauen redeten leise, aber eindringlich auf ihn ein, dann verschwand die Gruppe im Wald.

Als ich nach Berlin zog, wurde mir rasch klar, dass es schlechterdings unmöglich sein würde, viel Zeit im Freien zu verbringen, *ohne* sich dabei in dem einen oder anderen Wald wiederzufinden. In den düsteren Kiefernwäldern Grunewalds, immer noch innerhalb der Berliner Stadtgrenzen. In den uralten Buchenwäldern auf der Insel Rügen, nicht weit von dem Ort entfernt, an dem Katrin ihre Kindheit verbracht hat. Im Sandsteingebirge der Sächsischen Schweiz und in den Wäldern, die die tschechisch-deutsche Grenze überwuchern. In den scheinbar endlosen Schonungen Brandenburgs. In den melancholischen Nadelwäldern des Schwarzwalds.

Wohin wir auch gingen – stets schien es mir, als *sei* Deutschland der Wald und der Wald Deutschland. Und je weiter wir kamen, je mehr ich über das Land las und lernte, das ganz allmählich seinen Teil meiner Identität beanspruchte, desto klarer wurde, wie wahr das war.

Ich war schon vor meiner Wanderung mit Heine im Harz gewesen, einige Male sogar, doch ist mir mein erster Besuch dort am lebhaftesten in Erinnerung geblieben. Es war das erste Weihnachtsfest, das unsere Tochter erlebte und das wir gemeinsam mit Freunden in Osterode feierten. Am ersten Weihnachtsfeiertag, die Erde war leicht mit Schnee bestäubt, wanderten wir von Schierke aus zu den unteren Ausläufern des Brocken hinauf. Auf dieser Wanderung hörte ich das erste Mal von der Verbindung zwischen dem

Berg, Goethe und den Hexen, die jedes Jahr in der Walpurgisnacht auf dem Gipfel des Brocken tanzen. Bis ganz nach oben haben wir es nicht geschafft, doch die Erinnerungen an diesen Tag haben mich nie verlassen: an die Wanderung, die Geschichten, die ich dabei gehört habe, die dicken Fichten, die moosüberwucherten Felsen, den Nebel, der sich am frühen Nachmittag herabsenkte, als wir den Rückweg zur Stadt hinunter antraten, wo wir uns im einzigen Café, das geöffnet hatte, mit Glühwein und Bier aufwärmten.

Eines meiner Weihnachtsgeschenke von Katrin in diesem Jahr war die in der Penguin-Classics-Reihe erschienene englische Übersetzung von Heines *Harzreise*. Vielleicht hatte sie unser Reiseziel dazu inspiriert. Abends saß ich im Wintergarten unserer Ferienwohnung in Osterode, wo die Vermieterin netterweise einen kleinen Weihnachtsbaum aufgestellt und so gewissermaßen den Wald ins Haus geholt hatte, und folgte Heine mit den Augen auf dem Papier auf seinem Weg durch den Wald, auf den alten Pfaden neben Handelsleuten und ihren Lasttieren her, auf die Berge hinauf und dann wieder hinunter zum Fuß eines Wasserfalls. Ich lauschte seinen Geschichten von den betrunkenen Studenten auf dem Brocken, deren patriotische Lieder in der Nacht widerhallten, und den Erzählungen aus den Tiefen der Bergwerke, unter Kuppen und Tälern aus der Erde herausgehauen.

Es hatte eine Weile gedauert, aber nun war ich hier. Im Laufe der Jahre habe ich das Buch wieder und wieder gelesen und die Übersetzung mit der deutschen Ausgabe, die Katrin von ihrer Großmutter geerbt hat, verglichen. Was für ein Abenteuer es doch wäre, Heines Reise nachzuwandern! Nachzusehen, was sich in annähernd zweihundert Jahren verändert hatte und was nicht, im Wald selbst und in Deutschland als Ganzem.

Die Wälder sind voller Geschichten. Sie waren es immer. In dem ganzen Sommer, in dem wir Brandenburg zu Fuß erkundeten, schienen sie uns zuzufallen, ohne dass wir nach ihnen gesucht hätten. Wir stolperten (im übertragenen Sinn) über die steinernen Fundamente aufgegebener Kirchen und die Überreste längst vergessener Siedlungen, geschluckt vom Wald, als ihre Gewerke obsolet geworden waren. Wir entdeckten die Holzhütten ehemaliger Ferienlager aus DDR-Zeiten und Denkmäler für die letzten, blutigen Gefechte des Zweiten Weltkriegs.

Wir sahen die Verwüstungen, die der Borkenkäfer angerichtet hatte, als er sich nach einer Reihe trockener Sommer und milder Winter durch die Bäume gefressen hatte, und die Folgen der Waldbrände, die schwerer und häufiger als je zuvor gewütet hatten. Einmal war der Himmel über Berlin von den Flammen in weiter Ferne rot erleuchtet, während andernorts in Deutschland Aktivisten versuchten, ein Stück alten Waldes zu retten, das dem Tagebau geopfert werden sollte, um die hungrigen Öfen zu füttern, die unseren Planeten aufheizten und immer noch aufheizen und auf eine Klimakatastrophe zutreiben.

Heimat und Zugehörigkeit. Die Geschichte von Orten in der Umgebung und auf der ganzen Welt. Als ich beschloss, mich auf eine lange Wanderung durch den Wald zu begeben, über Deutschland und meinen Platz darin nachzudenken, schien es nur einen logischen Ort dafür zu geben. Und nur einen logischen Begleiter, der mich auf meiner Reise leiten sollte. Ein Schriftsteller, der ungeheuer viel über Heimat, Identität und Zugehörigkeit zu sagen hatte und viel über die Geschichten des Harzes erzählen konnte. Ich wollte mit ihm in der Tasche nach Osterode zurückkehren, seine Worte dieses Mal auf Deutsch lesen und eigene Geschichten finden.

Auf den Feldern oberhalb von Rauschenwasser, wo Heine am ersten Morgen seiner Wanderung auf zwei junge Männer zu Pferd gestoßen war, traf ich eine Frau, die ihr tägliches Sportprogramm absolvierte und mit ihren Walkingstöcken an der Seite den Takt dazu vorgab. Ich fragte sie nach dem Namen der Burg über uns, deren Turm die umgebenden Bäume überragte. Burg Plesse, sagte sie mir, war der Name, obwohl sie länger eine Ruine als eine Burg gewesen war. Mehr Zeit hatte die Frau nicht, schon ging sie weiter, wobei die Metallspitzen an ihren Stöcken auf dem steinigen Pfad klickten und kleine Kiesel über die Erde in den grasbewachsenen Wegsaum spritzten.

Sie hatte absolut recht gehabt. Burg Plesse war 1660 verlassen worden; als Heine hier entlanggekommen war, war sie schon lange eine Ruine und ein beliebtes Tagesausflugsziel für Studenten und andere Angehörige der Göttinger Universität gewesen. Sie waren der Ästhetik des Verfalls und der Legenden und Geistergeschichten wegen gekommen, die den Burgmauern anhafteten. Sie waren, könnte man sagen, der *Ruinenlust* wegen gekommen – das deutsche Wort hat Rose Macaulay durch ihr Buch *Pleasure of Ruins*[19] in der englischen Sprache etabliert. Bekannt gemacht hatten es die europäischen Romantiker, die sich solcherlei Orten mit einer Mischung aus »Lust und romantischer Schwermut«[20] näherten. Ruinen hätten die Menschen schon lange fasziniert, so Macaulay.

Man kann Macaulays These leicht zustimmen, sieht man sich den Reiz an, den Fotografien verlassener Orte auf uns ausüben, ob es sich dabei nun um die enturbanisierten Zonen Detroits oder um die gesperrten Bereiche rund um das Kernkraftwerk Tschernobyl handelt. Dieser Reiz kann jedoch kein rein ästhetischer sein. Die Anziehungskraft von Ruinen liegt sicherlich in dem Kontext, in dem sie entstanden. In den Geschichten, die sie bergen. Die Hintergrundgeschichte, die erzählt, warum etwas zu einer Ruine geworden ist, ist so häufig eine der Vertreibung oder des Todes, dass es unangemessen scheint, lediglich die Schönheit der Ruine zu betrachten. Es sind die Geschichten, auf die es ankommt.

Geschichten können aber auch ein Eigenleben entwickeln, können durch das Erzählen und Wiedererzählen mit der Zeit so verdreht und vom Kontext gelöst worden sein, dass man die Wirklichkeit ihres Ursprungs fast oder gar nicht mehr erkennt. Dort, wo ich aufgewachsen bin, war es der Geist der Grauen Dame, der Grey Lady, angeblich auf ewig gefangen im alten Herrenhaus unweit unseres Dorfs. Sie war verrückt geworden, weshalb man sie auf dem Dachboden eingesperrt hatte, was doch stark an *Jane Eyre* erinnert. Als ich in die Grundschule kam, stand das Herrenhaus schon lange nicht mehr; nur ein paar Grundsteine waren dort noch zu finden im Dickicht des Gestrüpps und der Sträucher, deren dornige Äste zusammen mit den überall wuchernden Brennnesseln alles waren, was es brauchte, um jegliche Ruinenlust im Keim zu ersticken.

Die Geschichte hielt sich letztlich also länger als das Gebäude, in dem sie entstanden war. In den 1980er-Jahren war die Grey Lady umgezogen und spukte nun an der Böschung der stillgelegten Gleise am Ende des Schulgeländes. Vielleicht hatte man sie auch dorthin geschafft, um uns davon abzubringen, über den Zaun zu klettern und die Randgebiete, die *edgelands*, junger Bäume und alter Eisenbahnschwellen zu erkunden, die verkohlten Überreste von Lagerfeuern und Ansammlungen rostiger Bierdosen, die wir später noch vergrößern sollten. Zu dieser Zeit hatte unsere Angst vor Geistern natürlich längst nachgelassen, und so konnte uns der Gedanke an die Grey Lady auch nicht von diesem perfekten Versteck fern aller neugierigen Blicke abhalten.

Die Sage der Burg Plesse stammt aus dem Mittelalter oder ist sogar noch älter und geht auf eine Zeit zurück, in der es – der Legende nach – üblich war, Kinder zu opfern und sie in der Burg einzumauern, um ihnen übernatürliche Kraft zu verleihen. Der Burgherr ließ in den umgebenden Dörfern verkünden, dass er die Familie, die bereit war, ihr Kind diesem noblen Zweck zuzuführen, reich entlohnen würde. Bald darauf erschien eine Frau aus Reyershausen vor den Toren der Burg und bot ihr Kind an. Es konnte weder hören noch sprechen, 300 Pfennig sollte die Frau für das Kind bekommen. Man legte es in einen Sarg und übergab es einem Baumeister, der es in den Mauern des Haupttors einschließen wollte. Als er dies tat, flüsterte er:

Was ist süßer als Honig?
Und aus dem Sarg flüsterte es zurück:
Einer Mutter Kuss ist süßer als Honig.
Was ist weicher als ein Kissen?
Einer Mutter Schoß ist weicher als ein Kissen.
Und was ist härter als ein Stein?
Meiner Mutter Herz ist härter als ein Stein.

Vielleicht war es der Umstand, dass das taubstumme Kind plötzlich sprechen konnte, der den Baumeister dazu veranlasste, zum Burgherren zu eilen und diesen dazu zu überreden, das Kind nicht zu opfern, sondern es bei einer gütigen Familie in Eddigehausen leben zu lassen. Der Burgherr stimmte zu und begrub in den Mauern stattdessen ein Kind, das bereits tot war.

Ich stand auf dem Pfad unterhalb der Burg und grübelte über die Moral der Geschichte nach. Normalerweise soll uns durch solche Geschichten etwas gesagt werden, doch hatte ich nicht die geringste Ahnung, was das in diesem Fall hätte sein können. Am Ende war die Geschichte wahrscheinlich nur erfunden worden, um das Auftauchen eines Kinderskeletts in einem Bleisarg zu erklären, den man im siebzehnten Jahrhundert ins Haupttor der Burg eingemauert gefunden hatte.

Ruinen können uns ihre Geheimnisse offenbaren, aber selbst dann lassen sie uns manchmal mit mehr Fragen als Antworten zurück.

Ich ließ die Burg Plesse hinter mir und begab mich auf einen von Obstbäumen gesäumten Pfad über die Felder, der von Rauschenwasser nach Nörten führte. Ich war nun wieder unten im Tal und konnte den Verkehr auf der alten Landstraße und der Autobahn in der Ferne hören. Über den gepflügten Feldern, auf deren zerfurchtem Boden Nebelkrähen herumstaksten, schwebte ein Rotmilan in der Luft. Den Ort Angerstein betrat ich gewissermaßen durch das Hintertürchen: auf einem Weg durch Gestrüpp und Weißdornhecken, der mich plötzlich zu einer Ansammlung von Sackgassenvorstadtstraßen mit Einfamilienhäusern brachte. Auf der anderen Straßenseite stand eine Kindergartengruppe in Warnschutzjacken und mit kleinen Rucksäcken auf den Rücken und machte sich für einen Tagesausflug bereit. Die Kinder winkten mir zu, während sie an der Ampel warteten, und freuten sich, als ich zurückwinkte.

Ich ging neben der Hauptstraße her durch eine Stadtrandlandschaft der Autohäuser, Gartencenter, Tankstellen und Autowerkstätten. Ein stetiger Strom an Fahrzeugen reihte sich an den Ein- und Ausfahrten der Supermarktparkplätze auf, Lastwagen seufzten, als sie gezwungen wurden, an einem Fußgängerüberweg anzuhalten. Ich näherte mich Nörten langsam – wäre eines der Autos, die mich jetzt passierten, von meinem Hotel in Göttingen aus nach Norden gefahren, wäre es rund fünfzehn Minuten später in Nörten gewesen. Auf meiner leicht abschweifenden Route war ich nun schon fast vier Stunden unterwegs. Doch wie schrieb Goethe einst so schön? *Nur wo du zu Fuß warst, bist du auch wirklich gewesen.*

Und außerdem: Wäre ich mit dem Auto oder auch nur mit dem Fahrrad gefahren, hätte ich dann den Gartenzwerg in Angerstein bemerkt, den mit der Latzhose und der etwas ramponierten deutschen Flagge in der Hand? Wahrscheinlich nicht. Ich sah, wie eine Wiesenweihe über die Gärten segelte, und schmeckte den Diesel eines Lkws, der in einem warmen Luftzug an mir vorbeirauschte, was mich umgehend an die Bushaltestelle zurückversetzte, an der ich vor fünfundzwanzig Jahren jeden Morgen auf den Schulbus gewartet hatte. An diese Erinnerungen und die, die sie auslösten, werde ich immer dann denken, wenn ich an Angerstein und meine Ankunft in Nörten zurückdenken werde, wo ich in einer schattigen Ecke an einem Supermarkt meinen Rucksack fallen ließ, an dem Ort, den ich mir für meine Mittagsrast ausgesucht hatte.

Auch Heine hat in Nörten Rast gemacht und ein zweites Frühstück zu sich genommen: ein Butterbrötchen in einem Gasthof, in dem er die beiden jungen Männer wiedertrifft, die ihm schon zu Pferd begegnet waren.

> *Der eine verzehrte einen Heringsalat, und der andere unterhielt sich mit der gelbledernen Magd, Fusia Canina, auch Trittvogel genannt.*[21]

Eine Fußnote in der englischen Ausgabe der *Harzreise* informiert mich darüber, dass Heine hier einen verschleierten Studentenwitz einbaut und gelbes Leder für ihn für verstohlenen Sex stand. Wieder einmal mehr Fragen als Antworten.

Indes aß ich in Nörten mein Sandwich auf einer niedrigen Mauer am Rand des Parkplatzes in der Nähe der Bushaltestelle, wo ein älteres Paar darüber stritt, ob der folgende Tag nun ein Feiertag war oder nicht und, falls ja, was das bedeuten würde angesichts der Tatsache, dass der Supermarkt dann geschlossen sein würde. Autos kamen und gingen, die Begleitmusik zu meinem Mittagessen war die von Motoren im Leerlauf und aufeinanderprallenden Einkaufswagen, die allzu schwungvoll zu ihrer Sammelstelle zurückgebracht wurden.

Wenn morgen ein Feiertag war, fuhr die Frau fort, dann würde der Brief an Michael erst am Montag ankommen, was zu spät war. Hätte ihr Mann sie früher auf den Feiertag hingewiesen, hätte sie schon am Mittwoch zur Post gehen können.

»Da hattest du aber die Karte noch nicht«, antwortete besagter Mann in pragmatischem Tonfall. »Außerdem glaubst du ja sowieso nicht, dass morgen ein Feiertag ist, also spielt es auch keine Rolle.«

»Das machst du immer. Mich durcheinanderbringen ...«

Nun kam der Bus und hielt vor dem Paar. Was die Frau sonst noch sagte, wurde vom zischenden Geräusch der sich wieder schließenden Türen verschluckt, als der Bus seine Fahrt fortsetzte. Ich würde gern hinzufügen, dass sie eine gelbe Lederjacke trug und er ein schelmisches Blitzen in den Augen hatte.

Was genau ist Heines *Harzreise*? Mit ihrer Mischung aus Dichtung und Reportage, Reisebericht und literarischer Haltung, ganz zu schweigen von den eingestreuten Traumsequenzen, auf jeden Fall eines: bis zum heutigen Tage nicht kategorisierbar. Es ist noch nicht einmal eindeutig, dass der Erzähler des Buchs Heine selbst ist. Sein englischer Übersetzer Ritchie Robertson schreibt in seiner Einführung, der Erzähler weise zwar viele Ähnlichkeiten mit Heine auf, beispielsweise dessen Unzufriedenheit mit dem Studium und dem Leben in Göttingen sowie andere biografische Einzelheiten, sei aber gleichzeitig auch ein »literarisches Konstrukt«.[22]

Als Heine die *Harzreise* verfasste, musste er trotz der Ich-Erzähler-Perspektive Distanz schaffen, um dem Dichter in sich ebenso viel Raum wie dem Journalisten zu geben, damit er sagen konnte, was er sagen wollte. Es steht außer Frage, dass das Buch voller Verzerrungen und Erfindungen ist, dass manche Details fast zu schön sind, um wahr zu sein. Letztlich aber ist es ein Werk, das als Ganzes bewertet werden muss, und als Porträt von Orten und den Menschen, die diese bevölkern, klingt es glaubhaft, selbst wenn die eine oder andere Passage direkt der Fantasie des Autors entsprungen sein mag.

Die Frau im Bus trägt eine gelbe Lederjacke, schrieb ich in mein Notizbuch, als ich mein Sandwich aufgegessen hatte.

> *Mit dem besten Willen der Treuherzigkeit*, schrieb Heine einst, *kann kein Mensch über sich selbst die Wahrheit sagen.*[23]

In seinem Buch schafft Heine die rund zehn Kilometer von Nörten nach Northeim – »Nordheim« in der *Harzreise* – bei sengender Hitze und in weniger als einem Satz. Noch einmal verschmähe ich die nahe liegende Route über die Hauptstraße und gehe stattdessen hinunter zum Fluss und zum Radweg, der der Leine das Tal entlang folgt.

Was immer es ist, das Heine in der *Harzreise* tut, ob nun wahrheitsgetreues Erinnern oder fiktionales Erfinden, das Thema des Reisens, genauer: des Gehens oder Wanderns, steht im Mittelpunkt der Geschichte. Dabei hätte Heine durchaus auch andere Optionen gehabt – er hätte zu Pferd oder mit der Kutsche reisen können. Doch durch die Entscheidung, sich zu Fuß von Göttingen aus nach Northeim in Richtung Berge auf den Weg zu machen, folgte er etwas, was 1824 gewissermaßen eine romantische Tradition war. Das Gehen als Art der Fortbewegung, aber auch als Möglichkeit des künstlerischen Ausdrucks war wie geschaffen für die Romantiker.

> *Nur wenige Themen der Romantiker*, schreibt der Dichter Peter Larkin, *bleiben unberührt von der stilvollen Kombination des Gehens, um zu denken, und des imaginierten Gehens: Beziehungen zwischen Bewegung und Stillstand, Ausgesetztheit und Schutz, Verlassen und Rückkehr, sozialer Distanz und radikaler Wiederbegegnung.*[24]

Larkin bespricht hier ein Buch über unseren Freund Samuel Taylor Coleridge, doch für Rebecca Solnit, ihrerseits *walker-writer* und große Chronistin der Geschichte des Gehens, war William Wordsworth der romantische Dichter, der mehr als jeder andere das Zu-Fuß-unterwegs-Sein ins Zentrum seiner Kunst und seines Lebens rückte.

Gegen Ende des achtzehnten und bis ins neunzehnte Jahrhundert hinein war das Gehen ein radikaler Akt. Es war immer noch die Zeit der Bildungsreise, bei der adlige junge Männer mit der Kutsche nach Italien fuhren, um Kunst, Architektur und Gärten in sich aufzunehmen. Nicht so Wordsworth. Er fuhr stattdessen in die Alpen, wo er eine sehr lange Wanderung unternahm.

> *Eine solche Reise zu Fuß zu machen*, schreibt Solnit, *und sich für die Schweiz statt Italien als Ziel zu entscheiden,*

bedeutete eine radikale Verschiebung der Prioritäten, fort von Kunst und Aristokratie und hin zu Natur und Demokratie.[25]

Als sich das achtzehnte Jahrhundert seinem Ende zuneigte, waren Wordsworth und Coleridge nach Deutschland und in den Harz gekommen, um dort zu wandern und zu schreiben. Zu dieser Zeit, so Larkin, war das Reisen für Passagiere noch immer langwierig und mühsam, doch hatten die Vorstellung vom Reisen als Akt und das Instrument des Reisens selbst einen Wert an sich.[26] Dies veranlasste die beiden jungen und noch relativ unbekannten Dichter dazu, das Dampfschiff nach Hamburg zu nehmen. Von dort aus reiste Wordsworth weiter nach Goslar und Coleridge nach Göttingen. Beide erkundeten sie das Gebirge des Harzes, während sie ihr Talent verfeinerten. Und beide waren sie dabei meist zu Fuß unterwegs.

Auf meiner eigenen Wanderung begegnete ich Coleridge zu den überraschendsten Zeiten immer wieder. Als Northeim über den Bäumen in der Ferne auftauchte und ICEs auf den Gleisen oberhalb meines Wegs an mir vorbeirauschten, stieß ich auf ein Zuckerrübenfeld. Eine Informationstafel, die Radfahrern und Wanderern die Wunder des Gewächses näherbringen sollte, war von irgendjemandem verunstaltet worden. Einem Fan von Low-Carb-Diäten vielleicht.

GIFT! POISON!

Als Coleridge durch die deutschen Landschaften wanderte, war er bezüglich der Zuckerrübenfelder, an denen er vorbeikam, weniger voreingenommen. *Zucker aus Rüben!*, schrieb er in einem Brief nach Hause. *Ganz Deutschland ist verrückt danach.*[27] Er sah in der bescheidenen Pflanze großes Potenzial, etwas, das er zusammen mit seinen Beschreibungen von Land und Landschaft mit nach England nehmen konnte. An der Universität hatte Coleridge einen Preis für eine Ode gegen die Sklaverei gewonnen – in der Zuckerrübe sah er das Potenzial, sich vom Zucker aus den Plantagen unabhängig zu machen, die eine zentrale Rolle im transatlantischen Sklavenhandel spielten.

In den zwei Stunden, die ich brauchte, um dem Fluss zu folgen und die Felder bis nach Northeim zu überqueren, begegnete ich keinem einzigen anderen Wanderer oder Spaziergänger. Nur einige Radfahrer, die ihre Anwesenheit durch ein fröhliches Klingeln ankündigten, überholten mich. Vor ein paar Jahrhunderten aber, so scheint es, konnte man sich in Deutschland auf dem Land kaum rühren, so sehr wimmelte es dort von Spaziergängern, mit dem Notizbuch in der Hand auf der Suche nach Inspiration. Ihr größtes Vorbild, so könnte man sagen, war Goethe. Wenn es stimmt, was Solnit schreibt, dass nämlich das Zu-Fuß-Gehen der englischen Dichter seiner Natur nach ein rebellischer Akt war, dann trifft das sicherlich ganz besonders auf Goethe und seine deutschen Mitdichter zu, die sich auf den Weg in die Berge machten. Es hatte in den Augen der damaligen Gesellschaft tatsächlich etwas »Aufmüpfiges«, im Wald spazieren und in den Bergen wandern zu gehen. Die Schriftsteller, die das taten, waren in diesen Taten und den Worten, die sie daraus erschufen, revolutionär, sie gründeten eine ganz neue Tradition.

In einem Brief, den Goethe am 7. und 8. September 1780 an Charlotte von Stein schrieb, nachdem er von einer langen Wanderung durch den Thüringer Wald nach Ilmenau zurückgekehrt war, wird deutlich, dass der große Dichter genau wusste, was da gerade geschah und welchen Anteil er daran hatte.

> *Meine Wandrung ist glücklich vollendet ... Wir sind auf die hohen Gipfel gestiegen und in die Tiefen der Erde eingekrochen, und mögten gar zu gern der grosen formenden Hand nächste Spuren entdecken. Es kommt gewiss noch ein*

Mensch der darüber klaar sieht. Wir wollen ihm vorarbeiten. Wir haben recht schöne grose Sachen entdeckt, die der Seele einen Schwung geben und sie in der Wahrheit ausweiten … O dass doch mein Beruf wäre immer in Bewegung und freyer Luft zu seyn, ich wollte gerne iede Beschweerlichkeit mit nehmen die diese Lebensart auch ausdauern muss.[28]

Und es kam noch ein Mensch, und als sich Heine von Göttingen aus auf den Weg machte, etwa vierundvierzig Jahre, nachdem Goethe seinen Brief nach Weimar geschickt hatte, hatte sich die lange Wanderung fest in der dichterischen Tradition etabliert. In den Fußstapfen von Goethe, Coleridge, Wordsworth und all den anderen, die danach kommen sollten, war sich Heine aber auch der potenziellen Tücken und Grenzen der literarischen Form bewusst. Das Reisen, die Bewegung und das Gehen als Inspiration für Dichtung und Prosa sollten sich zum wichtigen Teil seiner frühen Karriere entwickeln. Auch nach seiner Harzreise reiste er weiter und schrieb darüber: nach Norden auf die Insel Norderney etwa und, wie Goethe, nach Süden, nach Italien. Und die ganze Zeit über war deutlich, dass er genau wusste, was er da tat und woran er Anteil hatte.

Es gibt nichts Langweiligeres auf dieser Erde als die Lektüre einer italienischen Reisebeschreibung – außer etwa das Schreiben derselben.[29]

Und doch schrieb er eine. Selbst wenn sich Heine absolut bewusst war, sich auf extrem ausgetretenen Pfaden zu bewegen, so war er doch auch entschlossen, diese Pfade zu seinen eigenen zu machen. Wie Goethe und Wordsworth vor ihm versuchte er, etwas Neues zu schaffen, etwas, das Literatur, das die Kunst veränderte. Die Welt nahm eine andere Gestalt an und mit ihr das Reisen, ebenso wie der Charakter der Wanderungen, die Heine im Vergleich zu seinen im wahrsten Sinne des Wortes Vor-Gängern unternehmen sollte. Und eine sich verändernde Welt brauchte eine veränderte Literatur. Letzteres zu bewerkstelligen traute Heine sich ohne Weiteres zu.

Mit mir ist die alte lyrische Schule der Deutschen geschlossen, während zugleich die neue Schule, die moderne deutsche Lyrik, von mir eröffnet ward.[30]

Ich kam am späten Nachmittag in Northeim an und wurde auf einer Brücke am Rand der Stadt von einem handgeschriebenen Schild willkommen geheißen.

KEIN BOCK AUF NAZIS

Hatte ich auch nicht. Was das übrige Northeim betraf, so schien es eine hübsche Stadt zu sein, voller Fachwerkhäuser in der Fußgängerzone, aber auch voller leerer Geschäfte mit »Zu vermieten«-Schildern in den Fenstern. Dies spiegelte die wirtschaftlichen Schwierigkeiten wider, mit denen Stadtzentren in ganz Deutschland angesichts der Konkurrenz durch große Abholmärkte und ihre immer weiter ausufernden Parkplätze am Rand der Stadt zu kämpfen haben. Ich ging durch die Straßen, ohne ein richtiges Ziel vor Augen; ich wollte einfach nur ein Gefühl für den Ort bekommen. Wie viele grundlegende Veränderungen eine Stadt wie diese in den zwei Jahrhunderten zwischen meinem Besuch und Heines Mittagspause auf seinem Weg nach Osterode wohl erfahren hatte?

Für Peter Watson, den Autor des Buchs *Der deutsche Genius*, besteht der Grund, warum wir Heine lesen sollten, in erster Linie in dessen Beobachtungsgabe, in dessen Gespür für die ganz verschiedenen Deutschlands, die damals existierten.[31] Ein weiteres Argument für das Zu-Fuß-unterwegs-Sein – um Unterschiede festzustellen. Um ein Gefühl dafür zu bekommen, wie sich die

Stimmung mit jedem Schritt verändert. Wie ein Viertel eine ganz andere Atmosphäre haben kann als das nächste. Ein Dorf eine ganz andere als das Nachbardorf. Ein Tal eine ganz andere als das auf der anderen Seite des Bergs gelegene.

Mein zielloses Streifen durch Northeim brachte mich schließlich auf den Marktplatz. Ein Kellner stand am Eingang seines Cafés vor einer Ansammlung leerer Tische und wartete auf Kundschaft. Er sah am Marktplatz auf und ab, als hoffte er, dass gleich ein Run auf das Café einsetzen würde. Mir taten die Füße weh. Genug gelaufen für einen Tag. Als ich mich auf einem der Stühle niederließ, kam der Kellner mit lächelnden Augen zu mir herüber. Ich war nicht gerade der Run, auf den er gehofft hatte, für den Augenblick aber Kundschaft genug.

3

Narben in der Landschaft

Es war noch sehr früh, als ich am nächsten Morgen durch die Straßen von Northeim ging, die Fußgängerzone blitzblank, nachdem die Fahrzeuge der Straßenreinigung sie passiert hatten. Auf dem Marktplatz bauten die Händler ihre Stände auf. Noch einmal führte mein Weg mich durch das historische Zentrum des Ortes. Am Tag zuvor hatte ich mich nach dem Einchecken im Hotel erneut auf Streifzug begeben, dieses Mal durch die schmaleren Gassen mit ihren Fachwerkhäusern und den Überresten der alten Stadtmauern. Schließlich hatte ich mir einen Tisch in einem Restaurant gesucht, das nach der Leere der Straßen schockierend voll war. Als hätte die Stadt ein Geheimnis, und ich war zufällig darauf gestoßen.

Am Morgen danach waren die Straßen wieder ruhig, als ich mich zu meiner Tageswanderung nach Osterode aufmachte, deren Strecke ich mir mithilfe meiner Karte im Restaurant zusammengebastelt hatte. Sie bestand aus einer Mischung aus Wander- und Radwegen, an einem Fluss entlang und über einige Hügel hinweg, durch die Wälder und über die Felder. Ich musste größtenteils raten, welche wohl die beste Route war, und mich dabei auf meine Intuition verlassen, denn in der *Harzreise* gab es diesbezüglich kaum Hinweise.

Hinter Nordheim wird es schon gebirgig, und hier und da treten schöne Anhöhen hervor. Auf dem Wege traf ich meistens Krämer, die nach der Braunschweiger Messe zogen, auch einen Schwarm Frauenzimmer, deren jede ein großes, fast häuserhohes, mit weißem Leinen überzogenes Behältnis auf dem Rücken trug. Darin saßen allerlei eingefangene Singvögel, die beständig piepsten und zwitscherten, während ihre Trägerinnen lustig dahinhüpften und schwatzten. Mir kam es gar närrisch vor, wie so ein Vogel den andern zu Markte trägt.
In pechdunkler Nacht kam ich an zu Osterode.[32]

Die ganze Strecke, die an diesem Tag vor mir lag, insgesamt mehr als zwanzig Kilometer vom Marktplatz in Northeim bis zu meinem Hotel in Osterode, erledigt Heine in einem einzigen Abschnitt. Auf dem Marktplatz hielt ich noch einmal an, um dabei zuzusehen, wie die Händlerinnen und Händler ihre Waren ausbreiteten, Kisten mit Obst und Gemüse sowie Gestelle mit Kleidung und Ledertaschen aus weißen Transportern hievten. Käfige mit Singvögeln gab es auffälligerweise keine. Wem ich auf meiner heutigen Wanderung wohl begegnen würde? Würde ich überhaupt jemandem begegnen?

Ich verließ die Stadt auf einem Weg, der mich, schnurgerade und von Obstbäumen gesäumt, hinter dem Fußballplatz entlang und in Richtung des ersten der niedrigen, bewaldeten Berge führte, die Heine erwähnt. Auf diesem Weg waren definitiv nicht viele Leute unterwegs. An einer Kreuzung, kurz bevor der Weg in den Wald einbog, manövrierte ein Mann seinen Hund auf den Rücksitz seines SUV, nachdem der Hund sich auf den Feldern hatte austoben dürfen. Auch eine Joggerin kam mir entgegen und lief elegant zur Stadt zurück, während ihr Pferdeschwanz bei jedem Schritt auf und ab hüpfte. Doch ansonsten hatte ich den Weg ganz für mich.

Am Tag zuvor hatte ich nach dem Abendessen eine geöffnete Hotelbar auf der anderen Seite der Stadt gefunden, ganz in der Nähe der Stelle, an der ich Northeim betreten hatte. Der Betreiber der Bar stand hinter einem halbrunden Tresen und bediente drei Stammgäste, die sich alle kannten und ununterbrochen unterhielten, obwohl sie nicht beieinandersaßen und die Augen auf einen auf stumm geschalteten Fernseher über meinem Kopf gerichtet hatten. Deshalb konnte ich auch nicht sehen, was sie sich da ansahen. Im Großteil ihrer Unterhaltung ging es um ein Fußballspiel, das gerade stattfand, und so vermutete ich, dass es das war, was im Fernsehen lief. Wie sich herausstellte, wurde das Spiel jedoch von einem Pay-TV-Sender übertragen, den keiner der Anwesenden abonniert hatte – die Stammgäste verfolgten den Spielverlauf mittels ihrer Smartphones.

Wenn es nicht um Fußball ging, ging es um Politik, sowohl in- als auch ausländische, und die Demonstration, die in der Woche zuvor in Northeim stattgefunden hatte. Sie kannten einen der »Vollidioten mit der Reichsflagge«, da er für ihren Fußballverein spielte.

»Der weiß wahrscheinlich nicht mal, was sie bedeutet«, sagte einer der Männer, die Augen immer noch auf den Fernseher gerichtet, in wegwerfendem und zugleich enttäuschtem Tonfall.

Ich nippte an meinem Bier und machte mir Notizen darüber, was ich an diesem Tag alles erlebt hatte. Die Bar war klein und gemütlich, an der Wand hingen Fotos von Fußball- und Basketballmannschaften, eine St.-Pauli-Fahne und ein Hannover-96-Trikot, der Zapfhahn war aus Porzellan, die mechanische Kasse sicherlich schon lange nicht mehr in Gebrauch. Über dem Tresen hatte der Wirt Postkarten aus aller Welt aufgehängt. Vielleicht stammten einige von ihnen sogar von den drei Männern, die gerade hier saßen und über alles und nichts plauderten. Sie waren mittlerweile bei Trump angekommen.

»Man sollte ihn schwarz anmalen, vielleicht erschießt ihn dann jemand.«

Die Unterhaltung schwoll an und ebbte wieder ab, wie ein Fluss. Sie kräuselte sich um sich selbst in ruhige kleine Wirbel, bevor sie auf etwas Neues zurauschte.

»Warum machen nicht Leute, die wissen, wovon sie reden, Politik? Ingenieure als Verkehrsminister. Lehrer als Bildungsminister. Das wäre auf jeden Fall besser als das, was wir jetzt haben.«

»Das Problem mit der Linken ist, dass auch jetzt noch, nach all den Jahren, zu viel SED drin ist. Zu viel Stasi.«

»Wir bauen in Niedersachsen Futter an, das für Schweine in Brasilien bestimmt ist, deren Fleisch dann an China verkauft wird ... Bescheuert!«

»Scheiße. Ausgleich.«

Eine Unterhaltung, wie sie in jeder Kneipe in jedem Land der Welt stattfinden könnte, schrieb ich in mein Notizbuch, als mich der Wirt ohne jeden Vorwurf in der Stimme fragte, was ich da tat. Möglicherweise sah ich aus, als hätte ich ein schlechtes Gewissen, während ich ihm von meiner Wanderung und von Heine erzählte und gleichzeitig mein Notizbuch schloss. Meine drei Mit-»Barhocker« hörten zu, waren aber scheinbar wenig interessiert. Der Wirt stellte noch ein paar allgemeine Fragen. Ich erzählte ihm weiter, dass sich in der *Harzreise* sehr wenig über Northeim fand, nur Heines Mittagspause und die Beschreibung einiger Leute, die er im Gasthof getroffen hatte. Er war ja auch nicht lange geblieben und hatte die ganze Strecke von Göttingen nach Osterode an einem einzigen Tag zurückgelegt.

»Klingt unwahrscheinlich«, entgegnete der Wirt und trat zwei Schritte nach links, um ein Bier zu zapfen, dessen Bestellung er irgendwie vorausgeahnt hatte. Während er das Glas an den Zapfhahn hielt, wanderten seine Augen zu dem Fernseher über meinem Kopf.

Die Männer unterhielten sich weiter.

»Ich habe meinen Nachbarn gefragt, ob wir nicht ein Loch in den Zaun machen könnten, für die Igel. Er hat gesagt, er überlegt es sich.«

Auf einem schmalen Pfad durch den Wald zwischen Northeim und Elvershausen dachte ich noch einmal über die Wahl einer Wanderung als Mittel nach, um über die besuchten Orte zu schreiben.

> *Ich mag Gehen*, so Rebecca Solnit, *weil es langsam ist, und ich habe den Verdacht, dass der Geist wie die Füße mit rund fünf Kilometern die Stunde arbeitet. Und wenn dem so ist, dann bewegt sich das moderne Leben mit größerer Geschwindigkeit als das Denken – oder die Nachdenklichkeit.*[33]

Vielleicht ist das Zu-Fuß-Gehen die beste Art, um das Gefühl einer Reise einzufangen, doch was, wenn es immer noch zu schnell ist? Ich hatte Northeim bereits hinter mir gelassen, weniger als vierundzwanzig Stunden nachdem ich dort angekommen war. Gut, ich war ein wenig länger in der Stadt gewesen als Heine, aber das hieß ja nicht viel. Was auch immer ich in mein Notizbuch kritzelte, was auch immer mir einfallen würde, wenn ich mich später an meinen Schreibtisch in Berlin setzte – es konnten immer nur die Eindrücke eines Wanderers sein. Eines Durchreisenden.

Bevor er mir am Abend zuvor ein weiteres Bier eingeschenkt hatte, war der Wirt im Schankraum verschwunden und mit einem staubigen Buch zurückgekommen. Ein Großformat mit glänzendem Schutzumschlag in der Art eines dekorativen Bildbands, wie er wohl auf vielen Couchtischen zu finden ist. Er stammte aus den 1990er-Jahren und zeigte Northeim damals und heute – wobei »heute« eben die Neunzigerjahre meinte.

»So erfährst du vielleicht etwas mehr über unsere Stadt als nur in dieser Bar.« Der Wirt legte mir das Buch hin und zapfte mir das Bier, das er mit einem Strich auf meinem Bierdeckel markierte, während zwei meiner Mittrinker ihre Jacken nahmen und nach draußen gingen, um zu rauchen.

Das Buch begann mit einem einleitenden Essay über die Ursprünge der Stadt, die Intrigen und Ränke der Sachsen, die Reformation und eine Reihe von verheerenden Bränden, die den Ort in regelmäßigen Abständen heimzusuchen schienen. Ich las von der Ankunft der Eisenbahn und den Bombenangriffen im Zweiten Weltkrieg, von der Bedeutung Northeims als Bahnknotenpunkt, von seinen Kirchen und dem Krankenhaus und den Überresten der Stadtmauern, auf die ich zuvor gestoßen war. Als das Buch geschrieben worden war, war die wirtschaftliche Situation der Stadt besser gewesen und das neue Jahrtausend hatte verlockend gewinkt.

Das Buch enthielt auch alte Illustrationen, Stiche und Holzschnitte, die einen tieferen Einblick in die Stadtgeschichte gewährten, doch die meisten Bilder waren Fotografien aus dem zwanzigsten Jahrhundert. Die Stadt sah sich die ganze Zeit über ähnlich, egal wann die Bilder entstanden waren. Ob nun schwarz-weiß oder in Farbe – die Aufnahmen von den Fachwerkhäusern und vom Marktplatz, von den Kirchen und vom ehemaligen Kloster zeugten von einer gewissen Beständigkeit des Ortes, trotz der Brände, der Bomben und anderer Umbrüche in der Geschichte.

Und doch fand ich mich mit dem Finger an der Stelle ins Buch gesteckt wieder, an der der Bildnachweis über das Aufnahmedatum jedes Foto in seinen individuellen Kontext rückte. Ob es von 1929 oder 1934 stammte. Vom Ende der Siebziger- oder Anfang der Neunzigerjahre. Jedes der Fotos stand für einen anderen Abschnitt der Geschichte, für eine andere *Art* von Deutschland, die auf der jeweiligen Seite dargestellt war.

Auf einer Doppelseite stand ein Gebäude sich selbst gegenüber. Links der Englische Hof im Jahr 1902. 1933 hatte das Gebäude einen neuen Namen: Hotel Deutsches Haus. Der Namenswechsel hatte mit großer Sicherheit schon früher stattgefunden, etwa zu der Zeit, als die britische Königsfamilie erwogen hatte, ihren Nachnamen zu ändern.[34] Auf jeden Fall war der Englische Hof so rechtzeitig zum Deutschen Haus geworden, dass man ihn wie den

Rest der Straße in Hakenkreuzfahnen hatte kleiden können, während Vorbeimarschierende ein Banner hochgehalten hatten.

Adolf Hitler – wir verlassen dich nicht.

Das Bild war im unmittelbaren Vorfeld der Reichstagswahl im März 1933 aufgenommen worden. Neue Wahlen sollte es erst dreizehn Jahre später wieder geben.

Ein einzelnes Bild in dem Buch hatte die Macht, die Reaktion auf die Fotos um dieses Bild herum zu verändern, insbesondere auf die, die zur selben Zeit aufgenommen worden waren, auch wenn auf ihnen ähnliche Hinweise nicht zu sehen sind: keine Banner für Hitler, keine Hakenkreuzfahnen. In ihrem Beitrag über Fotografie und deutsche Geschichte gehen die Historikerinnen Elizabeth Harvey und Maiken Umbach der Frage nach, wie Fotografien die Vergangenheit so wiedergeben können, dass sie uns beinahe trügerisch lesbar erscheint.[35] Wir sehen den Aufmarsch und die Fahnen, und wenn wir zur nächsten Fotografie blättern, glauben wir, wir verstünden besser, was wir da sehen. Wir stellen den Menschen auf dem Bild Fragen, Fragen, die auf unserem Wissen darüber basieren, was diese Menschen unmöglich haben wissen können. Fragen, die sie nicht beantworten können, auf die Antworten zu bekommen wir nicht von ihnen erwarten können, selbst dann nicht, wenn wir sie ihnen tatsächlich stellen könnten.

Ebenso wie Denkmäler fungieren auch Fotografien als Aufbewahrungsorte für Erinnerungen.[36] Wir müssen uns vorsehen, nicht zu viel in sie hineinzuinterpretieren. Dennoch bleiben sie wertvolle Quellen, die uns dabei helfen, ein lebendigeres Bild einer historischen Epoche zu gewinnen. Und in manchen Fällen geben sie uns Anlass zu fragen, nicht wen oder was wir auf dem Bild sehen, sondern wer sich hinter der Kamera befunden hat. Gibt es einen Unterschied zwischen dem, was wir jetzt sehen, was das Bild jetzt bedeutet, und dem, was der Fotograf oder die Fotografin zu dokumentieren glaubte?

In der Nazizeit förderten NSDAP-Organisationen die Fotografie und die Idee, Kundgebungen und Veranstaltungen dazu zu nutzen, gemeinsame erhebende Erfahrungen zu schaffen, sowohl für den Einzelnen als auch innerhalb der größeren Gemeinschaft. Als ich mir das Foto des Aufmarschs am Hotel Deutsches Haus ansah, dachte ich an die Menschen, die das Banner hielten. Vielleicht hätten sie sich später, wenn ihnen das Buch irgendwann in die Hände gefallen wäre, gewünscht, es hätte niemanden gegeben, der das Geschehen dokumentiert.

»Interessant, oder?«, fragte der Barbetreiber mich und lehnte sich vor mir über den Tresen.

Ich war gerade auf einer Seite mit Fotografien von 1996, auf denen ein Gasthof namens »Der Goldene Löwe« zu sehen war. In den Achtzigerjahren war er ein italienisches Restaurant gewesen, inzwischen hat er sich der Informationsbroschüre in meinem Hotelzimmer zufolge auf »jugoslawische Küche« spezialisiert. Als die Aufnahme entstanden war, hatte man dort französisch gekocht. Der Optimismus der Neunziger.

Ich sagte dem Wirt, es wäre wohl bald an der Zeit, dass jemand neue Fotos machte. Schließlich waren seit den jüngsten im Buch fünfundzwanzig Jahre vergangen. Traurig schüttelte der Wirt den Kopf. Der Fotograf war gestorben, leider. Und er war sich nicht sicher, ob jemand den Job übernehmen wollte.

Sanft nahm er mir das Buch aus der Hand. Die Geschichte seiner Stadt. Das Gute und das Böse. Die Vergangenheit wiedergegeben, die Vergangenheit erinnert, auch wenn das nie die ganze Geschichte sein konnte.

Von meinem Weg im Wald aus konnte ich das Wasser der Rhume sehen, eines kleinen Nebenflusses der Leine, der knapp nördlich von Northeim in den größeren Fluss mündet. Als ich durch die Bäume spähte, glänzte das Flüsschen in der Sonne, die gerade dabei war, sich durch den frühen Morgennebel zu brennen, und von der Oberfläche des Wassers zurückgeworfen wurde.

Am gegenüberliegenden Ufer stand ein Graureiher, elegant und unnahbar, und ignorierte mich, selbst dann, als meine Schritte auf den Eicheln knirschten, die von den Eichen zu beiden Seiten des Wegs gefallen waren. Der Weg selbst war schmal, nur denjenigen vorbehalten, die zu Fuß reisten, sei es nun Mensch oder Tier aus dem Wald.

Deutschland ist der Wald, und der Wald ist Deutschland. Eine vertraute Geschichte, eine Geschichte, die die Menschen dieser Lande und die Bäume, die sie umgeben, bis in die Ur- und Frühgeschichte hinein miteinander verbindet. Die Geschichte der heidnischen Rituale, die erklären, warum ich am Tag zuvor einen kleinen Baum am höchsten Punkt eines neuen Hauses festgezurrt gesehen hatte, als Opfergabe für die Baumgeister und Dank für die Baumaterialien. Die Geschichte von Tacitus und seinem schmalen Bändchen, in dem geschrieben steht, wie heldenhafte germanische Stämme, angeführt von Hermann dem Cherusker, die Römer vernichtend schlugen, bevor sie wieder mit dem Wald verschmolzen, aus dem sie gekommen waren und der ihnen Schutz bot. Die Wiederauferstehung dieser lange vergessenen Geschichte Hunderte von Jahren später, als sich Dichter und Gelehrte dem Wald zuwandten, um Ordnung in die deutsche Historie zu bringen und eine einheitliche Erzählung zu schaffen, um die herum man sich eine Gemeinschaft vorstellen konnte. Aus dem Wald war eine Nation zu machen.

Hat all das irgendeine Substanz? Schließlich stammen die heidnischen Rituale, die Dankesopfer an den Wald, aus einer Zeit lange bevor das Christentum in Mitteleuropa Einzug hielt. Und als es das getan hatte, als die Kaiser des Heiligen Römischen Reichs versuchten, den Flickenteppich aus Fürstentümern und Lehensgütern zu sortieren, derweil Martin Luther sich um eine geistliche Einheit bemühte – hat sich da die persuasive Vorstellung, alle Deutschen seien in irgendeiner Form Abkömmlinge dieser uralten, im Wald lebenden Stämme, nicht erst richtig eingebürgert, insbesondere dann, als auch noch die Franzosen darin verwickelt wurden? Die waldbewohnenden Deutschen gegen die Landschaftsgärtner Frankreichs, um Goethe zu paraphrasieren. Die dringende Notwendigkeit eines deutschen Patriotismus, der sich der fremdländischen Besatzung entgegenstellt.

Als der junge Heinrich Heine dabei zusah, wie französische Truppen durch ein Düsseldorf zogen, das damals die Hauptstadt des Großherzogtums Berg war – 1806 als französischer Satellitenstaat gegründet –, hatten die romantischen Dichter, bildenden Künstler und anderen Intellektuellen, die an der Vorstellung, was Deutschland *war* und was es werden konnte, mitwirkten, den Wald längst als Ort der Inspiration entdeckt. Er bot eine tief verwurzelte Verbindung zum Land selbst und eine irgendwie geartete einheitliche, kollektive Vergangenheit.

Doch als Goethe und die Brüder Grimm, Caspar David Friedrich und Heinrich von Kleist, ganz zu schweigen von Hölderlin, von Eichendorff, E. T. A. Hoffmann und natürlich Heine selbst, damit begonnen hatten, Poesie und Zugehörigkeit im Wald zu finden, hatte Deutschland, ja sogar der Großteil Mitteleuropas, ironischerweise ein noch nie dagewesenes Ausmaß an Abholzung erreicht. Seitdem sich Tacitus vor etwa eintausend Jahren hingesetzt hatte, um die Geschichte von Hermann und der Schlacht im Teutoburger Wald aufzuschreiben, hatte der ganze Kontinent eine allmähliche Rodung erlebt.

In dem Gebiet, das heute Deutschland ist, waren im Jahr 1 nach Christus fünfunddreißig Prozent des Landes von Wald bedeckt.[37] Rund tausend Jahre später waren es immerhin noch 29,1 Prozent. Dieser Wald bestand größtenteils aus Harthölzern, überwiegend aus Buchen. Diesen verdankt der Harz auch seinen Namen: »Wir gehen in die Harten«, sagten die Jäger und Sammler, wenn sie sich in die Berge aufmachten. Im Mittelalter beschleunigte sich die Abholzung. Im Jahr 1350 waren nur noch 9,9 Prozent der Fläche des heutigen Deutschlands von Wald bedeckt. Zumindest gaben der Schwarze Tod und die massive Anzahl an Menschenleben, die er forderte, dem Wald etwas Aufschub – 1450 hatte er wieder einen Flächenanteil von fünfzehn Prozent. Doch das war nur vorübergehend. Im neunzehnten Jahrhundert war der Flächenanteil des Waldes auf drei Prozent gesunken.

Genau in dem Augenblick, in dem der Wald zur Quelle der Sehnsucht und Zugehörigkeit wurde, wo Gelehrte und bildende Künstler, Dichter und Musiker sich eine tief unter seinem Blätterdach verwurzelte Nation vorzustellen versuchten, wurde es zunehmend schwieriger, Wald *oder* Bäume zu sehen.

Indes setzte ich am Rande der Harten meine Reise fort. Von Elvershausen nach Dorste. Von Dorste nach Ührde. Einige Male fand ich meinen Weg von Absperrband blockiert – Forstarbeiter, die Bäume fällten und die Stämme auf riesige Anhänger luden –, sodass ich einen Umweg machen und mir mit meinen Karten und meinem Smartphone alternative Routen suchen musste. Auch auf diesen konnte ich das Geräusch der Kettensägen, das Rattern der Motoren und das unverwechselbare Knarren und Krachen umstürzender Bäume hören.

In Dorste legte ich auf einer Bank unter einer alten Eiche eine Mittagspause ein. An ihren Stamm hatte man ein kleines Schild genagelt, das den Baum als *Naturdenkmal* auswies. An den Garagentoren und Giebelwänden der Häuser im ganzen Ort konnte ich ablesen, welchen Platz die jeweiligen Bewohner beim jüngsten Schützenfest belegt hatten, das die Vereine jedes Jahr abhielten. In Ührde sah ich eine Herde Hirsche an einem Hang in der Ferne; das Röhren des Herdenoberhaupts erfüllte die ansonsten stille Luft. Ein weiterer Weg führte mich durch ein kleines Fleckchen Wald und auf den Karst hinauf, ein Gipsplateau am südlichen Rand des Harzes. Von dort konnte ich zum ersten Mal die bewaldeten Berge selbst sehen, die sich aus dem Dunkel am Horizont erhoben.

Mit Ausnahme der Folgen der Pest und eines kleineren Wiederauflebens des Waldes nach dem Dreißigjährigen Krieg war der

Zeitraum zwischen Tacitus und Heines Wanderung von Göttingen in den Harz einer der beinahe ununterbrochenen Abholzung gewesen. Und obwohl uns die patriotischen Poeten des neunzehnten Jahrhunderts vielleicht glauben machen wollten, dass der Wald eine Art natürliche, spirituelle Heimat war, sollte uns dieser Wunsch, uns des Waldes zu entledigen, nicht überraschen. Denn abgeholzt wurde, um Ackerland zu gewinnen, um Baumaterial für die Häuser einer ständig wachsenden Bevölkerung zu haben und nicht zuletzt, um uns ein Gefühl der Sicherheit zu vermitteln.

Dem beliebten deutschen Förster und Waldautoren Peter Wohlleben zufolge sahen unsere Vorfahren den dichten Wald als eine Bedrohung an, hauptsächlich, weil er uns wenig Nahrung bot und weil dort Feinde lauerten.[38] Aus der Vorstellung von im Wald lebenden Stämmen, die sich dort selbstverständlich hervorragend auskannten und die die großen imperialen Truppen Roms besiegten, konnte man vielleicht eine spannende Geschichte basteln, doch fühlten sich die Menschen der Gebiete, die heute Deutschland sind, trotz dieser Mythologie im Wald anscheinend ebenso unwohl wie jeder berühmte Feldherr von südlich der Alpen auch.

Letzten Endes ist der Mensch ein Geschöpf der offenen Ebenen. Wir kommen aus den Savannen, aus den Steppen, und sind genau dafür auch geschaffen.

> *Menschen*, schreibt Wohlleben, *leben also von Natur aus nicht gerne im Wald, und wenn Sie sich in der Kulturlandschaft umsehen, wird klar: Wir haben uns eine perfekte künstliche Steppe geschaffen.*[39]

Dort hat uns schließlich auch die Evolution zu dem gemacht, was wir heute sind. Wir gehen auf zwei Beinen und minimieren damit die Körperoberfläche, die in Kontakt mit direktem Sonnenlicht geraten kann, was uns dabei hilft, uns kühl zu halten. Unser Sehvermögen ist gut. Wir können schwitzen und verfügen über Ausdauer, sodass wir lange Strecken zurücklegen können, um unsere Beute zu jagen. Die Sinne, die wir zum Überleben im Wald benötigen würden, den Hör- und Geruchssinn, sind weit weniger gut entwickelt als unser Sehsinn. Unser Körperbau eignet sich nicht für ein Leben zwischen den Bäumen. Und so haben wir uns jahrtausendelang alle Mühe gegeben, sie zu roden, um das Licht und den Raum und die Entfernung zum Horizont zu schaffen, die wir brauchen, um uns wohlzufühlen.

Ich ging zwischen Feldern entlang, die für den Winter gepflügt waren. Hier und da konnte ich an den Furchen im Land erkennen, wo die Erde für Steinbrüche und den Tagebau herausgerissen worden war. Ich blickte mithilfe der Satellitenansicht auf meinem Smartphone auf die Stelle hinunter, an der ich stand, und sah zwischen den grünen Feldern die kreide- und sandfarbenen Narben in der Landschaft. Es war mir nicht bewusst gewesen, doch ich war schon eine Weile an einer besonders großen entlanggewandert; hätte ich das »Betreten verboten«-Schild ignoriert und wäre über den Zaun neben dem Weg zu meiner Rechten gesprungen, hätte ich binnen Minuten an ihrem Kraterrand gestanden.

Es hat lange gedauert, aber irgendwann wurde mir auf meinen Ausflügen durch den deutschen Wald klar, dass nicht nur die Felder, Ortschaften, Steinbrüche, Straßen, Eisenbahngleise und Strommasten menschliche Eingriffe in die Landschaft waren, sondern dass dies – größtenteils – auch die Wälder sind. Nachdem 1850 nur noch drei Prozent des Waldes übrig geblieben waren – frühe Industrien wie der Bergbau, die Verhüttung und der Schiffbau hatten die Abholzung massiv beschleunigt –, haben verstärkte Wiederaufforstungsprogramme seit der zweiten Hälfte des neunzehnten Jahrhunderts die deutsche Landschaft noch einmal umgewandelt. 2012 verzeichnete die Dritte Bundeswaldinventur 11 419 124 Hektar Wald in Deutschland – zweiunddreißig Prozent der Gesamtfläche. In weniger als zweihundert Jahren hatte sich der Wald wieder verzehnfacht.

Dafür gab es ganz praktische Gründe. Man brauchte die Anpflanzungen, um Holz für kommerzielle Zwecke zu gewinnen, aber auch um das Land in bestimmten Regionen zu stabilisieren, wo die Abholzung zu einer massiven und schädlichen Erosion geführt hatte. Außerdem veränderte die Industrie alle Aspekte der Gesellschaft und die Beschaffenheit des Landes, auf dem die Menschen lebten. Der Treibstoff der großen Fabriken der industriellen Revolution war nicht Holz, sondern Kohle, und mit den Fabriken kamen Arbeitsplätze und die Abwanderung der Bevölkerung vom Land in die rasch expandierenden Städte, die dem Wald damit wieder Raum gab, sich zu erholen.

Und noch etwas anderes ging vor sich, etwas, das die Dichter, Schriftsteller, bildenden Künstler und Musiker genau dann einfingen, als sich der Wald am weitesten zurückgezogen hatte. Der Eindruck, dass etwas verloren gegangen war, löste Gefühle der Nostalgie und Melancholie in den Menschen aus, die die sich rasch verändernde Welt, in der sie lebten, beobachteten; von diesen Gefühlen spricht Wohlleben, wenn er schreibt, durch den dramatischen Verlust an Bäumen habe die Landschaft ihre Seele verloren.[40]

Zu diesem Thema kehrte man im Verlauf der folgenden zweihundert Jahre immer wieder zurück, in Deutschland vielleicht mehr als an anderen Orten. Und da mittlerweile so wenig Wald vorhanden war, überrascht es auch nicht wirklich, dass Coleridge und Heine sowie die anderen, die Goethe in die »Natur« folgen wollten, angesichts der eingeschränkten Optionen allesamt den Weg in Richtung Harz einschlugen.

Sie kamen allmählich näher, die bewaldeten Hügel und Berge, die das Ziel meiner Wanderung waren, doch als ich endlich einen ersten Blick auf sie erhaschen konnte, verschwanden sie auch schon wieder: Niedrige Wolken hüllten den Karst ein, und ein leichter

Nieselregen begann zu fallen. Ich fühlte mich plötzlich sehr allein auf dem Plateau, sah mich als einsame Figur, die einen Kiesweg entlangtrottete, während der Regen zunahm. Abgesehen von morgendlichen Joggern und Hundehaltern in Northeim sowie dem einen oder anderen Gartenbesitzer, der in den Dörfern unterwegs Laub rechte, hatte ich in fünf Stunden Wanderung kaum jemanden zu Gesicht bekommen. Es erinnerte mich daran, dass sich in den beiden Jahrhunderten zwischen Heines Wanderung und der meinen nicht nur die Landschaft verändert hatte, sondern auch die Transportmittel zwischen den Städten und Dörfern.

Heine begegnete auf seiner Harzreise ständig Händlern und Krämern, anderen allein Reisenden und Lasttiertreibern, Menschen zu Pferd und Menschen in Kutschen. Zu seiner Zeit war das Land dicht bevölkert. Alles, was ich sehen konnte, als ich stehen blieb, um meine Regenjacke aus den Tiefen meines Rucksacks zu fischen, war ein Paar in weiter Ferne, das sich beeilte, dem Regen zu entkommen. An diesem nassen Wochenende im September gab es Orte, an denen man sich viel lieber aufhielt.

Ich fluchte über die Forstarbeiter, die mir die Umwege früher am Tag beschert hatten. Ohne sie wäre ich schon längst in meinem Hotelzimmer in Osterode gewesen. Ich trottete weiter. Das Geräusch des Regens, der auf den Rand meiner Kapuze niederprasselte, versetzte mich auf nasse walisische Campingplätze zurück, zum Klang eines Regengusses, der am Stoff der Zeltwände hinabrann. Das Paar war verschwunden. Auf der Straße war weit und breit kein Auto zu sehen. Eine Reihe Bäume markierte den Rand des Karstplateaus, wo das Land steil zur Stadt hin abfiel. Ich ging schneller. Ich fühlte mich hier oben allzu exponiert, zu sichtbar und ohne jeden Schutz.

Das Karstplateau, das ich überquerte, gehört zu den größten zusammenhängenden Gipskarstflächen Europas. Es erstreckt sich vom südlichen Rand des Harzes in bananenähnlichem Bogen bis hinunter nach Sangerhausen und um den Kyffhäuser herum, auf dem ein unglaublich hässliches und bombastisches Denkmal sowohl für Kaiser Wilhelm als auch für Kaiser Barbarossa steht. Errichtet wurde es in einem Anfall von Nostalgie und Wehmut, der mit melancholischen Träumen vom Wald im frühen neunzehnten Jahrhundert begonnen und mit Steinmonstrositäten zwischen den Bäumen geendet hatte.

Jenseits des Plateaus erhebt sich der Harz hinter Osterode relativ schnell. Die Region besteht überwiegend aus Schiefer, Sandstein und Kalkstein, die eine Reihe von terrassenförmigen Hochebenen, Hügeln und Bergen mit flachen Gipfeln sowie tiefe, schmale Täler bilden. Die höchste Höhenstufe im Harz ist die hochmontane; sie reicht bis auf tausend Meter hinauf, nur der Brocken ist höher. Mit 1141,1 Metern ist er der höchste Punkt des Granitmassivs und verfügt über subalpine Merkmale, nicht zuletzt in Flora und Fauna. Grob gesagt ist das Gebirge durch das Brockenmassiv in zwei Hälften geteilt: Der Oberharz, den ich hatte sehen können, bis der Regen eingesetzt hatte, und wo der Großteil meiner Wanderung stattfinden sollte, ist generell höher und durch Fichtenwälder, Bergheide sowie Sümpfe gekennzeichnet. Der Unterharz im Südosten ist durch mehr Laub- und gemischte Wälder sowie durch Ackerbau geprägt.

Mehr als sechshunderttausend Menschen leben in den Städten und Dörfern des Harzes und haben die Landschaft im Lauf der Jahrhunderte in vielerlei Weise geformt. Im Oberharz war der Wald bis auf rund achthundert Meter hinauf ursprünglich ein Buchen-, Eichen- und Ahornwald gewesen, ein Mischwald also, in dem sich weiter oben auch einige Fichten fanden. Dieser Wald ist jedoch schon vor Langem durch Fichten allein verdrängt worden, dank einer ganz bewussten Forstwirtschaft häufig im Namen der Bergbauindustrie, die jahrhundertelang im Oberharz betrieben wurde, nachdem man dort Silber, Eisen, Kupfer, Blei und Zink entdeckt hatte. Die Fichte galt als leicht zu handhaben und anspruchslos, und so haben Fichtenwälder das öffentliche Bild des Harzes seit dem Ende des achtzehnten Jahrhunderts beherrscht.

Die frühen Industrien brachten die Menschen auch dazu, sich die Kraft der Flüsse zunutze zu machen, bis zum Rand durch die schweren Regenfälle gefüllt, von denen auch ich auf meiner Wanderung nicht verschont blieb. Im Zaum gehalten wurde sie durch siebzehn Dämme, die Berg- und Stauseen schufen, einerseits des Trinkwassers wegen, andererseits früher aber auch der Wasserkraft für Minen und Mühlen wegen. Ich dachte an die Satellitenansicht zurück, an die Stein- und Gipsbrüche – an die Narben in der Landschaft. Letzten Endes sind sie jedoch ebenso aufgezwungen wie die Fichtenwälder oder die Felder, die Baggerseen, in denen man heute im Sommer badet, die Masten, die über eine halbe Million Menschen mit Strom versorgen, die alten Holzmühlen, in denen sich die Räder noch drehen, und sei es auch nur zur Belustigung der Touristen, oder der Weg, den ich eben jetzt entlangging.

Schließlich steuerte auch ich in der Hoffnung auf etwas Schutz vor dem Regen auf eine Schonung an einem Hang zu, an dem das Karstplateau nach Osterode hin abfällt, genau wie Heine, als er am Ende einer sehr langen Tageswanderung in der hereinbrechenden Dunkelheit hier entlangkam.

An der Hotelrezeption tropfte ich eine Pfütze auf den Boden, während der freundliche Besitzer mir mein Zimmer zuwies und fröhlich über Heine und meine Wanderung plauderte. Er hatte es schon seit Jahren selbst einmal machen wollen, erzählte er mir. Er hatte sich sogar schon die Strecke herausgesucht.

»Ich habe die Karten noch irgendwo«, sagte er und nickte vage in die Richtung, in der ich den privaten Teil des Hotels vermutete. »Aber irgendwie habe ich es nie geschafft. Ich wäre auch von hier losgegangen. Warum den langen und langweiligen Weg von Göttingen aus auf sich nehmen? Und das auch noch an einem Tag? Die Landschaft wird erst ab hier richtig schön ...«

Er verstummte allmählich, als er darüber nachdachte, was er gesagt hatte, während die Pfütze zu meinen Füßen immer größer wurde. Ich war ihm nicht böse. In diesem Augenblick, in dem ich kalt und nass mit nach zwei langen Tagen des Wanderns müden Beinen vor ihm stand, dachte ich, er hatte vielleicht sogar recht. Stattdessen erwiderte ich, dass Heine wenigstens in Ilsenburg aufgehört hatte zu schreiben. Dass ich wenigstens nicht bis nach Weimar wandern musste.

Der Besitzer lachte und sagte, ich hätte ihn inspiriert. Er würde heute Abend seine Ausgabe der *Harzreise* herauskramen und ein wenig darin lesen.

»Es ist ja schließlich auch kein langes Buch, stimmt's?«

Ich ging nach oben und fand mein Zimmer am Ende eines langen, hallenden Korridors im Dachgeschoss. Ich hatte das deutliche Gefühl, den Ort so ziemlich für mich allein zu haben. Beim Einchecken hatten zwei Motorradfahrer im Gemeinschaftsraum ein Bier getrunken, doch alles in allem machte das Hotel keinen besonders ausgebuchten Eindruck. Was mich nicht besonders überraschte. In diesen Herbsttagen waren nur wenige Leute unterwegs.

Ich schälte mich aus meiner nassen Kleidung und hängte alles, inklusive Rucksack, zum Trocknen auf. Über meinem Kopf prasselte der Regen ans Fenster, während ich überlegte, was ich tun sollte. Am nächsten Morgen ging es in den eigentlichen Harz, dann wollte ich Heine von Osterode bis nach Clausthal-Zellerfeld hinauf folgen, und irgendwie schien es nicht richtig, Osterode zu verlassen, ohne nicht wenigstens ein Gefühl für die Stadt zu bekommen. Andererseits aber schüttete es noch immer: Der Regen rann in Strömen die Straße hinab und drohte, sie in einen Fluss zu verwandeln.

Ich sah auf die Uhr. Es würde noch ein paar Stunden hell sein. Ich beschloss, eine Weile zu warten. Dem Regen die Chance zu geben aufzuhören.

Er hörte nicht auf.

Ich ging auf leeren Bürgersteigen durch die Stadt. Der Regen war zu viel für die Gullys, er staute sich auf den Straßen. Langsam und vorsichtig fuhren die Autos durch die Wasserlachen, als spürten sie eine Gefahr in ihren Tiefen lauern. Das Zentrum von Osterode ist den Fußgängern vorbehalten, Letztere aber waren kaum zu sehen. Nach zwei Jahrzehnten in Deutschland hatte ich mich an die Ruhe der Samstagnachmittage in mittelgroßen Städten gewöhnt, die sich herabsenkt, sobald die Läden geschlossen sind. Doch die Ruhe und Stille hier war unheimlich. Die wenigen Menschen, die den Elementen trotzten, eilten über offene Plätze, von einem unzureichenden Unterstand zum nächsten, als versuchten sie, einer nahenden Katastrophe zu entkommen: von der Markise eines geschlossenen Cafés zum Torbogen eines Gebäudes und weiter zu einem leicht überkragenden Dach.

Ich fand in einer Einfahrt auf dem Marktplatz Zuflucht und blickte über Kopfsteinpflaster zu dem Gebäude, das zu Heines Zeit der Englische Hof gewesen war. Er war nach Einbruch der Dunkelheit nach seiner langen Wanderung dort angekommen. Ich konnte ihn regelrecht vor mir sehen, wie er auf müden Beinen über den Platz ging, die Stadt dunkel abgesehen von den Lampen, die die Fenster wärmten und ihm den Weg wiesen.

Heute heißt der Englische Hof das Rinnesche Haus; als Heine dort übernachtete, war es bereits zweihundert Jahre alt. Die oberen beiden Etagen sind Fachwerk, gekrönt von einem steil abfallenden roten Schieferdach. Ein Durchgang führte zu einem Innenhof, in dem ein Reisebüro und ein Restaurant untergebracht waren. Beide hatten zu. Heine sagt in seinem Buch nichts über die Umgebung, die er bei seiner nächtlichen Ankunft vorfand. Was ihn anging, so konnte Osterode bis zum folgenden Morgen warten.

Es fehlte mir der Appetit zum Essen, und ich legte mich gleich zu Bette. Ich war müde wie ein Hund und schlief wie ein Gott.

Der Regen schien nachzulassen, und so setzte ich meinen Stadtrundgang fort. Ich hatte mich getäuscht. Dennoch ging ich auf verlassenen Straßen an wunderschönen Fachwerkhäusern vorbei und stellte mir gern vor, ich sähe die Stadt, wie Heine sie am Morgen nach seinem langen Schlaf gesehen hatte.

Ich war ja schon einmal hier gewesen, zum ersten Weihnachtsfest unserer Tochter, in einer Ferienwohnung im Viertel Freiheit, wo ich Heine im Schein der Christbaumbeleuchtung gelesen und an kalten, aber trockenen Tagen Glühwein auf dem Marktplatz getrunken hatte, mit der gefühlt gesamten Bevölkerung Osterodes im Studentenalter, die zum Fest nach Hause zurückgekehrt war. Ich weiß noch, wie wir uns in einem Café in einem schmalen Durchgang aufgewärmt hatten und zur Ruine der Alten Burg hinaufgewandert waren, die wie ein abgebrochener Zahn auf einem Hügel thront. Ich erinnere mich an den Geruch von im Kamin brennendem Holz auf dem Weg zurück zur Ferienwohnung und die schneebestäubten Fichten auf den Hügeln rund um die Stadt. Am ersten Weihnachtstag hatten die Nachbarskinder ihre neuen Räder, die sie an Heiligabend geschenkt bekommen hatten, auf der Straße ausprobiert, während sich ihre Eltern die vor Kälte starren Hände gerieben und wir vom Balkon aus zugesehen hatten.

Vielleicht lag es daran, dass es Lottes erstes Weihnachten gewesen war, doch die Erinnerungen von vor fünfzehn Jahren waren so unglaublich lebhaft, dass ich ein wenig beunruhigt war, als ich die Straßen von Osterode entlangging und feststellen musste, die Stadt meiner Erinnerungen in dem ertrinkenden Ort unter meinen Füßen nicht wiedererkennen zu können. Es wurde dunkel, als ich an einem Friedhof ankam, über dessen Grabsteinen sich die Silhouette der Burgruine vor dem erlöschenden Himmel abzeichnete. Doch selbst hier an diesem Ort, den ich ganz bestimmt schon einmal besucht hatte, traute ich meinen Erinnerungen plötzlich nicht mehr.

Ein Geräusch hinter mir schreckte mich auf. Am Eingang des Friedhofs stand ein Mann und spähte unter einem riesigen Schirm hervor. Es war nun fast ganz dunkel, und der Mann wollte den Friedhof vor Einbruch der Nacht abschließen.

Am nun schon zweiten Abend in Folge fand ich mich in einem brechend vollen griechischen Restaurant wieder. Es war ausgebucht, kein einziger Tisch war noch frei, doch musste der schroffe Kellner bei meinem Anblick, wie ich da in der Tür stand und hinter mir immer noch unablässig der Regen fiel, Mitleid mit mir gehabt haben. Er führte mich durch den überfüllten Gastraum zu einem kleinen Tisch neben der Küche und räumte einen Stapel Speisekarten sowie seine aufgeschlagene *Bild*-Zeitung zur Seite, um mir Platz zu machen.

Ich breitete meine Karte auf dem Tisch aus – inzwischen schon fast eine Abendtradition – und ging noch einmal die Strecke für den folgenden Tag durch. Sie war einfach, barg keine wirklichen navigatorischen Herausforderungen, und so sann ich über die Ortsnamen nach, die mir auf der Karte ins Auge sprangen. Freiheit war einigermaßen selbsterklärend und vermutlich nach dem Gefühl des Entkommens derjenigen benannt, die sich weitläufige Häuser jenseits der engen Grenzen der Stadtmauern gebaut hatten. Doch was war von dem Dorf namens Sorge, ganz zu schweigen von dem namens Elend zu halten? Ich war mir sicher, dass es eine rationale Erklärung für beide gab, eine Sprachverdrehung, die bedeutete, dass die Ortschaften weder etwas mit Befürchtungen noch mit Kummer und Leid zu tun hatten. Ausnahmsweise einmal aber hatte ich nicht das Bedürfnis, das herauszufinden. Mir gefiel die Poesie der Namen: Sorge und Elend, eingebettet in dichte Fichtenwälder im Schatten des sagenumwobenen Brocken.

In Osterode beschloss Heine, über seine Träume zu schreiben: Die ermüdende Tageswanderung führte ihn in eine shakespearehafte Szene, die sich um die Bibliothek, die juristische Fakultät, Geheimräte und die griechischen Titanen drehte und bissige Bemerkungen zur Kultur der Göttinger Universität enthielt – etwas, das Heine sogar im Schlaf noch fertigbringt.

Nun steht es wahrscheinlich außer Frage, dass es nichts Langweiligeres gibt als die Träume anderer, und so lebendig und wichtig sie uns auch vorkommen mögen, so sollten wir doch Abstand davon nehmen, sie unseren Mitmenschen zu erzählen. Wie gewöhnlich aber tut Heine in der *Harzreise*, was ihm gefällt: widmet der einen ganzen Nachmittag dauernden Wanderung nur einen einzigen Abschnitt und schreibt dafür fast zweieinhalb Seiten über das, was er im Schlaf erlebt.

Mit den Traumsequenzen und Abschweifungen, dem Wandeln auf dem Pfad und dem Mäandern von demselben – das ihn stets zu ihm zurückführt – fügt Heine in seine künstlerische Arbeit jene Montagetechniken ein, die er während seiner Zeit in Berlin nach dem vorübergehenden Ausschluss von der Göttinger Universität angewendet hatte. Die in dieser Zeit verfasste Reihe journalistischer Briefe kann durchaus als Vorläufer der Flaneurtexte eines Hessel und Roth, eines Benjamin und Baudelaire angesehen werden. Nach seiner Wanderung beschrieb Heine die *Harzreise* als »Mischung von Naturschilderung, Witz, Poesie und Washington Irvingscher Beobachtung«.[41]

Doch neben dem Vermischen und der Montage ging noch etwas anderes in der *Harzreise* vor. Heine war schon sehr früh in seiner literarischen Karriere davon überzeugt, dass die Ära der massiven sozialen Umwälzungen, die man damals durchlebte, eine neue Art von Literatur erforderlich machte. Was nun vonnöten war, war eine radikale Subjektivität mit dem Künstler im Mittelpunkt der Geschichte. Es war dem Künstler nun nicht mehr möglich, scheint Heine mit seinem Werk zu sagen, einen abseitigen, distanzierten Standpunkt einzunehmen, einen goetheschen Standpunkt, wenn man so will. Die Kunst musste sich mit der sich verändernden Welt im Dialog befinden. Wahren Eskapismus in die Wälder gab es nicht mehr, und wenn Heine zehnmal Goethes Fußstapfen in Richtung Brocken folgte.

Die radikale Subjektivität verursachte Heine von Anfang an Probleme, insbesondere hinsichtlich des scheinbaren Widerspruchs zwischen seiner Dichtung und Prosa. Sehr bald schon spaltete sich seine Leserschaft in diejenigen, die den Dichter liebten, den politischen Schriftsteller aber suspekt fanden, und diejenigen, denen es genau umgekehrt erging. Langfristig gesehen aber gab es keinen Widerspruch. Für seinen englischen Übersetzer Peter Wortsman floss am Ende alles ineinander:

> *Heine schuf eine ganz eigene Form*, so Wortsman, *zu gleichen Teilen poetisch, politisch und prophetisch, und währenddessen rüttelte er die deutsche Sprache auf.*[42]

Für den Literaturkritiker Marcel Reich-Ranicki gab es von Anfang an keinen Widerspruch. Für ihn gründete sich Heines Vermächtnis auf das Verwurzeln der Poesie in der Prosa und umgekehrt. Reich-Ranicki hielt Heine für *den bedeutendsten Journalisten unter den deutschen Dichtern und den berühmtesten Dichter unter den Journalisten der ganzen Welt.*[43]

Der Regen ließ schließlich nach, als ich den kurzen Weg vom Restaurant zu meinem Dachgeschosszimmer zurücklegte. Ich öffnete das Fenster und konnte den Regen noch immer riechen, während ich allmählich wegdämmerte und hoffte, dass er am nächsten Morgen tatsächlich verschwunden sein würde. Was ich träumte? Daran kann ich mich entweder nicht erinnern oder ich möchte es nicht erzählen.

4

Die Geschichten, die wir gehört haben

Als ich am nächsten Morgen durch Osterode ging, war von dem Regenguss am Tag zuvor kaum noch etwas zu sehen, nur die eine oder andere Pfütze, die sich um einen überlaufenden Gully herum gesammelt hatte, und der angeschwollene Fluss, der auf der anderen Seite einer Backsteinmauer vorüberrauschte. Der Himmel war wolkenlos, die Luft kühl, während ich mich dorthin aufmachte, wo sich das Land vom Fluss und der Stadt erhob und in den Harz überging. Dies war auch der Beginn eines Wanderwegs: des Hexenstiegs.

Ausgangspunkt des Wanderwegs war ein Parkplatz unweit der Burgruine. Der Überrest des Turms hatte auch damals, als Heine frisch und ausgeruht an ihm vorbeiwanderte, schon lange dort gestanden.

> *Ehe ich die Landstraße einschlug*, so Heine, *bestieg ich die Trümmer der uralten Osteroder Burg. Sie bestehen nur noch aus der Hälfte eines großen, dickmaurigen, wie von Krebsschäden angefressenen Turms.*

In der Ruine spukte angeblich der Geist der Tochter des letzten Burgherren. Sie hatte einen Verehrer zurückgewiesen, der sie aus Rache für diese Kränkung mit einem Fluch belegte: Sie sollte bis in alle Ewigkeit ein furchteinflößender Hund sein und sich nur einmal im Jahr, an Ostern, in ihrer natürlichen Gestalt und Schönheit zeigen dürfen. Viele haben sie gesehen, so sagt man, doch niemand hat ihr in die Burg folgen können.

Der Verehrer hat Glück gehabt, dass er ein Mann gewesen ist. In der Zeit, in der die letzten Bewohner in der Burg lebten, wollte sicherlich keine Frau mit Zauberei oder übernatürlichen Dingen in Verbindung gebracht werden. Es war eine blutige Zeit, die den Kontinent erfasst hatte, und eine der größten Ängste, die im Land umhergingen, war die Angst vor Hexerei.

Der Hexenstieg führte über eine steile, von Häusern gesäumte Straße aus Osterode hinaus: zunächst zu Feldern am Stadtrand, von denen aus man eine hübsche Aussicht über die Dächer des Ortes hatte, und dann in den Wald hinein. Als der Baumbewuchs immer dichter wurde, war aus der Straße ein Forstweg geworden, der Hundsche Weg, wie ich der Karte entnahm. Die Handelsroute aus dem vierzehnten Jahrhundert war ursprünglich als Heerstraße gebaut worden, um die Bergarbeiterdörfer im Oberharz zu versorgen und das Erz aus den Bergen abzutransportieren. Zwei dieser Dörfer, die in den 1920er-Jahren zu Clausthal-Zellerfeld verschmolzen worden waren, stellten das Ziel meiner heutigen Wanderung dar.

Ich konnte mir nur schwer vorstellen, dass der zerfurchte Weg einst die Hauptroute von den Dörfern in die Stadt gewesen war, die Domäne von Lasttieren und Karren, die Waren und Händler über die Berge brachten. Heute war der Hundsche Weg Forstarbeitern und dem Müßiggang vorbehalten, den Hundebesitzern von Osterode und den Wanderern, die dem Hexenstieg folgten. Als ich am ersten Baum ankam, drehte ich mich um, um ein letztes Mal auf die Stadt hinunterzublicken; aus den Schornsteinen im Tal stieg Rauch auf, die Häuser schmiegten sich zwischen die Berge des Harzes auf der einen und den Steilhang des Karstplateaus auf der anderen Seite.

Die Geschichte des Harzes und die Form seiner Landschaft hat ebenso viel mit dem zu tun, was unter der Erdoberfläche wie darüber geschah, auch wenn schon fast einhundert Jahre vergangen sind, seit die Gruben von Clausthal und Zellerfeld geschlossen wurden. Die Hügel bergen Zeugnisse prähistorischer und keltischer Siedlungen, Karl der Große hatte den Wald zur Sperrzone erklärt, in der allein der Adel das Jagdrecht hatte und Durchreisende ihre Hunde an der Leine führen mussten und ihre Bogen nicht zücken durften.

Alles veränderte sich, nachdem man herausgefunden hatte, dass man aus dem im Erdreich Verborgenen Kapital schlagen konnte. Nach der Entdeckung von Silbervorkommen im dreizehnten Jahrhundert begann man ernsthaft mit dem Bergbau. Zur Zeit des Schwarzen Todes ließ die Betriebsamkeit etwas nach, im sechzehnten Jahrhundert aber hatte sich das Montangewerbe wieder erholt und die Bergarbeiterdörfer des Oberharzes waren neu besiedelt. Nun wurde nicht nur Silber, sondern auch Kupfer, Blei, Eisen und Zink abgebaut.

Über der Erde veränderte das rasante Wachstum des Montangewerbes das Gesicht der Landschaft. Mithilfe einer Reihe von Dämmen, Stauseen, Gräben und anderen Bauten des sogenannten Oberharzer Wasserregals machte man sich die Kraft des aus den Bergen fließenden Wassers zunutze. Man rodete die Wälder, da man Holz für die Minen, die Schmelzöfen und zur Holzkohlenherstellung brauchte, und ersetzte sie durch die Fichtenwälder, die auch heute noch den Harz dominieren. Doch nicht nur die Bäume waren betroffen: Die frühe Industrie brachte auch eine verstärkte Besiedelung durch den Menschen mit sich. Die ehemalige Sperrzone Karls des Großen war der Ort, an dem im achtzehnten Jahrhundert die frühesten Naturschutzversuche unternommen wurden; gleichzeitig begann das Jahrhundert damit, dass 1705 der letzte Bär der Region getötet wurde, und es endete mit dem Tod des letzten Wolfs im Jahr 1798.

Währenddessen bewegten sich die Menschen und ihre Tiere zwischen Clausthal und Osterode auf dem Hundschen Weg hin und her. Direkt hinter Osterode ist der Weg steil, erst am Eselsplatz, einer Kreuzung mit einem anderen Waldpfad, wird er schließlich flacher. Seinen Namen verdankt der Platz natürlich den Eseln, aber auch anderen Lasttieren, die sich nach dem Anstieg aus der Stadt hier ausruhten, und auch ich war für die Gelegenheit, wieder zu Atem zu kommen, dankbar. Der wolkenlose Himmel vom Morgen hatte sich in Nebel gehüllt, der vom Tal auf der anderen Seite des Hügels, den ich soeben erklommen hatte, aufzusteigen schien. Der Eselsplatz war der höchste Punkt hier und machte es möglich, nicht nur den Wetterumschwung zu beobachten, sondern auch zu erkennen, wie anders der Wald zu beiden Seiten des Höhenrückens aussah.

Auf dem kleinen Rastplatz saß ein Mann und aß ein Brötchen. Hin und wieder nippte er auch an einer Wasserflasche, die er in dem winzigen Querfeldeinläuferrucksack auf seinem Rücken mitgebracht haben musste. Er war in Clausthal aufgebrochen, als ich noch geschlafen hatte, und machte auf seiner Hügelrundwanderung, die am Ende länger als ein Marathon sein würde, gerade eine Pause.

»Sie gehen den Hexenstieg?«, fragte er mich.

»Im Großen und Ganzen ja. Ich will nach Clausthal.«

Er nickte.

»Folgen Sie einfach den kleinen Hexen bis zu den Teichen, da gibt es einen hübschen Weg, der am Campingplatz vorbei in die Stadt führt. Gegen Ende gibt es noch ein steiles Stück, aber im Grunde haben Sie die meiste Kletterei für heute schon geschafft.«

Er stand auf und wischte sich die Krümel vom Schoß. Ein kurzes Winken, dann war er weg, den Weg, den ich hinaufgekommen war, hinunter. Er wirkte so frisch, als wäre er gerade erst losgelaufen. Ich sah mich um, welchen der Wege ich nehmen musste. Einfach den kleinen Hexen folgen, hatte der Mann gesagt, und da sah ich auch schon eine, die grün-weiße Markierung an einem

Baumstamm mit dem Umriss einer Hexe mit Umhang auf ihrem Besen, auf ewig auf dem Weg durch den Wald zu den Abhängen des Brocken.

Der Harz ist voller Hexen. Sie geben nicht nur dem Wanderweg, sondern auch Naturdenkmälern am Brocken und andernorts in den Hügeln ihren Namen. Sie zieren den Einband von Reiseführern und Sammlungen örtlicher Sagen und Legenden. Sie hängen als Puppen im Schaufenster von Souvenirläden, wo sie sich auch auf Aschenbechern, Schneekugeln und anderem Nippes finden, die knubbelnasigen Gesichter unter schwarzen Spitzhüten gackernd über den Hexenkessel gebeugt, in etwa so, wie man sie sich als Kind vorgestellt haben mag.

Die berühmteste Geschichte im Zusammenhang mit Hexen ist natürlich die der Walpurgisnacht, in der die Damen auf den Brocken fliegen, um dort mit dem Teufel zu tanzen. Doch ist sie nur eine von vielen Erzählungen über Hexen und Zauberei, die man zu einem Teil der Identität des Harzes gemacht hat und auf Biergläsern und Schnapsflaschen an Touristen verkauft. Die wahre Geschichte der Hexen in diesem Gebirge aber ist dunkler als die in den Souvenirläden dargestellte, dunkler sogar als die Fabeln der Brüder Grimm, die sie auf ihrer eigenen Reise durch diese Wälder sammelten.

Die Angst vor Hexen und Zauberei hat es in ganz Europa und vor allem in den deutschsprachigen Ländern schon seit heidnischer Zeit gegeben, richtig Fahrt aufgenommen hat sie jedoch erst im sechzehnten und siebzehnten Jahrhundert. Zu dieser Zeit hatte sich die Hexenphobie zu einem regelrechten Wahn ausgewachsen: Man glaubte, die schwarzen Künste richteten sich besonders gegen Babys und Kinder, gegen schwangere Frauen und die Vorstellung von Fruchtbarkeit selbst. Die Angst hatte, wie so vieles in dieser Zeit, ihre Wurzeln in der Religion, und die schärfsten Gegner der Hexerei stammten aus den Reihen der geistlichen Orden.

Hexen, schrieb der Jesuit und Hexentheoretiker Martin del Rio, *vergiften [...] Menschen vor allem durch ihren Atem oder durch anpusten und verursachen auf diese Weise Fehlgeburten. [...] Die kleinsten Kinder ersticken sie in der Nacht [...]. Sie reißen Kinder aus der Wiege und zerstückeln sie [...] oder essen sie, ein Mahl, das ihnen sehr mundet [...].*[44]

Kein Wunder, dass die Leute Angst hatten, während die Folgen dieser Angst wiederum selbst Angst schürten: Die Schätzungen variieren, doch die meisten Historikerinnen und Historiker sind sich einig, dass in den deutschsprachigen Ländern Mitteleuropas rund fünfzigtausend Frauen durch die Hexenverfolgung ums Leben gekommen sind, die meisten in den 1560er- und 1580er-Jahren, wobei weitere Verfolgungswellen von Generation zu Generation bis weit ins siebzehnte Jahrhundert hinein stattfanden.[45] Die Hexenverfolgung gab es zwar in ganz Europa, in Deutschland aber war sie am tödlichsten.

Warum das so war, ist umstritten. Außer Frage steht, dass die Reformation und das Schisma, das sie mit sich brachte, eine entscheidende Rolle spielten, ebenso wie die Zersplitterung der politischen und rechtlichen Befugnis im Flickenteppich der Königreiche sowie Herzog- und Fürstentümer, aus denen das Heilige Römische Reich bestand. Es war die Zeit großer Religiosität, eine Zeit, in der prachtvolle Dome erbaut wurden, um Glauben und Lehnstreue zu demonstrieren, aber auch eine Zeit, in der Aktion und Reaktion extrem örtlich begrenzt waren.

Für die Historikerin Lyndal Roper ist dies der Hauptgrund dafür, warum Deutschland – ebenso wie die Schweiz – besonders anfällig für Hexenhysterie war:

Obwohl der Hexenwahn eine europaweite Erscheinung war, konnte er nur um sich greifen, weil Menschen zu der Überzeugung gelangten, die apokalyptische Schlacht zwischen Gott und Satan, Mensch und Teufel finde mitten in ihrem

Dorf statt, und weil sie glaubten, Hexen tanzten in den Wäldern, in denen sie ihr Feuerholz auflasen, kämen auf Bergkuppen zum Hexensabbat zusammen oder versammelten sich auf den Straßen ihrer Stadt.[46]

Die Angst ging um im Land und pirschte sich an jeden Schatten im Wald heran. Jedes Ereignis, das nicht erklärt werden konnte, musste logischerweise das Werk des Teufels und seiner Helferinnen sein. Und wenn der Teufel nicht direkt bekämpft werden konnte, dann musste man eben die Frauen, die das Böse für ihn verübten, auf den Scheiterhaufen werfen.

Inzwischen hatte der Nebel aus dem jenseitigen Tal den Rastpunkt auf dem Eselsplatz verschluckt und die Sicht auf jedem der Pfade und Wege, die von der Kreuzung abzweigten, auf nur wenige Meter beschränkt. Ich fröstelte, vielleicht aufgrund des plötzlichen Temperatursturzes, vielleicht aber auch aufgrund der Stimmung, die der Nebel und die Geschichten über Hexen und Zauberei erzeugt hatten.

Es gab sie nicht, sagte ich mir. Das wahre Böse lag in der Ermordung Zigtausender unschuldiger Frauen, getötet in einem Anfall kollektiven Wahnsinns.

Dennoch war mir seit dem Aufbruch des Querfeldeinläufers auf einmal unbehaglich zumute. Ich sah den Weg mit den kleinen Hexen an den Bäumen hinunter und blickte auf den Nebel. In dieser Richtung schien es heller zu sein. Hinter mir bewegten sich die Bäume. Es war windstill. Ich fröstelte erneut, hievte mir den Rucksack wieder auf die Schultern und ging weiter.

Abgesehen von der Reformation, den religiösen Rivalitäten und der politischen Zersplitterung existiert eine weitere Theorie, warum es im späten sechzehnten und frühen siebzehnten Jahrhundert diese periodischen Wellen der Hexenverfolgung gab, und die hat etwas mit dem Wald zu tun. Obwohl die Abholzung seit der Zeit der Römer fast ununterbrochen stattgefunden hatte, bis sie um 1800 ihren Höchststand erreichte, kehrte sich der Trend einmal aber auch um, wenngleich nur kurz.

Während der Pest, zwischen 1347 und 1351, haben schätzungsweise zwischen fünfundsiebzig und zweihundert Millionen Menschen ihr Leben gelassen, darunter annähernd die Hälfte der Bevölkerung Europas. Dieser massive Rückgang in der Anzahl der Menschen führte zur Entvölkerung ganzer Landstriche und damit zur Erholung des Waldes, der sich seit Langem auf dem Rückzug befunden hatte. Ein Jahrhundert später hatten die sogenannte Entdeckung Amerikas und mit ihr die verheerende Mischung aus Sklaverei, Krieg und eingeschleppten Krankheiten zur Folge, dass etwa einhundertdreißig Millionen Angehörige der indigenen Völker dort starben. Diese beiden Ereignisse, die im Laufe von rund zweihundertfünfzig Jahren stattfanden, kehrten die Abholzung beinahe rund um den Globus um.

Aus der Erholung des Waldes sowie durch Veränderungen in der Sonnenaktivität und eine Reihe von Vulkanausbrüchen entstand die sogenannte Kleine Eiszeit, eine Periode der Abkühlung, die vom sechzehnten Jahrhundert bis ungefähr zur Mitte des neunzehnten Jahrhunderts und damit bis zum Beginn der industriellen Revolution andauerte. Diese klimatischen Veränderungen wiederum brachten Phänomene mit sich, die den Menschen damals beinahe dämonisch erschienen sein mussten. Verrückte Kälteeinbrüche, die die Ernte zerstörten. Regelrechte Explosionen bei den Mäuse- und Raupenpopulationen. Immer tödlichere Ausbrüche von Krankheiten und Hungersnöten.

Dieser anhaltende Unsegen, der über die Städte und Dörfer in ganz Europa hereinbrach, konnte nur durch üble Taten und Übeltäter erklärt werden. Durch das Wirken von Hexen.

Ebenso wie die Kleine Eiszeit selbst sind wohl auch der Glaube an Hexerei und die daraus resultierende Hexenverfolgung durch eine Kombination aus verschiedenen Faktoren entstanden, als unerklärliche Wetterphänomene und Klimaveränderungen auf religiösen Eifer und politische Instabilität trafen. Dies führte zu Hysterie und Panik und kostete unzähligen Menschen das Leben, in erster Linie Frauen.

Das alles scheint sehr weit entfernt von den Puppen in den Souvenirläden und den kostümierten Schauspielerinnen auf der Website des Harzer Tourismusverbands, ganz zu schweigen von den *Bibi-Blocksberg*-Büchern im Kinderzimmer meiner Tochter. Übrigens basiert der Nachname der Protagonistin auf dem alten Namen des Brocken, auf dem die Hexen sich zum Tanze treffen.

Der Weg verlief am Rand des Tals entlang, oben am Hang, über den Dächern von Lerbach, einer kleinen Ortschaft, die sich in den tiefsten Punkt einer Furche in der Landschaft schmiegte. Die Hügel hier waren steil, das Tal schmal, und ich konnte mir leicht vorstellen, dass es dort unten Stellen gab, die die Sonne nie erreichte. Häuser und Gärten in ewig währendem Schatten, wie blau der Himmel darüber auch sein mochte.

Ein Unterstand für Wanderer bot eine Aussicht auf Lerbach von oben, vom obersten Punkt dessen, was in kälteren Zeiten einmal ein Skihang gewesen war. Vom stillgelegten Lift aus konnte ich über steil abfallende Felder auf die Talsohle unter mir blicken. Ein Fußballfeld und ein Campingplatz. Nachsaisonzelte und Wohnmobile auf einem Flecken flachen Lands, das im Wald gerodet worden war. Alles war verstummt zwischen einer Saison und der nächsten. Alles wartete.

An diesem Punkt seiner Reise hat Heine Begleitung von einem Handwerksgesellen aus Braunschweig bekommen, der Geschichten erzählt, Lieder singt und Goethe falsch zitiert, während Heine über die Abschüssigkeit des Passes nachdenkt und angesichts der Umgebung ins Schwärmen gerät.

> *Die Berge wurden hier noch steiler, die Tannenwälder wogten unten wie ein grünes Meer, und am blauen Himmel*

oben schifften die weißen Wolken. Die Wildheit der Gegend war durch ihre Einheit und Einfachheit gleichsam gezähmt.

Die Landschaft beruhigt ihn, das Weiß der Wolken, das Blau des Himmels und das Grün der Erde. Sanfte Musik. Doch Heine wusste, dass wir eine Landschaft auf der Grundlage dessen sehen, was wir an sie herantragen. Was wir wissen.

Eben wie ein großer Dichter weiß die Natur auch mit den wenigsten Mitteln die größten Effekte hervorzubringen. Da sind nur eine Sonne, Bäume, Blumen, Wasser und Liebe. Freilich, fehlt letztere im Herzen des Beschauers, so mag das Ganze wohl einen schlechten Anblick gewähren, und die Sonne hat dann bloß so und so viel Meilen im Durchmesser, und die Bäume sind gut zum Einheizen, und die Blumen werden nach den Staubfäden klassifiziert, und das Wasser ist naß.

Schönheit liegt im Auge des Betrachters. Blicken wir mit Liebe im Herzen auf eine Landschaft, können wir in Verzückung geraten. Doch nicht nur unser Herz formt unsere Reaktion auf einen Ort, auch das, was wir über ihn wissen, tut es. Das bringen wir mit. Hexen fliegen über unsere Köpfe hinweg, um auf dem Brocken zu tanzen, während in den Städten und Dörfern Frauen in einem Rausch aus Angst, Eifer und Hass ins Feuer geworfen werden. Die Geschichten, die wir gehört haben.

Die Reaktion auf die Landschaft sowie darauf, wofür sie stand, bildete den Mittelpunkt der Romantik. Sie findet sich in den Werken von Goethe und Schiller, in den Gemälden Caspar David Friedrichs und im Gekritzel vieler anderer, die nach ihnen kamen und weit weniger Talent besaßen. Sie betonte das Individuelle in einer Zeit des drastischen sozialen Wandels, bejubelte die Natur angesichts der frühindustriellen Entwicklungen, die Städte und

Ortschaften zu verändern begannen, immer mit einem Auge auf irgendeinem idealisierten Moment in der Geschichte, in die Gegenwart gebracht durch Märchen und Sagen und alte Bräuche, die die moderne Welt im Nebel einer mittelalterlichen Vergangenheit verankerten.

Und obwohl es nie zuvor so wenig Wald in Europa gegeben hatte wie zur Blütezeit der Romantik, so fand sie doch einen Teil ihrer zentralen Bildsprache und Sehnsuchtsorte zwischen den Bäumen, die in den deutschsprachigen Ländern noch standen. Vielleicht war es gerade die Spärlichkeit, die die Wälder so wertvoll machte, die jemanden wie Joseph von Eichendorff im Wald seinen »andächtigen Aufenthalt« finden ließ.

Unter deinen grünen Wogen
Hast du treu uns auferzogen.[47]

Etwa zu dieser Zeit wurden Tacitus sowie die Geschichte von Hermann und seiner Schlacht gegen die Römer von Gelehrten und Künstlern, die angesichts der französischen Besatzung im Wald eine Einigkeit zu finden hofften, wiederentdeckt, ebenso wie das Heldenepos des *Nibelungenlieds*, das um 1200 verfasst und 1755 von Jacob Hermann Obereit zu neuem Leben erweckt worden war.

In alten Geschichten wird vieles Wunderbare berichtet: von ruhmreichen Helden, von hartem Streit, von glücklichen Tagen und Festen, von Schmerz und Klage, vom Kampf tapferer Recken: Davon könnt auch Ihr jetzt Wunderbares berichten hören.[48]

In diesem Zusammenhang darf freilich die Sammlung von Geschichten, die die Brüder Grimm weltberühmt gemacht hat, nicht unerwähnt bleiben. Für den Kunsthistoriker Neil MacGregor sind die 1812 erstmals veröffentlichten *Kinder- und Hausmärchen* sowie die Gemälde Caspar David Friedrichs Teil einer größeren Entwicklung, die auf überall zu beobachtende Veränderungen reagierte:

> *Friedrich und die Grimm-Brüder*, so MacGregor, *haben der deutschsprachigen Bevölkerung eine Identität zurückgegeben, den Menschen, die heimatlos geworden waren, als Napoleon das Heilige Römische Reich und die politischen Strukturen zerschlagen hatte, die auf diesem gründeten.*[49]

Es waren die ersten Regungen eines deutschen Nationalismus, der zu einem Motiv des neunzehnten Jahrhunderts werden sollte und teilweise Heinrich Heines komplizierte Beziehung zur Romantik erklärt – sowohl zu seinen Lebzeiten als auch lange nach seinem Tod.

Das Konzept der Waldflucht – gemeint ist die Flucht in den Wald – war nie die Domäne einzig der Romantiker auf der Suche nach Natur in einer zunehmend modernen Welt oder der Verwahrungsort des »Deutschseins« in seiner angeblich wilden und ursprünglichen Form, das sich im Vergleich mit den braven, manikürten französischen und englischen Gärten doch ein wenig gefälliger ausnahm. In Zeiten des Wandels und der Sorge war es oft der Wald, der auf diejenigen wartete, die Zuflucht und Schutz suchten. Zuflucht und Schutz, die die sich über uns schließenden grünen Wogen gewährten.

Auch heute noch, oder besonders heute in Zeiten zunehmend digitaler Landschaften im Spätkapitalismus, werden uns beständig die Vorteile des »Zurück zur Natur« angepriesen, die Vorteile der »Heilerin Natur« oder des japanischen *shinrin-yoku*, des »Waldbadens«. Die *New York Times* erläutert uns, wie wir uns das Ritual des Waldbadens im pandemisch bedingten Lockdown nach Hause holen können. In Singapur bieten Unternehmen ihrer Belegschaft Waldspaziergänge als Mittel zur »digitalen Entgiftung«, zum »digital detox«, an. Es gibt Bücher und Wochenend-Retreats, Ausstellungen und sogar nach Wald duftende Essenzen, die behaupten, von »beruhigenden japanischen Kulturpraktiken« inspiriert zu sein und den Menschen den Wald in die eigenen vier Wände zu bringen.

Im Wald spazieren zu gehen kostet nichts. Doch in der Welt, die wir geschaffen haben, sind nur die Trends von Bedeutung, die sich im wahrsten Sinne des Wortes auszahlen.

Und trotzdem. Wie leicht es einem auch fallen mag, mit Zynismus und Ermüdung auf die Umnutzung und die Umverpackung des Spazierengehens als Wellnesstherapie oder Konsumartikel zu reagieren – ein Streifzug durch den Wald hat tatsächlich etwas ungeheuer Beruhigendes. Vielleicht deshalb, weil sich unser Blick im Wald größtenteils verengt. Weil unsere Welt dann kleiner wird. Panoramen gibt es dort selten und wenn, dann sind sie schwer verdient. Manchmal scheint es mir, als gäbe es im Wald weniger zu sehen, damit mehr Zeit zum Denken bleibt. Oft sind die einzigen Geräusche die des eigenen Atmens und der Eicheln und Bucheckern, die unter unseren Füßen knirschen. Scheint die Sonne durchs Kronendach der Bäume, sodass die Blätter ein gesprenkeltes, weiches Licht erzeugen, kann der Wald ein Ort von wahrhaftiger Schönheit sein.

Meine Gedanken schweifen wieder ab. Kindliche Vorstellungen davon, was im Wald lauern mag, halten sich ruhig und beharrlich, während sich die Sonne hinter den Wolken versteckt oder der Nebel vom Talgrund heraufrollt. Und dann diese Orte, diese offenen Stellen, an denen sich der Wald weniger zurückgezogen als vielmehr anscheinend einer schrecklichen Schlacht Platz gemacht hat, an denen hier und da die Opfer verstreut sind oder auch sauber aufgeschichtet neben dem Weg liegen, wo sich Sägespäne mit den schlammigen Pfützen vermischen, die sich in den riesigen Spuren der Forstmaschinen gesammelt haben.

Auf dem Kamm eines Hügels gleich hinter Lerbach traf ich auf eine solche Szene der Verwüstung. Hier war der Schuldige einmal nicht die Holzindustrie mit ihrem Bedarf und ihren Interessen, hier waren es Insekten, die in den immer wärmer werdenden Bedingungen einer immer schlimmer werdenden Klimakrise gediehen. Neben dem Weg war ein Forstarbeiter, der von der Stadt heraufgefahren war, um sich über den Fortschritt seiner Kollegen zu informieren, mit seinem Auto in einem Schlammloch stecken geblieben, das eines der gewaltigen Abholzungsfahrzeuge hinterlassen hatte. Da sein Handy keinen Empfang anzeigte, bot ich ihm meines an.

Er telefonierte um Hilfe und gab mir mit einem Nicken des Danks mein Handy zurück. Ich nutzte die Gelegenheit, um ihn zum Thema Baumfällung zu befragen. Er erzählte mir, dass sie einen ganzen Abschnitt des Waldes roden mussten, weil die Bäume dort starben. Der Borkenkäfer hatte ihnen arg zugesetzt.

»Sie werden das noch öfter sehen, wenn Sie in diese Richtung weitergehen«, fuhr er fort und sah noch einmal auf sein Handy. »Das zieht sich durch den ganzen Oberharz. Eine echte Plage.«

Das Problem war, dass es sich hier nicht gerade um natürliche Wälder handelte. Man hatte sie als Teil der Wiederaufforstung neu gepflanzt, die etwa zu der Zeit begonnen hatte, als Goethe und Heine den Weg entlanggewandert waren. Damals wählte man Fichten, weil sie nützlich waren und daher Geld einbringen konnten. Eine erneute Erinnerung daran, dass dies bewirtschaftetes Land war, auf dem man eben nicht Kohl oder Kartoffeln, sondern Bäume ihres Holzes wegen erntete.

Fichten wachsen in diesem Umfang normalerweise nicht so weit unten. Früher waren die Hügel, die ich bewanderte, mit gemischten Wäldern bedeckt, mit Buchen und Eichen und hier und da auch ein paar Fichten dazwischen. Als ich jetzt neben dem gestrandeten Škoda des Forstarbeiters stand, waren Fichten weit und breit die einzigen Bäume. Und viele von ihnen litten, obwohl die Waldarbeiter ihr Bestes taten, um den Borkenkäfer im Zaum zu halten: Sie waren nur mehr gespenstische Versionen ihrer selbst, die sich bleich gegen die Dunkelheit des Waldinneren hinter ihnen abhoben.

Die Bäume starben, weil der Harz seit Jahren immer wärmer wird. Die Sommer waren länger denn je, und der Regen wurde immer weniger. In Dürrezeiten fließt weniger Saft durch die Bäume, die sich in ihrem Versuch zu überleben gewissermaßen in sich selbst zurückziehen. Weniger Saft bedeutet weniger Harz, in dem der Borkenkäfer für gewöhnlich hängen bleibt, wenn er einen gesunden Baum anknabbern will. Oder, anders ausgedrückt: kein Harz, kein Schutz. Und die Zerstörung, die das anrichtet, davon konnte ich mich nun mit eigenen Augen überzeugen, ist mehr als verheerend.

Die Lösung, zumindest für kommerzielle Wälder, besteht in der Wiederbepflanzung. Tote und sterbende Bäume werden gefällt, um Platz für neue zu schaffen, dieses Mal eine Mischung aus Weiden, Birken, Weißtannen und Traubeneichen – Bäume, die wachsen würden, griffe man nicht ein, und Bäume, die des Holzes wegen gepflanzt werden, damit der Wald ökonomisch nützlich bleibt. Es war klar, dass etwas getan werden musste. Der Borkenkäfer kann einem geschwächten Baum binnen zwei bis vier Wochen den Garaus machen. 2019 sind aus den Wäldern Deutschlands rund zweiunddreißig Millionen Kubikmeter beschädigten Holzes entfernt worden, die Menge hat sich in nur zwei Jahren versechsfacht.[50] Die Förster sprechen von einer nationalen Katastrophe. Das konnte ich an jenem Tag auf dem Hügel im Harz spüren.

Ich sah zu, wie der Forstarbeiter ein letztes Mal versuchte, seinen Wagen aus dem Schlammloch zu fahren. Die Räder drehten durch, und so gab er schließlich auf. Heller Rauch quoll unter dem Auto hervor und löste sich dann über dem vernarbten und aufgerissenen Feld auf, auf dem vor Kurzem noch der käferverwüstete Wald gestanden hatte. Hier war nicht gut Waldbaden, und jedes Gedicht über die Stelle würde mit jeder Strophe nur dunkler werden.

Ich weiß nicht, was soll es bedeuten
Daß ich so traurig bin;
Ein Märchen aus alten Zeiten
Das kommt mir nicht aus dem Sinn.

Als ich vierzehn war, machten wir eine Klassenfahrt nach Deutschland, nach Sankt Goar am Rhein, von wo aus es nur ein sehr kurzer Ausflug per Schiff zur berühmten Loreley war, dem Felsen, den Heinrich Heine durch sein Gedicht unsterblich gemacht hat. Das Gedicht hat er 1824 geschrieben, im selben Jahr, in dem er durch den Harz gewandert ist. Es erschien in seinem *Buch der Lieder*, einer 1827 veröffentlichten Sammlung von Gedichten, die zum meistverkauften seiner Werke und zu einer der erfolgreichsten Gedichtsammlungen in der gesamten deutschen Literaturgeschichte werden sollte. Viele der Gedichte wurden vertont, von Schubert und Schumann, Brahms und Mendelssohn Bartholdy, Liszt und Wagner. *Die Lore-Ley* beziehungsweise das *Lied von der Loreley* vertonte Friedrich Silcher 1837; cs gchört auch heute noch zu Heines bekanntesten Stücken.

Von allen veröffentlichten Werken Heines ist das *Buch der Lieder* das romantischste, den Traditionen am nächsten, die ihren größten Ausdruck in der deutschen Kunst und Literatur erreichten, als Heine ein junger Mann war. Tatsächlich war Heine in den 1820er-Jahren der Erste, der die Romantik gegenüber der modischeren Literatur der Zeit verteidigte, und es steht außer Frage, dass er in dieser Dekade – in der *Harzreise* und im *Buch der Lieder* – selbst innerhalb einer Art von romantischer Tradition arbeitete.

Doch sogar in dieser frühen Zeit war klar, dass Heine an etwas anderem interessiert war. Er wollte nicht gerade mit der Vergangenheit brechen, die traditionellen Formen und Tropen aber dazu nutzen, um mit den Erwartungen des Lesers zu spielen. Für den Autor Joseph Epstein war Heine »der geborene Romantiker«, der die »Hohlheit der Romantik« bloßstellte. Er provozierte seine

Leser und lockte sie mit melancholischen und sentimentalen Bildern, bevor er ihnen dann den Boden unter den Füßen wegzog.[51]

1830 jedenfalls, zur Zeit der Julirevolution in Frankreich, war auch Heine bewusst geworden, dass das Alte sowohl in der Literatur als auch im Leben obsolet geworden war.

> *Die neue Zeit*, schrieb er, *[wird] auch eine neue Kunst gebären ... die nicht aus der verblichenen Vergangenheit ihre Symbolik zu borgen braucht.*[52]

1830 – die ersten Prosa- und Lyrikwerke waren veröffentlicht, die ersten literarischen Erfolge hatten Bekanntheit und auch Arbeit als Journalist gebracht – näherte sich Heine einem der bedeutenderen Augenblicke seines Lebens. Die Julirevolution von 1830 scheint in der Tat zentral für seine Lebensgeschichte, nicht nur für sein Denken über Kunst und Literatur gewesen zu sein.

Der Aufstand in Frankreich hatte eine Reaktion auf der anderen Seite des Rheins zur Folge. In den deutschsprachigen Ländern war die Zensur inzwischen an der Tagesordnung, was bedeutete, dass Heines Werke nur noch an bestimmten Orten veröffentlicht werden konnten. Er hatte zunehmend das Gefühl, seine Optionen verengten sich bis zu dem Punkt, an dem ihm gar kein Platz in seiner Heimat mehr blieb.

> *Jetzt glaube ich an neue Rückschritte, bin voller schlechter Profezeihungen – und träume jede Nacht ich packe meine Koffer und reise nach Paris, um frische Luft zu schöpfen.*[53]

Ein Jahr später wagte er den Schritt und ließ, wie er es sah, das Land der Philister hinter sich, um ins Land der Freiheit zu ziehen. Aus Heines Sicht lief er nicht auf etwas zu, sondern von etwas weg. In Deutschland, so dachte er, könnte es kaum noch schlimmer kommen, dort fühlte er nur Kampf und Mühe. Dort konnte er kaum mehr ruhig schlafen, dort waren alle Elemente, die ihm einst Leben und Inspiration geschenkt hatten, inzwischen vergiftet.

> *Wenn Deutschland Heine nicht will, nehmen wir ihn gerne an …*

… schrieb Alexandre Dumas und hieß Heine auf das Herzlichste in Paris willkommen …

> *… aber unglücklicherweise liebt Heine Deutschland mehr, als es das verdient.*[54]

Der Weg führte mich weiter durch den Wald, der hier gesund war und dort starb, bis ich auf den ersten der Baggerseen am Rand von Clausthal-Zellerfeld traf, die zum Oberharzer Wasserregal gehören. Zusammen mit der historischen Stadt Goslar und den Bergwerken von Rammelsberg war das Wasserwirtschaftssystem des Oberharzes aufgrund seines herausragenden universellen Wertes, seiner Authentizität und seiner Intaktheit 1992 von der UNESCO zum Welterbe erklärt worden.

Solche Eintragungen sind interessant. Würde heute jemand vorschlagen, ganze Waldgebiete zu roden, um die Infrastruktur zu schaffen, die zur Gewinnung natürlicher Ressourcen nötig ist, wäre ein Aufschrei sicherlich die Folge. Es gäbe Petitionen und Protestcamps, Debatten in Bezirksausschüssen und im Parlament, Social-Media-Kampagnen von gesellschaftlich und ökologisch engagierten Prominenten. Doch irgendwann in der Geschichte sind die historischen Bauten der Frühindustrie und der industriellen Revolution zum Teil des Kulturerbes geworden, die wir genauso schützen, wie wir archäologische Stätten erhalten oder die Überreste der altrömischen Welt oder mittelalterliche Burgen oder die Fachwerkhäuser der Städte, durch die ich seit drei Tagen wanderte.

Es ist wichtig, die Geschichten der Vergangenheit zu bewahren, all der wichtigen Schritte, die uns von dort hierher geführt haben. Es ist wichtig, die alten Stahlwerke und Fabriken des Saarlands und des Ruhrgebiets zu erhalten, die Turbinenhallen und Wohnsiedlungen in Berlin, die Lagerhäuser von Hamburg und Bremen. Es ist wichtig, diese Geschichten zu erzählen, denn den riesigen Hallen wohnt ebenso wie den Bergwerken des Harzes das Leben derjenigen inne, die dort gearbeitet haben. Sie beinhalten die Geschichte ganz gewöhnlicher Menschen, von denen jeder eine Rolle in einem Prozess gespielt hat, der unsere Welt bis zur Unkenntlichkeit umgeformt hat, zum Guten wie zum Schlechten.

Der Weg führte mich vom Hexenstieg hinunter und auf einem Damm entlang, der zwischen dem Bärenbrucher Teich und dem niedriger gelegenen Ziegenberger Teich verläuft. Auf dem Damm standen Bänke, auf denen Männer in Braun und Dunkelgrün saßen, neben sich Teleskope und Kameras auf Stativen, das Fernglas um den Hals.

Ich hielt bei einem Mann an, der allein auf einer Bank saß. Sein Rucksack stand geöffnet neben ihm, auch die Überreste seines Mittagessens waren zu sehen. Eine Flasche Wasser und zwei Flaschen Bier. Ein Notizbuch, das offen auf seinem Schoß lag. Ich fragte ihn, was er da sah.

Er blickte zu mir auf und lächelte.

»Nicht viel«, war seine Antwort. Andererseits dachte ich: Wer etwas zu essen und zwei Bier hat, die warme Herbstsonne und einen hübschen Platz zum Sitzen oberhalb des Wassers, dem geht es vielleicht gar nicht so sehr darum, etwas zu erspähen, sondern eher darum, überhaupt draußen zu sein und spähen zu können.

Wir unterhielten uns eine Weile über die Teiche. Wie schön sie waren. Darüber, dass ein Fremder, jemand, der es nicht wissen konnte, denken könnte, die Wälder und Teiche seien schon ewig hier. Dass dies Natur pur war, ohne zu ahnen, dass die Teiche gegraben und die Bäume gepflanzt, dass die Landschaft gestaltet worden war.

Er hörte an meinem Akzent, dass ich nicht von dort war. Ich erzählte ihm, woher ich kam, und er grinste.

»Ah, vom Leeds and Liverpool Canal.«

Er war näher dran, als er unmöglich hätte wissen können. Seit etwa meinem fünften Lebensjahr bis ich England 2001 verließ, habe ich immer nur wenige Kilometer vom Kanal entfernt gewohnt, erst in Lancashire und dann später auf der anderen Seite der Pennines in Yorkshire. Der Leeds and Liverpool Canal war immer die Konstante gewesen. Ein Ort für Spaziergänge als kleines Kind und erste Ausflüge mit dem Rad. Ein Ort, den wir als Teenager aufsuchten, um auf einer Lichtung im Unterholz knapp unterhalb des Treidelpfads Bier zu trinken. Ein Ort der Streifzüge und Biergärten. An dem ich meinen Freunden dabei zugesehen habe, wie sie mit ihren Kajaks Wettrennen gegen die Pfadfinder fuhren. Wo mein Gitarrenlehrer gewohnt hat, auf einem schmalen Boot unten bei den Trockendocks. Der Ort der kleinen Schleusenschauspiele und Drehbrücken, die sich am Rand des Dorfs wie ein Abenteuer anfühlten.

»Ich war schon mal im Urlaub in England«, fuhr der Mann fort. Er zählte die Orte an seinen Fingern ab. »Leeds und Liverpool. Kennet und Avon. Die Norfolk Broads. Ich mag Boote. Das Langsame. Die Natur und die Vögel. Ich fahre wieder hin, sobald ich kann. Sobald man wieder darf.«

Ebenso wie die Teiche am Rand von Clausthal-Zellerfeld sind auch die Kanäle von England zu Orten der Erholung und der Flucht geworden. Auf den Treidelpfaden tummeln sich Jogger und Hundehalter, Wanderer und Vogelbeobachter. Die Wasserstraßen bieten entschleunigte Ferien in atmosphärischen, wenn auch beengten Unterkünften. Dass sie angelegt wurden, um die Industriemaschine zu füttern, wird in jeder Ortschaft deutlich, durch die sie verlaufen: alte Fabrikgebäude und Lagerhallen mit eigenem Zugang zum Wasser, die heute größtenteils in Bürogebäude und Wohnkomplexe umgewandelt wurden. Die Kanäle sind Industriekultur, die sich mit der Zeit zu einem Ort entwickelt haben, an dem wir uns mit der Natur verbinden können. Wie stillgelegte Gleise, die zu Radwegen wurden, oder ein alter Flugplatz, den man zum öffentlichen Park umfunktioniert hat.

»Die haben die Teiche für die Minen gegraben«, erzählte der Mann. »Und jetzt komme ich hierher, um Vögel zu beobachten, und die Studenten kommen, um zu schwimmen, und die Minen sind längst geschlossen. Aber sie haben etwas Wunderschönes zurückgelassen. Wie eure Kanäle, nach der Ankunft der Eisenbahn.«

Er sah auf seine Uhr und griff dann nach seinem Rucksack, um sich ein Bier aufzumachen. Er bot mir das zweite an, doch ich lehnte ab. Ich wollte ihm nichts wegnehmen. Es war sein Sonntagnachmittag, auf den er sich wahrscheinlich schon die ganze Woche lang gefreut hatte. Ich verabschiedete mich und ging weiter den Damm entlang, bis der Mann nicht mehr zu sehen war. Ich folgte dem Weg, von dem der Querfeldeinläufer mir erzählt hatte, um den Campingplatz herum und den steilen Hügel hinauf. Schließlich erreichte ich das erste der Häuser in Clausthal; es lag auf einem Kamm mit Blick auf die Stauseen und Teiche in der einen und über die Dächer der Stadt in der anderen Richtung.

Und wie eine befreundet ruhige und doch zugleich quälend rätselhafte Erinnerung trafen mich, mit ihren tiefsinnig klaren Blicken, die ernstfrommen, etwas blassen und vom Grubenlicht geheimnisvoll beleuchteten Gesichter dieser jungen und alten Männer, die in ihren dunkeln, einsamen Bergschachten den ganzen Tag gearbeitet hatten und sich jetzt hinaufsehnten nach dem lieben Tageslicht und nach den Augen von Weib und Kind.

Als Heine nach einer Mittagsrast in Clausthal ankommt, begibt er sich in zwei der Gruben des Ortes hinunter und beschreibt anschließend, was er unter Tage erlebt hat, welche Arbeit dort verrichtet wird und was er den Menschen gegenüber empfindet, denen er dort begegnet ist. Wie so oft in der *Harzreise* sind es die Menschen, die seine Erlebnisse auf der Wanderung prägen, die »wackern Leute«, wie er sie nennt, ihr bescheidenes Zuhause, ihre Lieder, ihre Sagen.

Die Grubenarbeiter von Clausthal und Zellerfeld sind mittlerweile Geister. Die letzten Bergwerke wurden 1930 geschlossen, die Erzlager waren nach Jahrhunderten des Abbaus erschöpft. Auf meinem Weg durch Clausthal aber stellte ich fest, dass auch fast einhundert Jahre später der Bergbau noch immer beinahe alles in der kleinen Stadt zu prägen schien. Am auffälligsten war die Architektur, die mit nichts, was ich bisher auf meiner langen Harzreise gesehen hatte und noch sehen sollte, zu vergleichen war. Die Holzbauten sprachen scheinbar von einer anderen Zeit, auf ihre ganz eigene Art den Fachwerkhäusern von Osterode und Northeim ähnlich. Das schlagendste Beispiel dafür ist die Marktkirche, ein gewaltiges, blaues Gotteshaus neben der Universität, das aus dem siebzehnten Jahrhundert stammt und die größte Holzkirche Deutschlands ist.

Im Bergwerksmuseum, das ebenfalls in einem Holzbau jenseits der Schlucht in Zellerfeld untergebracht war, informierte ich mich über die Geschichte der Bergstädte im Harz und sah mir einen Film mit Originalmaterial aus dem Jahr 1923 an – nur wenige Jahre, bevor die Arbeit in den Bergwerken für immer niedergelegt worden war. Der Film war einhundertundein Jahre nach Heines Besuch unter der Erde gedreht worden, doch schien mir, als hätte er viel darin wiedererkennen können. Flackernde Bilder auf einer Leinwand, annähernd einhundert Jahre alt, die eine Verbindung zur Vergangenheit schaffen.

Und dann, woanders in der Ausstellung, eine noch weiter zurückreichende Reise. Ins Jahr 1777, zu einem Besuch Goethes.

> *Nach Clausthal*, schreibt er. *Seltsame Empfindung, aus der Reichstadt (Goslar), die in und mit ihren Privilegien vermodert, hier heraufzukommen, wo von unterirdischem Segen die Bergstädte fröhlich nachwachsen.*[55]

Die Bergbauindustrie, die im Mittelalter, insbesondere infolge der verheerenden Entvölkerung durch den Schwarzen Tod, beinahe zum Stillstand gekommen war, hatte sich zu der Zeit, als Goethe Clausthal besuchte, prächtig erholt. Als ich in den Ort kam, waren die Minen schon lange geschlossen, doch verlieh nun die Universität im Herzen von Clausthal-Zellerfeld der Bergstadt eine unerwartete Lebendigkeit. Eine international anmutende Lebendigkeit, die angesichts der Tatsache, dass ein Drittel der Studierenden aus dem Ausland stammt, nicht weiter überrascht. Wie in Göttingen so half auch hier die Anwesenheit junger Leute der Stadt dabei, ihrem Welterbestatus zu entkommen, den Blick also nicht nur in die Vergangenheit, sondern auch nach vorn zu richten.

Trotzdem waren die Geister von Clausthal und Zellerfeld noch immer da. Goethe im Bergwerksmuseum und Robert Koch, dessen Geburtshaus ich vom Fenster meiner Unterkunft aus sehen konnte. Und Heine war natürlich auch da und wartete darauf, dass ich ihn am Hotel auf dem Hügel einholte.

Er übernachtete in der »Krone«, schrieb er in der *Harzreise*, und während ich mir zweihundert Jahre nach seiner Wanderung nicht immer sicher sein konnte, dass ich tatsächlich in Heines Fußstapfen wandelte, so wusste ich doch in Clausthal, dass wir dieselbe Unterkunft hatten. Eine kleine Tafel am Eingang bestätigte es. Beim Einchecken fragte ich, ob es wohl möglich wäre, sogar dasselbe Zimmer zu bekommen. Die Frau an der Rezeption zuckte nur mit den Schultern und erwiderte, dass keiner so genau wusste, welches Zimmer das war. Es könnte also durchaus auch meines sein? Wieder zuckte sie mit den Schultern. Warum nicht?

Ich ging die Treppe hinauf, müde vom Tag im Wald und von den steilen Hügeln der Bergstadt. Ich öffnete die Tür des Zimmers, des Zimmers, das vielleicht – nur vielleicht – auch Heines gewesen war. Ich war mit dem Gedanken zufrieden. Manchmal reicht die Möglichkeit, dass etwas wahr sein könnte, schon aus.

5

Über den Pass und in den Berg

Auf einer Metallplatte an einem weißen Steinpfosten reihten sich die Buchstaben vertikal übereinander. Der Pfosten war am Fuß der alten Kirchenmauern in den Boden gerammt worden.

TODESMARSCH

Ich war hier am Tag zuvor auf meinem Weg zum Bergwerksmuseum vorbeigekommen, hatte den Pfosten aber irgendwie übersehen. Auf der Straße hinter der Kirche war ein stetiger Strom an kleinen Kindern und ihren Eltern unterwegs zur Schule. Montagmorgen.

APRIL 1945

Überall um mich herum standen die wunderschönen Holzbauten von Zellerfeld, eine Architektur, die mich für immer an diesen Ort erinnern würde, an diese Bergstadt und ihre Gruben, einen Ort, den ich auf Anhieb reizvoll gefunden hatte, als ich am vorherigen Nachmittag angekommen war, und den ich noch immer reizvoll fand, als ich ihn an dem kalten, strahlenden Morgen darauf verließ.

Eine Marschkolonne mit ca. 450 KZ-Häftlingen vom Kloster Brunshausen bei Bad Gandersheim erreichte am Abend des

5. April 1945 Zellerfeld, von SS-Wachen bei der Flucht vor den alliierten Truppen brutal über den Harz getrieben. Sie mussten in dieser Kirche übernachten.

Ich las die Informationstafel neben dem Denkmal. Aller Wahrscheinlichkeit nach hat die Kirche 1945 genauso ausgesehen wie heute. Die Berg Apotheke mit ihrem kunstvoll verzierten Schild hatte ihren Sitz schon seit den 1670er-Jahren im Holzgebäude gegenüber der Kirche. Als die Gefangenen am Morgen des 6. April weitergetrieben wurden, hätten sie ungefähr das gesehen, was ich nun fünfundsiebzig Jahre später sah.

Die vierhundertfünfzig Seelen, von denen einundzwanzig während des dreitägigen Marschs nach Wernigerode ermordet wurden, gehörten zu insgesamt über vierzigtausend Häftlingen des Konzentrationslagers Mittelbau-Dora, die man Anfang April 1945 über die Berge marschieren ließ. Vier Wochen später, am Ende des Zweiten Weltkriegs, war ein Viertel von ihnen tot. Sie starben an Hunger und Durst, weil sie brutal geschlagen oder erschossen wurden, an Krankheit oder weil man sie lebendig verbrannte.

In Zellerfeld unterhielten sich die Kinder auf ihrem Weg zur Schule aufgeregt miteinander. Ein Schwarm Stare verwüstete einen Strauch am Rand des Kirchhofs. Auf der Hauptstraße nach Goslar rumpelte ein Lastwagen vorüber.

Nicht ohne Grund nannte der britische Historiker Gerald Reitlinger die KZ-Evakuierungen »das letzte und schlimmste der von den Nazis im Kriege begangenen Massenverbrechen«.

Vierzigtausend Menschen wurden zu Fuß über die Berge getrieben. Manche auf der alten Harzstraße über den Auerhahnpass als Teil eines Marschs, der in Osterode begonnen hatte und in Oker am Rand von Goslar enden würde. Das war auch mein Weg. Während meiner gesamten Tage im Harz traf ich nur sehr wenige Leute, sobald ich die Wanderwege zwischen den Städten und Dörfern erreicht hatte. Dennoch waren diese Pfade nicht leer, denn sie blieben mit dem Angedenken jener gefüllt, die sie einst gegangen waren.

Die Strecke, die ich gewählt hatte, führte mich aus der Stadt hinaus, hinunter zum Stadtweger Teich, einem weiteren Baggersee. Danach stieg das Gelände wieder an. Die Hauptstraße nach Goslar blieb die ganze Zeit über in Hörweite: ein stetiger Strom an Autos, die den Auerhahnpass in beide Richtungen überquerten. Ich hatte das Gefühl, ihm nachzuschleichen, zwischen Bäumen versteckt, als ich die Wege entlangging, die die Forstfahrzeuge aufgerissen hatten. Plötzlich vernahm ich das verräterische Geräusch von Kettensägen und stand erneut vor einem flatternden, rot-weißen Streifen Absperrband, das mir den Weg abschnitt.

Schon wieder ein Umweg. Dieses Mal fand ich Tierspuren, die durch den Wald zu einem Bach führten. Inzwischen hätte ich nicht mehr sagen können, welche Wasserläufe natürlich und welche künstlich angelegt waren. Ich folgte dem Bach bis zu einer Stelle, an der ich eine steile Böschung hinaufklettern, die Straße zwischen Autos und Wohnmobilen überqueren und bis zum Ufer des nächsten Teichs gehen konnte. Dort stand das Wasser so niedrig, dass der Teich von einem meterbreiten Ring aus Schlamm umgeben war, bewacht von einem einsamen Graureiher, der im seichten Wasser umherstakste und ausgesprochen enttäuscht aussah.

Ich fühlte mich unbehaglich. Die Geschichten am Denkmal und das konstante Geräusch des Verkehrs und der Kettensägen. Mehr ausgetrocknete Bäume und ein Stausee, der Wasser zu verlieren schien, während ich auf dem Staudamm stand und über den See blickte. Doch wenn man in Bewegung bleibt, kann sich die Landschaft so schnell verändern, wie man gehen kann. Ein paar Schritte zurück in den Wald, und die Straße hatte sich in einer langen Schleife zurückgezogen, um den Hang zu bezwingen. Hier waren die Bäume hochgewachsen und gesund; sie standen so weit auseinander, dass auch der Waldboden mit seinen Farnen und niedrigen Beerensträuchern Licht abbekam. Der Wanderweg war einspurig, weniger eine Narbe in der Erde als vielmehr ein Wegweiser.

Schon bald begann der Pfad auf seinem Weg zum Pass hinauf steil anzusteigen. Er weitete sich und wurde noch einmal zum Forstweg. Die Straße schwenkte in Hörweite zurück. Egal. Wie jeder Ort war auch der Harz eine Aufbewahrungsstätte all dessen, was er enthielt, des Guten und des Schlechten, des Mittelmäßigen und des Unwichtigen, von der Vergangenheit in die Gegenwart bis zu seinen Visionen von der Zukunft. Die widerstreitenden Gefühle dieser zwanzigminütigen Wanderung in den Hügeln sollten mich noch lange begleiten.

> *Den andern Morgen mußte ich meinen Ranzen nochmals erleichtern, das eingepackte Paar Stiefel warf ich über Bord, und ich hob auf meine Füße und ging nach Goslar. Ich kam dahin, ohne zu wissen, wie. Nur so viel kann ich mich erinnern: ich schlenderte wieder bergauf, bergab; schaute hinunter in manches hübsche Wiesental; silberne Wasser brausten, süße Waldvögel zwitscherten, die Herdenglöckchen läuteten, die mannigfaltig grünen Bäume wurden von der lieben Sonne goldig angestrahlt, und oben war die blauseidene Decke des Himmels so durchsichtig, daß man tief hineinschauen konnte, bis ins Allerheiligste, wo die Engel zu den Füßen Gottes sitzen.*

Heine legt die Strecke nach Goslar in Träumereien versunken zurück. Als ich dem Weg über den Auerhahnpass folgte, bis zu der Stelle, wo er sich unter der Straße wegduckt und oberhalb der Gose langsam zur Stadt hin abfällt, empfand ich etwas ganz Ähnliches. Ich kann eigentlich nur eins sagen: Es war wunderschön. Der Pfad, wie er sich um den Berghang herumwand. Der Blick ins Tal hinunter und in die Berge hinauf. Den Schatten der wenigen

Wolken am Himmel dabei zuzusehen, wie sie langsam über die Landschaft zogen.

In einem Abschnitt verlief der Pfad durch einen beinahe geschlossenen Baumtunnel, eine grün-goldene Einfriedung, durch die ich auf einem wahren Teppich aus Kiefernnadeln federnden Schrittes ging und die, so mochte ich gern glauben, dieselbe war, durch die Coleridge im Mai 1799 gegangen war. Er war damals auf dem Weg von Goslar nach Clausthal gewesen, auf der umgekehrten Strecke also, die Heine fünfundzwanzig Jahre später zurücklegen würde und der auch ich in einem anderen Jahrhundert folgte.

> *Wir betraten den Wald und spazierten zwei Meilen weit unter einer geschlossenen Laube hindurch, und als wir aus ihr wieder auftauchten – Oh! nie werde ich die herrliche Aussicht vergessen. Hinter mir die Berge des Harzes, auf denen hier und da der Schnee schimmerte, um uns herum Wälder auf kleinen Hügeln, kleine Hügel in hundertfacher Gestalt – ein wahrer Hügeltanz.*[56]

Es war schön, ihn wiederzutreffen.

Als ich über Coleridges und Wordsworths Zeit in Deutschland las, wurde mir klar, dass die englische Romantik zwar der Ausgangspunkt einer Bewegung war, die sich rasch in ganz Europa und darüber hinaus ausbreiten sollte, dass aber gleichzeitig einige ihrer größten Anhänger schon früh in ihrer Karriere von den deutschen Landschaften beeinflusst wurden. Sie kehrten nach England zurück, um zu den führenden Stimmen ihrer Generation zu werden; sieht man sich ihr Vermächtnis jedoch zweihundert Jahre später an, so wird deutlich, dass, abgesehen von der einen oder anderen Vorstellung von Identität und dem, was wir in Großbritannien unter »nationalem« Kulturerbe verstehen, der Einfluss der englischen Romantik auf nationalistische und politische

Bewegungen im neunzehnten Jahrhundert begrenzt war. Die Gründe dafür sind vielschichtig, nicht zuletzt spielt das Empire dabei eine Rolle (romantischer Nationalismus entwickelte sich andernorts häufig in Opposition zu kolonialistischen Okkupations- und Herrschaftsstrukturen). Doch auf jeden Fall trifft dies auf das Deutschland, das Wordsworth und Coleridge 1799 verließen, nicht zu.

In der Nähe von Goslar hielt ich bei der Gose an und setzte mich auf einen Stein neben dem Fluss. In Gedanken folgte ich dem Lauf des Wassers von der Gose in die Abzucht in die Oker und weiter in die Aller, wo es sich mit der Weser vermischte, bevor es bei Bremen, der Heimat der Stadtmusikanten, in die Nordsee floss. An anderer Stelle strömten die Gewässer der Weser durch Hameln, die für ihren Rattenfänger berühmte Stadt. Etwas weiter flussabwärts kam ich an einem Haus vorbei, das nicht direkt an der Straße stand. Aus dieser Entfernung und teilweise von Bäumen verdeckt hätte es durchaus auch aus Lebkuchen erbaut sein können.

Der Fluss und der Wald beschworen Erinnerungen an Geschichten herauf, die ich gehört hatte, lange bevor ich etwas von Deutschland und der Sprache, in der sie einst niedergeschrieben worden waren, wusste. Geschichten aus Büchern und vom Fernsehen, aus Filmen und Stücken, gehört, als ich noch ein Kind gewesen war. Sie haben meine Vorstellungen vom Wald und dem, was sich möglicherweise darin verbarg, geprägt – was meist nichts Gutes war. Und obwohl die Liebe zum Wald, die ich als Erwachsener entwickelte, viele dieser Ängste beschwichtigte, so kehren sie doch manchmal zu mir zurück. Sie beschleichen mich, wenn ich in der Abenddämmerung im Wald spazieren gehe. Oder ein einsames Haus aus Holz erspähe, halb hinter Bäumen versteckt, und gerade dabei bin, an einem Fluss meinen Gedanken nachzuhängen.

Für Heine waren Märchen das Produkt Deutschlands und des Deutschseins, seit Generationen in den ganz gewöhnlichen Menschen verwahrt, denen er mitsamt ihrem Zuhause, ihren Liedern und ihren Sagen auf seiner Harzreise begegnete.

> *Andere Völker mögen gewandter sein und witziger und ergötzlicher*, schreibt er, *aber keines ist so treu wie das treue deutsche Volk. [...] So stillstehend ruhig auch das Leben dieser Leute erscheint, so ist es dennoch ein wahrhaftes, lebendiges Leben.*

Dieses Dasein – das einfache Leben in Bergdörfern im Wald, in bescheidenen Hütten zwischen den Bäumen – schuf die Geschichten, die ich in abgewandelter Form als Kind im Norden Englands hörte. Für Heine waren es allein die fantasievollen Eigenheiten und das pure Menschsein, die das Leben zwischen den bewaldeten Bergen prägten.

> *Nur durch solch tiefes Anschauungsleben, durch die »Unmittelbarkeit«, entstand die deutsche Märchenfabel.*

Heine war nicht der Einzige, der sich für die Geschichten vom Wald und von den Dörfern interessierte, die mündlich überliefert und schließlich von einem umherziehenden Gelehrten aufgeschrieben worden waren. Die Märchen und Sagen spielten bei der Suche nach einem »Volksgeist« im neunzehnten Jahrhundert eine entscheidende Rolle, nach einem gemeinsamen Geist der Individualität, nicht des Individualismus, der das Herz des romantischen Nationalismus in Deutschland bilden sollte.

Als ich an dem Holzhaus im Wald vorbeiging, sah ich, dass die Tür offenstand, und was aus der Ferne einsam ausgesehen hatte, erwies sich als überaus bewohnt. Ein Mann in schwerer Arbeitshose lud Dinge in den Kofferraum seines Autos. Auf der vorderen

Terrasse konnte ich einen Kasten Wasser und ein Gewirr aus Stiefeln erkennen. Seitlich am Haus war ein Basketballnetz an einer wackligen Stange befestigt, und im langen Gras des Gartens hinter dem Haus stand ein volles Planschbecken.

Um die Wende des neunzehnten Jahrhunderts war der deutsche Wald zwar auf ein nie zuvor und auch seitdem nicht mehr dagewesenes Ausmaß zurückgeschnitten worden, doch das, was übrig geblieben war, wurde hochgehalten – als Heimat der Märchen und Legenden, als Verbindung zwischen der sorgenschweren zeitgenössischen Welt und der fernen, beinahe mythischen Vergangenheit.

Die Historiker entdeckten Tacitus wieder. Die Dichter fühlten sich zum Verfassen von Dramen inspiriert.[57] Johann Gottlieb Fichte, ein Mann, dessen bloßer Name schon im Wald verwurzelt schien, veröffentlichte seine *Reden an die deutsche Nation* in den Trümmern der preußischen Niederlage gegen Napoleons Truppen und der Auflösung des Heiligen Römischen Reichs. Fichte versuchte, in seiner Zuhörer- und Leserschaft ein Verständnis davon zu wecken, was es im Wesen bedeutet, deutsch zu sein. Die Essenz des Deutschseins fußte Fichtes Meinung nach in der Sprache, der Kultur und der Tradition. Es ging wieder einmal darum, im Nebel der Geschichte nach dem Kern des Deutschseins zu stochern. Und meist fand diese Suche in dem, was vom Wald übrig geblieben war, statt.

Unter der französischen Besatzung wurde der Ton der romantischen Bewegung in Deutschland zunehmend nationalistisch; einen Großteil ihrer Symbolik fanden die Dichter, Philosophen und bildenden Künstler, die das Herz der Romantik bildeten, im Wald. Joseph von Eichendorff – wieder ein ausgesprochen passender Name – verfasste zwischen 1806 und 1815, also während der Zeit der französischen Besatzung, eine Reihe von Gedichten, die die Verbindung von Natur, Wald und deutscher Nation deutlich machten. Unterdessen veröffentlichten die Brüder Grimm ihre ersten Märchensammlungen genau in dem Augenblick, in dem der militärische Widerstand gegen die Franzosen Fahrt aufnahm.

Obwohl dieser Moment nationalen Erwachens aus der Besatzung und der Verlagerung einer turbulenten Gegenwart heraus entstanden sein mag, sollten seine Folgen tiefgreifend sein. Vielleicht war das Finden einer gemeinsamen Sprache, einer gemeinsamen Kultur und gemeinsamer Traditionen im »Land der Eichen« unabdingbar für das Finden einer gemeinsamen Sache angesichts des Flickenteppichs der Ländereien, die einst das Heilige Römische Reich gewesen waren. Doch schloss die Vorstellung einer Identität, die die Menschen einen sollte, per definitionem auch diejenigen aus, die man für nicht zugehörig hielt.

Wer war das Volk des »Lands der Eichen«? Die Deutschen. Doch rasch wurde auch darauf hingewiesen, dass es welche unter ihnen gab, die nicht unter dem Blätterdach beheimatet waren, sondern aus dem grellen Licht der offenen Ebenen kamen. Die Menschen des Waldes waren Deutsche. Die Juden, das war ganz sicher, waren trotz ihrer mehrtausendjährigen Geschichte in diesen Landen das Volk der Wüste.

Dies wurde später von Soziologen wie Werner Sombart näher ausgeführt, der argumentierte, dass die Juden als wanderndes Volk im Gegensatz zu den verwurzelten nordischen Waldmenschen standen. Das schloss sich nahtlos an die lange Geschichte des Antisemitismus an, der verstärkt Rechtfertigung durch einen angeblichen fundamentalen kulturellen Unterschied fand, den Unterschied zwischen Wald und Wüste, Waldvolk und Wüstenvolk, Silvanismus und Saharismus.

Für den Literaturkritiker Dieter Borchmeyer läuft es darauf hinaus, dass die Vorstellungen der nationalen Identität auf den im Wald gesammelten Geschichten beruhten:

> *Der Wald*, so Borchmeyer, *wie von den Brüdern Grimm heraufbeschworen, ist die Ursphäre der durch ihn zum*

Ausdruck gebrachten Legende und Loyalität – das heißt der deutschen Loyalität.[58]

Die Gefahr würde kommen, lange nachdem die Franzosen besiegt worden waren, als das Projekt des romantischen Nationalismus an Tempo gewann, anscheinend immer mit Blick auf eine hellere Zukunft, aber doch immer auch mit dem halben Auge auf einer verlorenen, mythischen Vergangenheit. Der Historiker David Blackbourn bringt die Wälder der Brüder Grimm in einen Zusammenhang mit dem Fahnenwald der Reichsparteitage. Blackbourn zufolge war die nach innen gewandte Sentimentalität der deutschen Romantik *eine instabile Verbindung aus materialistischem Schwulst, spießbürgerlicher Rage und provinzieller Gefühlsduselei – und damit die wahre intellektuelle Wurzel des Nationalsozialismus.*[59]

Obwohl Heine 1831 nach Paris zog und bis zu seinem Tod 1856 dort lebte, nahm er nie die französische Staatsangehörigkeit an. Seinem Biografen Christian Liedtke zufolge bewahrte er sich seine Liebe für Deutschland bis zum Schluss, ebenso wie seinen »Haß gegen die Nationalisten«.[60] Für diesen deutsch-jüdischen Schriftsteller, der seine Heimat für ein Land verlassen hatte, das viele noch immer als Feind ansahen, war der Balanceakt zwischen seinem Patriotismus und seiner Liebe für Deutschland einerseits und seiner Abscheu gegenüber Nationalisten jeglicher Couleur – ob nun reaktionär oder revolutionär – andererseits einer, mit dem er sich sein ganzes Erwachsenenleben lang abmühen würde.

1833 begann er mit der Arbeit an einer Schrift, die in Frankreich unter dem Titel *De l'Allemagne* (»Über Deutschland«) und in seinem Heimatland in zwei Teilen veröffentlicht wurde: als *Zur Geschichte der Religion und Philosophie in Deutschland* (1834) und *Die romantische Schule* (1835). Beide Texte können als Kritik an Deutschlands Gegenwart und jüngerer Vergangenheit gelesen werden, nicht zuletzt an der Tendenz der Romantik, auf eine imaginierte mittelalterliche Vergangenheit zurückzublicken und dabei immer noch für die langfristige Möglichkeit der Revolution in Deutschland zu plädieren.

Und wie es bei Heine häufiger vorkommt, erscheinen die Standpunkte manchmal widersprüchlich. Der romantische Dichter, der die Romantik in seiner Prosa kritisiert. Der deutsche Patriot, der den Nationalismus verabscheut. Der Mann, der Deutschland liebt, es bis zum Tag seines Todes als sein Heimatland ansieht und dabei die letzten Jahrzehnte seines Lebens im selbst auferlegten Pariser Exil verbringt.

Nicht, dass Heine es so gesehen hätte. Die Kämpfe mit den Zensoren in Deutschland hatten in seinen Augen zwingend dazu geführt, »[d]aß ich, ein Dichter Deutschlands, im Exil leben muß«.[61]

Jene Jahre in Paris scheinen eine beständige Gratwanderung gewesen zu sein: Heine fühlte sich in beiden Ländern zu Hause und gleichzeitig in keinem heimisch. Er schrieb Artikel, in denen er den Franzosen Deutschland und den Deutschen Frankreich erklärte. Wie es sein ganzes Leben lang als Deutscher, Jude, Rheinländer und Dichter der Fall gewesen war, prägte sein Außenseiterstatus sein Werk, zum Guten wie zum Schlechten, von der *Harzreise* bis zu seiner letzten, in Paris verfassten Lyrik. Deshalb musste er neue literarische Formen finden, auch den fragmentarischen Stil, der zu der fragmentarischen Realität passte, in der er lebte.[62]

Seine Welt war anders als Goethes Welt, und so musste auch sein Schreiben ein anderes sein.

Im traurigen Monat November war's,
Die Tage wurden trüber,
Der Wind riß von den Bäumen das Laub,
Da reist ich nach Deutschland hinüber.

Und als ich an die Grenze kam,
Da fühlt ich ein stärkeres Klopfen
In meiner Brust, ich glaube sogar
Die Augen begunnen zu tropfen.[63]

1843 überquerte Heinrich Heine im traurigen Monat November noch einmal den Rhein. Auf dieser Reise wollte er seine Mutter und in Hamburg seinen Verleger besuchen. In den 1840er-Jahren schwappte eine Welle der patriotischen und nationalistischen Gefühle über Deutschland hinweg, die sich in Liedern, Gedichten und Prosa Ausdruck bahnten. Heine hatte von Paris aus dabei zugesehen und war skeptisch; trotz allem aber vermisste er Deutschland, auch trotz der Tatsache, dass seine Werke aufgrund eines Erlasses der Deutschen Bundesversammlung im Jahr 1835 in den meisten Teilen des Landes verboten worden waren.

Eine große Vorliebe für Deutschland grassiert in meinem Herzen. Sie ist unheilbar.[64]

Aus dieser Reise ging *Deutschland. Ein Wintermärchen* hervor, ein Versepos, das ebenso eine Fantasiereise wie eine getreue Berichterstattung darüber war, was Heine auf seinem Weg von Paris nach Hamburg erlebt hatte. In ihm erkundet Heine Deutschland in all seinen Facetten, von den Begegnungen mit preußischen Soldaten in Aachen bis zum Anachronismus des Kölner Doms, der seit dem Mittelalter noch immer nicht vollendet worden war. Er streift durch die Straßen der Stadt und befährt den Rhein. Später begibt er sich in den Teutoburger Wald und stellt sich vor, was passiert wäre, hätte die Schlacht ein anderes Ende genommen. Im Traum trifft er auf den sagenumwobenen deutschen Kaiser Barbarossa. An anderer Stelle reist er zur Heimat seiner Ahnen, besucht seine Mutter und fahndet in seiner Erinnerung nach den Menschen, die er kennt und gekannt hat.

Heine preist und spottet, er präsentiert Deutschland eine

Vision, während er gleichzeitig die Realität dessen kritisiert, was er vor Ort vorfindet, den Militarismus etwa oder die reaktionäre Politik. Doch ist Heine nicht als Feind Deutschlands aus Paris gekommen. Er besucht Aachen und Köln, Paderborn und Hamburg, das Ufer des Rheins und die Pfade des Teutoburger Walds nicht als Gegner, sondern als kritischer Freund.

> *Pflanzt die schwarzrotgoldne Fahne auf die Höhe des deutschen Gedankens*, schreibt er, *macht sie zur Standarte des freien Menschtums, und ich will mein bestes Herzblut für sie hingeben. Beruhigt euch, ich liebe das Vaterland ebensosehr wie ihr.*[65]

Beinahe umgehend nach seiner Veröffentlichung wurde das Buch in Preußen verboten, der König stellte sogar einen Haftbefehl gegen Heine aus. Andernorts in Deutschland wurde es entweder ebenfalls verboten oder zensiert und gekürzt, was Heines Ruf als berüchtigtem Künstler und damit seiner Berühmtheit allerdings eher zuträglich war, als dass es ihr schadete. Sein Biograf Christian Liedtke hegt keinerlei Zweifel daran, dass die Reaktion der Behörden das Bekanntwerden des Buchs beschleunigte; *Deutschland. Ein Wintermärchen*, so Liedtke, war Heine auf der Höhe seiner Schaffenskraft. In diesem einen Versepos vereinte er das Beste seiner Lyrik und Prosa, und alles für seinen »kosmopolitisch-revolutionäre[n] Patriotismus«.[66]

Nach seiner Rückkehr nach Paris begann Heine, sich in zunehmend radikalen und oppositionellen Kreisen zu bewegen. Er verkehrte mit Hegelianern, Demokraten und Sozialisten, ohne, wie üblich, jedoch einer der Gruppen wirklich anzugehören. Er befreundete sich mit Karl Marx, der ihm biografisch recht ähnlich war und dessen stark antinationalistische Weltsicht Heine teilte. Und obwohl sich die beiden hinsichtlich Politik und Ideologie unterschieden, so beschrieb Marx Heine doch als »eine der deutschen Inkarnationen des humanistischen Princips«.[67]

Von Goethe in Weimar 1824 bis zu Marx in Paris zwanzig Jahre später: Das Deutschland des einen war so fundamental anders als das des anderen, dass die Geschwindigkeit der Veränderung in jenen ersten Dekaden des neunzehnten Jahrhunderts einer Kultur den Atem raubte und sie verunsichert zurückließ. Es war Heine, der die Kluft überbrückte. Was ihm anscheinend aber nicht sonderlich große Freude bereitete. Als die 1840er-Jahre voranschritten, hatte Heine immer mehr zu kämpfen, mit finanziellen Schwierigkeiten und gesundheitlichen Problemen sowie mit etwas, das nur als eine Art Seelenweh bezeichnet werden kann.

1848, als ein ganzer Kontinent von der weitreichendsten Revolutionswelle in der europäischen Geschichte erfasst wurde, war Heine ans Bett gefesselt. Er sollte noch acht Jahre, bis zu seinem Tod, in seiner »Matratzengruft« bleiben. Beigesetzt wurde er in Paris auf dem Friedhof Montmartre, seinen Grabstein zieren die Worte eines seiner Gedichte.[68]

Wo wird einst des Wandermüden
Letzte Ruhestätte sein?
Unter Palmen in dem Süden?
Unter Linden an dem Rhein?

Werd ich wo in einer Wüste
Eingescharrt von fremder Hand?
Oder ruh ich an der Küste
Eines Meeres in dem Sand?

Immerhin! Mich wird umgeben
Gotteshimmel, dort wie hier,
Und als Totenlampen schweben
Nachts die Sterne über mir.

Ich kam am frühen Nachmittag in Goslar an. Die Sonne schien auf ruhige Straßen nieder, die einmal mehr von einer Ansammlung hübscher Fachwerkhäuser gesäumt waren. Ich war schon einmal in der Stadt gewesen, bei einem Tagesausflug von Osterode aus, als wir das erste Weihnachtsfest unserer Tochter im Harz gefeiert hatten. Es war damals irgendwann zwischen den Jahren gewesen, in dieser stillstehenden Zeit vor Silvester. Alles, woran ich mich erinnern kann, ist der Regen und dass der Nachmittag sehr dunkel gewesen war. Die alten Häuser schienen sich regelrecht über die schmalen Straßen und Gassen gebeugt zu haben, die Lichter von den Geschäften hatten sich in den Pfützen gespiegelt, die das Kopfsteinpflaster zu ertränken gedroht hatten. An diesem Tag hatte Goslar ausgesprochen abweisend auf mich gewirkt; auch Jahre danach noch musste ich beim Klang des Stadtnamens an nasskalte, mittelalterliche Straßen und endlos fallenden Regen denken.

Dieses Mal, im Sonnenschein, wirkte Goslar unendlich einladender, und so nahm ich mir Zeit, als ich durch die Altstadt in Richtung Bahnhof und meines Hotels ging. Goslar hat wie alle anderen Städte, die von Hügeln umgeben sind, den Vorteil, dass man die Landschaft um die Stadt herum sehen kann: Hinter den Schieferdächern der Häuser erhoben sich bewaldete Hänge und erinnerten beständig daran, wie Goslar lag und welche Möglichkeiten der Flucht und des Abenteuers unmittelbar vor seiner Haustür warteten. Ich holte mir in einer Bäckerei einen Kaffee, setzte mich eine Weile auf einen Plastikstuhl und beobachtete die vorbeischlendernden Unter-der-Woche-Shoppenden sowie den einen oder anderen Herbsttouristen. Es war nicht leicht, das Goslar, das ich jetzt erlebte, mit dem Goslar meines ersten Besuchs zu versöhnen. Nur das ausgesprochen hässliche Karstadt-Gebäude, das so gar nicht zu seiner Umgebung passen wollte, beschwor noch einmal die Erinnerung an diesen dunklen und nasskalten Wintertag herauf.

Der Name Goslar klingt so erfreulich, und es knüpfen sich daran so viele uralte Kaisererinnerungen, daß ich eine imposante, stattliche Stadt erwartete. Aber so geht es, wenn man die Berühmten in der Nähe besieht! Ich fand ein Nest mit meistens schmalen, labyrinthisch krummen Straßen, allwo mittendurch ein klares Wasser, wahrscheinlich die Gose, fließt, verfallen und dumpfig …

Im Gegensatz zu Heine, der wieder einmal sein Bestes zu tun schien, um auch wirklich den letzten aus der Region stammenden Leser mit seiner Beschreibung der Stadt zu vergraulen, fand ich, dass das Labyrinth aus verwinkelten, engen Gässchen gerade Goslars Reiz ausmachte. Vielleicht war die Stadt in den vergangenen zweihundert Jahren aber auch ein wenig aufgepeppt worden. Auf jeden Fall war Heine nicht der Einzige, der immun gegen Goslars Charme gewesen war.

William Wordsworth war mit seiner Schwester Dorothy im Winter des Jahres 1798 in Goslar angekommen, nachdem sich die beiden von Coleridge verabschiedet hatten, der nach Göttingen weitergereist war. Und auch die Wordsworths waren von der Stadt nicht sonderlich beeindruckt, wie Coleridge kurz nach ihrer Ankunft in Goslar in einem Brief nach Hause schrieb.

Goslar ist eine alte, verfallende Stadt am Fuße des Harzes, so Coleridge in Vorwegnahme von Heines erstem Eindruck. *Die Verpflegung mehr als billig, die Unterkunft ebenfalls, dafür keinerlei Gesellschaft – und da er nicht nach Deutschland gereist war, um die Sprache aus einem Wörterbuch zu lernen, muss er sich aus der Stadt entfernen …*[69]

Das Problem war, dass die Wordsworths zu Beginn eines der kältesten Winter, an die man sich erinnern konnte, nach Goslar gekommen waren – sie waren praktisch fünf Monate lang eingeschneit. Dorothy klagte über die Kälte, während William über die Einheimischen nachdachte, denen es herzlich egal zu sein schien, ob er nun in seinem ungeheizten Zimmer erfror oder nicht.

Doch trotz des ungünstigen Wetters und des Mangels an geeigneter Gesellschaft gingen die Wordsworths jeden Tag eine Stunde lang in der Kälte spazieren – ein entscheidender Teil von Williams Schaffensprozess, der ihn wieder in sein ungeheiztes Zimmer zurückführte, wo er zahlreiche Gedichte verfasste, darunter auch den Beginn von *The Prelude*.[70] An diesem Langgedicht, das Wordsworth 1798 in Goslar begann, als er gerade einmal achtundzwanzig Jahre alt war, arbeitete er sein ganzes Leben lang. Es wurde erst drei Monate nach seinem Tod 1850 veröffentlicht, als Heinrich Heine in Paris ans Bett gefesselt war.

In Goslar stapfte Wordsworth auf der alten Stadtbefestigung durch den Schnee, seine Schritte im Rhythmus des Metrums der Gedichte, die er im Geiste komponierte.

Eines himmlisch unsterblichen Tages,
Als im Eifer jungenhafter Hoffnung
Unseres Hauses Schwelle ich verließ, aufbrach,
Den Sack über der Schulter,
Den Hakenstock zum Nüsseernten in der Hand,
Und mich wandte zu dem fern gelegnen Wald …[71]

Die Zeit der Wordsworths in Goslar war sicherlich nicht verschwendet, selbst wenn sie wenig gemein hatten mit den Einheimischen, die, so William, *Krämer und Leinenhändler [waren], ein elendes Volk, das in Fleisch, Blut und Knochen seines Geistes nichts als Schurkerei und Falschheit trägt.*[72]

Das allerdings wirft die Frage auf, was wohl die Einheimischen nach viereinhalb Monaten Aufenthalt über die Wordsworths dachten. In einer Festschrift zum zweihundertsten Jahrestag ihres Besuchs in Deutschland 1999 schreibt Kenneth R. Johnston, in Goslar habe der Glaube vorgeherrscht, Dorothy sei nur Williams »sogenannte Schwester« – ein Euphemismus für Geliebte – und der englische Verschleierungsversuch sei doch mehr als dürftig.

Gleichzeitig, so Johnston weiter, *dachten einige Deutsche, inzestuöse Beziehungen zwischen Bruder und Schwester seien eine englische »Mode«, eine, von der sich auch Goethe schmerzlich versucht fühlte, weshalb man wohl eher von einer »romantischen« als einer nationalen Mode sprechen könnte.*[73]

Doch ob nun romantisch oder national: Jedenfalls hatten die Wordsworths ein Problem, das vermutlich eher für ihre Isolation in der Stadt verantwortlich war als die eigenen hohen Ansprüche.

In Goslar, fährt Johnston fort, *führte dieses Missverständnis oder dieser Irrglaube dazu, dass die Wordsworths keinen gesellschaftlichen Umgang mit respektablen Einwohnern der Stadt pflegen konnten, was aber gar nicht so schlecht war, da sie sich diesen ohnehin nicht leisten konnten.*[74]

Wenn man nicht zu einer Party eingeladen wird, gibt man am besten vor, sowieso nicht hätte kommen zu wollen.

Ich übernachtete zwei Mal in Goslar. Am ersten Abend streifte ich wie Wordsworth über die alten Stadtmauern und lenkte auch meine Schritte in einem Rhythmus durch das Laub, das von den Bäumen auf den Weg gefallen war. Ich trank eine Gose-Bier vor der Brauerei, während ich auf das Glockenspiel um sechs wartete. Die untergehende Sonne schien noch immer von den Glocken und der Uhr wider, der Rest des Marktplatzes lag bereits im Schatten. Nach meiner Rückkehr ins Hotel wusch ich meine Wandersachen im Waschbecken des Badezimmers und legte sie zum Trocknen über die Heizung. Danach sah ich mir ein Fußballspiel im Fernsehen an, eines dieser Geisterspiele irgendwo auf den Britischen Inseln. Noch vor dem Schlusspfiff schlief ich ein.

Am nächsten Morgen ging ich durch die Altstadt und noch einmal zu dem Tal zurück, das mich am Tag zuvor nach Goslar hinunter gebracht hatte. Vor mir erhob sich vom Südrand der Stadt aus der Rammelsberg auf rund sechshundert Meter über dem Meeresspiegel. Mein Ziel aber war weder der Gipfel des Bergs noch waren es seine Wanderwege. Nein, ich wollte *in* den Berg, zu den Minenstollen, über die man Silber, Kupfer und Blei aus dem Rammelsberg geschafft hatte.

Die Geschichte des Bergs wird teilweise in dem Glockenspiel erzählt, das ich am Abend zuvor auf dem Marktplatz gesehen hatte. Es ist die Geschichte des Ritters Ramm, der vor über eintausend Jahren im Harz auf die Jagd gegangen war. Als er auf Wild traf, band der Ritter sein Pferd an einem Baum an und folgte dem Wild. Während seiner Abwesenheit wurde das Pferd allmählich ungeduldig und begann, mit den Hufen im Boden zu scharren, wobei es eine Silberader freilegte. Ramm berichtete seinem Chef, Kaiser Otto dem Großen, von seiner Entdeckung – der Startschuss für die Ausgrabungen am Berg war gefallen. Sie dauerten etwas länger als tausend Jahre an; in dieser Zeit wurden annähernd dreißig Millionen Tonnen Erz gefördert, bevor die Mine am 30. Juni 1988 für immer geschlossen wurde.

Ich folgte den Schildern von der Stadt aus am Fuß des Bergs entlang, bis ich auf die Tore der Mine traf. Das Bergwerk Rammelsberg ist während der Zeit des Nationalsozialismus großflächig erweitert worden; in der alten Lohnhalle, die heute als Eingangshalle der UNESCO-Welterbestätte dient, ist über dem Zugang zu den Umkleideräumen der Bergleute, der sogenannten Kaue, ein riesiges Wandgemälde aus den 1930er-Jahren zu sehen. Das Kunstwerk zeigt die Kumpel als Familienväter, die in ihre Arbeitskleidung schlüpfen, bevor sie mit der Grubenlampe in der Hand entschlossen voranschreiten.

Ich wartete in der Umkleidehalle auf den Beginn meiner Führung. Hier hingen immer noch Uniformen von Gestellen über meinem Kopf, an der Wand neben den Duschen und dem Solarium waren noch die Münzautomaten aus den Achtzigern angebracht. In den Tagen, bevor das Bergwerk endgültig geschlossen wurde, kostete eine Schachtel Zigaretten vier D-Mark und eine Dose Cola eine Mark. Mit mir warteten nicht viele andere, und so versuchte ich mir vorzustellen, wie es ausgesehen haben mochte, als sich fünfhundertdreißig Männer am Anfang oder Ende ihrer Schicht in der Kaue umzogen.

Unser Guide war der Sohn eines der hiesigen Bergarbeiter; er trat in die Fußstapfen seines Vaters, indem er jeden Tag zur Arbeit hier erschien. Dreiunddreißig Jahre lang bis zur Stilllegung des Bergwerks hatte sich sein Vater in dieser Halle umgezogen. Dann war er in den Hof hinausgegangen, bereit einzufahren. Das war nun auch schon fast dreiunddreißig Jahre her, und so war der Ort hier schon seit mehr als einem halben Jahrhundert der Mittelpunkt eines Familienlebens. Als die Minen noch in Betrieb waren, hatte das auf Hunderte von Familien in Goslar zugetroffen. Heute, das erwähnte unser Guide nicht, konnten es kaum mehr als eine Handvoll sein.

Mit der Grubenbahn fuhren wir in den Berg und folgten einen halben Kilometer lang einem Stollen, bis wir auf einen der Grubenschächte stießen. Unter uns befanden sich zwölf Sohlen, alle vierzig Meter eine, bis zu einer Tiefe von fünfhundert Metern. Unser Guide erzählte uns, wie ein typischer Arbeitstag ausgesehen hatte, von den Traditionen und Geschichten der Gruben und der Grubengemeinschaft. Es sei wichtig, so sagte er, dass die jungen Leute in der Stadt diese Geschichte nicht verloren. Es gab Vereine für Schulkinder, die regelmäßig hierherkamen, manche von ihnen waren die Enkel oder Urenkel der letzten Bergarbeiter.

Er tätschelte die Wand. Der Stollen war mit Holz verstärkt. Überhaupt traf man überall im Bergwerk auf Holz. Deshalb sah der Harz so aus, wie er aussah, erklärte er. Die Gruben brauchten so viel Holz, dass dieses von Bäumen stammen musste, die schnell wuchsen. Daher die Fichtenwälder, selbst in niedrigen Höhen. Außerdem hatten Fichten noch einen anderen Vorteil.

»Fichte spricht, bevor es bricht«, sagte er lächelnd.

Das Leben vieler Bergarbeiter hatte durch die Warnsignale aus dem Inneren des Holzes gerettet werden können.

Wir erkundeten den oberen Teil des Grubenschachts. Die Kontrollmechanismen waren im Großen und Ganzen noch immer intakt. Die Warnschilder, die sich auf die Grubenordnung und die Sicherheitssysteme bezogen, eine Uhr, die tief im Herzen des Bergs die Zeit anzeigte. Ich fragte unseren Guide nach dem Tag der Stilllegung. Ein trauriger Tag sei das gewesen, antwortete er, die Männer hatten geweint. Schließlich waren es ganze Generationen von Familien gewesen, eine Gemeinschaft. Und dann, auf einmal – vorbei. Eine Autofabrik hatte geöffnet, das hatte die wirtschaftlichen Auswirkungen etwas abgemildert, aber es war einfach nicht dasselbe. Und die Arbeitslosigkeit war trotzdem hoch.

Hier hielt er inne und sah mich an. Dann fragte er mich, woher ich kam.

»Dann kennen Sie das ja«, sagte er. »In Wales. Yorkshire. Überall dasselbe. Was macht man, wenn man dreißig Jahre lang nichts anderes hatte?«

Er war ein ganz exzellenter Guide. Witzig, fesselnd, begeistert. Einen Augenblick lang sah er sehr traurig aus. Ich wünschte, ich hätte ihn nicht gefragt. Hätte ihn nicht an diese Zeit erinnert. Aber dann lächelte er. Seine Zeit im Bergwerk war noch nicht vorbei. Die Verbindung hielt.

»Ich fahre nun schon seit mehr als fünfzig Jahren in den Harz«, sagte der Mann.

Wir saßen nach der Führung und nachdem wir uns die Ausstellung angesehen hatten in der Cafeteria des Schaubergwerks.

»Erst mit meinen Eltern, dann mit meiner Frau. Wanderurlaube. Mindestens einmal im Jahr. Aber ich kann mich nicht erinnern, dass er jemals so schlecht ausgesehen hat.«

Er sprach über den Borkenkäfer und die gespenstisch kahlen Stellen im Wald. Über die Verwüstung.

»Es gibt Stellen«, fuhr er fort und spielte dabei mit seiner Erbsensuppe, »da hat man das Gefühl, durch ein Gemälde von Anselm Kiefer zu spazieren.«

In meiner Erinnerung erschauderte er bei dem Gedanken.

»Jetzt, wo sie das Holz nicht mehr für die Gruben brauchen, können sie den Wald ja vielleicht wieder so werden lassen, wie er einmal war. Ich frage mich nur, ob er sich so rechtzeitig erholen wird, dass ich es noch erlebe. Erleben kann, wie er wirklich aussehen soll. Oder zumindest wie ich ihn in Erinnerung habe.«

Er löffelte seine Suppe aus und verabschiedete sich. Ich sah zu, wie er langsam über den Hof auf das ehemalige Kraftwerk zuging, das jetzt eine Gemäldesammlung beherbergt. Gemälde, inspiriert von Industrieorten, Gemälde von Hochöfen und Fabriken, von Schornsteinen, Rauch und Bahngleisen, Orten der Arbeit und den Männern und Frauen, die sie in Betrieb hielten.

Orte wie Rammelsberg scheinen immer von einem Gefühl des Verlusts durchdrungen zu sein, und dieses Gefühl wurde durch den Anblick des übel zugerichteten Waldes an den umgebenden Hängen noch verstärkt. Im Museum fanden sich Notizen von Goethe, der das Bergwerk im September 1784 besucht hatte, als es noch zweihundert Jahre Betrieb vor sich gehabt hatte. Seine Notizen lesen sich wie ein Gedicht.

Schwarze Höhle
Erleuchteter K...
Flammen, Geprassel
Rauch, Zug, Glut
Funcken sprühen, Knall
Dumpfes Getöse der springenden Felsen
Zusammenstürzende Flammen
Getös. Hitze.
Vitriolzapfen.

Natürlich muss man mit einem solchen Verlust vorsichtig sein. Wir dürfen nicht romantisieren, was war. Es ist durchaus möglich, dass die Stilllegung des Bergwerks so traurig war, wie unser Guide es beschrieben hat, dass gleichzeitig aber die Arbeit tief im

Inneren des Bergs auch genauso hart und brutal war, wie Goethes Worte es erahnen lassen.

> *In Gottschalks »Handbuch« hatte ich von dem uralten Dom und von dem berühmten Kaiserstuhl zu Goslar viel gelesen. Als ich aber beides besehen wollte, sagte man mir: der Dom sei niedergerissen und der Kaiserstuhl nach Berlin gebracht worden. Wir leben in einer bedeutungsschweren Zeit: tausendjährige Dome werden abgebrochen und Kaiserstühle in die Rumpelkammer geworfen.*

Die Bergleute waren nicht das Einzige, das aus Goslar verschwunden war. Ich ging vom Bergwerk aus zurück in die Stadt und zu dem Parkplatz, der sich nun dort befindet, wo einst der Dom von Goslar die Stadtlandschaft beherrscht hatte. Heine hatte ihn knapp verpasst. Als der Dom 1051 geweiht worden war, war er die größte romanische Kirche östlich des Rheins gewesen, 1819 jedoch hatte man von dieser Größe nichts mehr gesehen. Da das Geld für Restaurierungen fehlte, wurde der Dom versteigert und in einzelne Steine zerlegt, die andernorts zum Einsatz kamen. 1822 war abgesehen von der Vorhalle alles verschwunden. Als Heine zwei Jahre später nach Goslar kam, war er mächtig enttäuscht und fragte sich, wohin das wohl noch führen würde.

Ich schlenderte in der späten Nachmittagssonne über den Platz und suchte nach der Henry-Moore-Skulptur auf der Rückseite der ehemaligen Kaiserpfalz, die der Stelle gegenüberliegt, an der einst der Dom gestanden hatte. Es gab hier noch andere Denkmäler, eines für die deutschen Kriegsgefangenen etwa, und eines für die Deutschen, die man nach dem Zweiten Weltkrieg sowie nach dem Neuentwurf der Karte Europas in Richtung Westen aus ihrer Heimat, den deutschen Provinzen im Osten, vertrieben hatte. 1945 hatte es in Goslar ein großes Vertriebenenlager gegeben, viele der Menschen waren schließlich in der Stadt geblieben. Zwischen 1945 und 1950 war die Einwohnerzahl von Goslar dramatisch angestiegen, von achtundzwanzigtausend auf zweiundvierzigtausend, und nicht wenige der Neuankömmlinge waren in dem Versuch gekommen, sich praktisch aus dem Nichts ein neues Leben zu erschaffen.

> *Es fehlte allen an Wohnung, Nahrung, Bekleidung und Heizung. Die Einheimischen mussten zusammenrücken und mit den neuen Fremden teilen. Wellen von Neuankömmlingen, die oft nichts als ihr nacktes Leben bewahrt hatten, kamen bis Ende 1949 in die Stadt, suchten Hilfe und Unterstützung.*[75]

Mehr als zwölf Millionen Vertriebene ließen sich nach dem Krieg in der BRD und der DDR nieder – was nicht immer leicht war. Sie kamen in ein besiegtes und zerstörtes Land und fanden sich oft unwillkommen von den dortigen Bewohnern, die ihrerseits zu kämpfen hatten. Und so gründeten die Vertriebenen Interessenverbände, entschlossen, in ihre »verlorene Heimat« zurückzukehren, was jedoch nie geschehen sollte.

> *Mein Logis gewährte eine herrliche Aussicht nach dem Rammelsberg. Es war ein schöner Abend. Die Nacht jagte auf ihrem schwarzen Rosse, und die langen Mähnen flatterten im Winde. Ich stand am Fenster und betrachtete den Mond.*

Heine mochte am Abend noch fröhlich am Fenster gestanden und von seiner Unterkunft auf dem Marktplatz über die Dächer der Stadt zum Rammelsberg im Süden geblickt haben, doch seine Nacht sollte von Geisterbesuch getrübt sein. Daran war er selbst schuld. Er macht sich bettfertig, indem er Gespenstergeschichten von Mord und toten Müttern liest, erschrickt beim Anblick des eigenen Spiegelbilds und wird schließlich von einem körperlosen Doktor heimgesucht, der ihm durch das Zitieren von Kant beweisen will, dass es absurd ist, an Geister zu glauben.

> *Mir unterdessen*, schreibt er, *lief der kalte Schweiß über den Rücken, meine Zähne klapperten wie Kastagnetten, aus Seelenangst nickte ich unbedingte Zustimmung bei jedem Satz, womit der spukende Doktor die Absurdität aller Gespensterfurcht bewies.*

Ich unterdessen, in meinem Hotelzimmer mit Blick auf den Bahnhof, legte Heine noch einmal nieder. Vielleicht ist die Vernunft die höchste Instanz; das bedeutet aber nicht, dass Geister nicht existieren. Das tun sie sehr wohl – in unserem Kopf. Wir beschwören sie herauf aus Monumenten und Denkmälern, den Geschichten, die wir lesen, und den Geschichten, die wir hören. Jede Geschichte ist auf die eine oder andere Weise eine Geistergeschichte, da sie uns in der Gegenwart mit einem Punkt in der Vergangenheit verbindet. Und die Vergangenheit ist überall.

Beim Einschlafen dachte ich über Bewegung nach. Ein Mahnmal für diejenigen, die man in einem der letzten Verbrechen des Krieges gezwungen hatte, über die Berge zu marschieren. Ein Wandgemälde derjenigen, die, bereit zur Arbeit, im Gleichschritt auf die Stollen und Grubenschächte des Bergs zugehen. Eine Reminiszenz an den letzten Tag und die Tränen harter Männer. Ein Stück Stein und ein leerer Platz, wo einst ein Dom stand und jetzt an eine verlorene Heimat erinnert wird. Und ein freundlicher Mann mit müden Augen, der an die bewaldeten Hügel seiner Jugend zurückdenkt, traurig darüber, was aus ihnen geworden ist.

6

Stimmungsmusik

Sie warteten auf dem Weg auf mich, ganz in der Nähe der Pforten eines alten, stillgelegten Bergwerks am Rand von Goslar. Ich stand an dem rostigen, mit einer Kette verschlossenen Tor und ließ meinen Blick über die Betonfläche schweifen, die zu den Gebäuden hinaufführte. Gras, Löwenzahn und andere Pflanzen sprossen aus Rissen im Boden – der Traum eines jeden Urban Explorers. Man konnte sich die höhlenartigen Hallen vorstellen, die verblichenen Warnschilder und andere Überreste seines früheren Lebens, die durch Löcher im Gemäuer zugänglich waren, und das meterweise Mauerwerk, das nur auf eine Sprühdose und ein wenig künstlerische Inspiration wartete.

Als ich da stand und – wenn auch nicht ernsthaft – mit dem Gedanken spielte, mich durch Gestrüpp und Sträucher zu kämpfen, um herauszufinden, ob die Einzäunung einen Durchschlupf hatte, beschlich mich plötzlich das Gefühl, beobachtet zu werden. Ich drehte mich um und sah vier Leute weiter oben am Weg, die zu mir hinabsahen. Zwei Männer und zwei Frauen. Sie trugen alle Funktionsshirts und kurze Hosen, hatten kleine Rucksäcke auf dem Rücken und einen Trekkingstock in jeder Hand. Auf einmal wurde mir bewusst, dass sie auf mich warteten, und so verließ ich die Tore des stillgelegten Bergwerks und kletterte die Steigung zu ihnen hinauf.

»Wir haben Sie reden gehört«, begrüßte einer der Männer mich.

Er hatte mich auf Englisch angesprochen. Ich war verwirrt, unsicher, was ich mit dieser Eröffnung anfangen sollte. Dann erinnerte ich mich, dass ich in mein Smartphone gesprochen, eine Sprachnotiz aufgenommen hatte. Eine für später bestimmte Erinnerung daran, was ich sah.

Wir unterhielten uns eine Weile. Sie waren freundlich, die beiden Paare aus Goslar, die jede Woche gemeinsam auf den Wanderwegen in den Hügeln um die Stadt herum unterwegs waren, auch bei Regen. Viele Leute aus England trafen sie dabei nicht, erzählte einer von ihnen, Holländer waren im Sommer dagegen zahlreich vertreten. Ebenso wie Dänen. Sie fragten mich, was ich vorhatte, und ich berichtete ihnen ein wenig von meiner Wanderung. Dass ich Heine nachwanderte und dabei nach eigenen Geschichten suchte.

»Aha!«, rief eine der Frauen. »Dann müssen Sie mit uns kommen. Wir zeigen Ihnen etwas …«

Die anderen drei sahen sie an.

»Das Denkmal«, erläuterte sie. »Es liegt auf dem Weg.«

Dreifach zustimmendes Nicken. Ich wurde nicht gefragt, ich hatte kein Mitspracherecht. Schließlich lag es auf dem Weg. Wir machten uns auf, gingen etwa fünf Minuten tiefer in den Wald hinein, der sich an die Stadt drängte. Das stillgelegte Bergwerk war das letzte Gebäude gewesen, der näher rückende Wald schien es sich allmählich einzuverleiben. Erstmals auf meiner Wanderung hatte ich nun Gesellschaft, erstmals schloss ich mich dem Tempo anderer an.

An diesem Morgen war ich in meinem Hotelzimmer mit Blick auf den Bahnhof und die umgebenden Berge aufgewacht und hatte mich das erste Mal seit meiner Ankunft in Göttingen an einen Traum erinnern können, in dem es um meine Wanderung durch den Harz gegangen war. Darin war ich durch eine riesige Fläche zerrütteten Waldes geirrt, durch die kreuz und quer Pfade von einem rußgeschwärzten Stumpf verbrannter und käferzerstörter

Bäume zum anderen führten, über alle möglichen Trümmer des Waldes hinweg.

Ich befand mich auf einem Plateau, von dem das Land um mich herum zu allen Seiten abfiel. Doch welchen Weg ich auch nahm, ich schien nie näher an den Rand zu gelangen, zu der Stelle, die, wie ich spürte, der Weg nach unten war. Alle Wegweiser, wurde mir plötzlich klar, waren an die Bäume gemalt worden. Ein roter Kreis. Ein blauer Strich. Eine grüne Hexe. Im dichten Wald, in dem sich Baum an Baum reihte, konnte man ihre bemalten Stämme zur Orientierung nutzen. Die Markierungen führten einen, wohin man wollte. Doch jetzt gab es keine Bäume mehr, und obwohl ich viel weiter in jede Richtung blicken konnte, so war doch nichts mehr da, das mir hätte den Weg weisen können.

Und da wurde mir auf einmal auch klar, dass ich bis in alle Ewigkeit in diesem verwüsteten Wald umherirren würde, träfe ich nicht zufällig an einer Kreuzung auf den richtigen Pfad. Doch das geschah nicht. Und so lief ich endlos über das Plateau, vor und zurück, ohne je den Ausgang zu finden, bis ich aus meinem Traum erwachte.

Es war hell draußen vor dem Fenster, die ersten Strahlen der aufgehenden Sonne erreichten gerade die Bäume auf den Hügeln oberhalb der Stadt. An einigen Stellen sah der Wald gespenstisch aus. Tot und sterbend. Der Ausgangspunkt meines Traums. Ich dachte an den Mann zurück, mit dem ich in der Cafeteria des Schaubergwerks zu Mittag gegessen hatte. Dass er in all den Jahren den Wald noch nie in einem so schlechten Zustand gesehen hatte. Dies und die Visionen aus meinem Traum gingen mir auf meinem Weg durch die Stadt durch den Kopf, während der frühmorgendliche Sonnenschein schon einem dumpfen, grauen Himmel gewichen war.

Von der Altstadt aus überquerte ich den Ring, ließ die pittoresken Fachwerkhäuser hinter mir und tauschte sie zuerst gegen herrschaftliche Villen und dann gegen Wohnblocks aus den Siebzigern mit rissigen Balkonen und Stockflecken an den Mauern ein, bis ich schließlich vor den Toren des stillgelegten Bergwerks stand. Die Stimmungsmusik in meinem Kopf erklang in Moll, sie begleitete einen langen und allmählichen, aber unaufhaltsamen Niedergang, der überall um mich herum sichtbar schien. Der sterbende Wald. Verfallende Gebäude. Eine erloschene Industrie. Wahrscheinlich war ich den Wanderfreunden aus Goslar keine besonders angenehme Gesellschaft.

Nicht dass es sie gestört hätte, als wir im Gänsemarsch einen schmalen Pfad zwischen niedrigen Beerensträuchern und Bäumen, die größtenteils nach Buchen aussahen, hindurch hinuntergingen. Sie erzählten mir von ihren Lieblingstouren, von den Wanderungen, die ich unbedingt auch unternehmen müsste, sollte ich mit mehr Zeit im Gepäck zurückkommen. Sie erzählten mir, dass der Wald, ja, hier und dort zu kämpfen hatte, dass es aber auch Pläne gab, ihn zu retten. Dass wir alle nur Geduld haben müssten. Manchmal fuhren sie gemeinsam weg, um in anderen Wäldern zu wandern. In Thüringen oder Bayern. Im Schwarzwald. In den Alpen.

»Dort hat es mir nicht gefallen«, wandte sich einer der Männer an mich. »Die Geröllfelder … als ob dir die ganze Welt unter den Füßen wegrutscht. Nein, das ist nichts für mich …«

»Aber ist es nicht manchmal auch schön, beim Wandern überall diese fabelhafte Aussicht zu haben?«

Ich hörte mindestens drei Mal, wie seine Trekkingstöcke auf dem weichen Boden am Rand des Pfads auftrafen, bevor er auf meine Frage antwortete.

»Ich glaube, man muss sich die Aussicht auch verdienen«, erwiderte er. »Beim Wandern im Wald, hier in unseren Bergen, hat man nur hin und wieder eine Aussicht. Das macht sie so besonders. In meinen Augen jedenfalls.«

Wir kamen an dem Denkmal an, das etwas vom Pfad zurückgesetzt im Wald lag. Es war aus Stein, schon grün am Rand, ein kurzer Weg führte zu ihm hinauf. Es war den Förstern gewidmet, die im Zweiten Weltkrieg gefallen waren, auf den Schlachtfeldern weit von den Wäldern entfernt, in denen sie arbeiteten und die sie ihr Zuhause nannten.

Wir sahen auf meine Karte. Von hier aus gab es zwei Wege nach Oker, einem Ortsteil von Goslar, wo ich auf meiner Route nach Bad Harzburg den gleichnamigen Fluss überqueren wollte. Ich hatte eigentlich vorgehabt, dem weiter unten gelegenen Pfad zu folgen, der zwischen Wald und Teichen in die Stadt führte. Meine Begleiter aber schlugen eine höhere Route vor, tiefer in den Wald hinein. Die wäre lohnender, sagten sie. Allerdings auch länger und eben höher, und ich hätte trotzdem noch nach Oker absteigen müssen, um über den Fluss zu kommen. Von dort aus wäre ich schon unterwegs in die Hügel hinauf und könnte schon die Felsformationen zwischen den Bäumen oberhalb von Bad Harzburg sehen.

Sie schienen ein wenig enttäuscht von mir, als ihnen klar wurde, dass ich an meinem ursprünglichen Plan festhalten würde, waren aber viel zu nett, um es mich lange spüren zu lassen. Als sich unsere Wege trennten, legte mir einer der Männer leicht die Hand auf den Arm.

»Viel Glück mit Ihrer Wanderung. Und mit Ihrem Buch«, fügte er hinzu. »Aber ich muss schon sagen: Heinrich Heine. Er hat sich sehr unhöflich über Goslar geäußert. Er mag ja ein großer Dichter gewesen sein – unhöflich war er trotzdem.«

Er lächelte mich an.

»Also achten Sie darauf, dass Sie was Nettes über unsere Stadt schreiben.« Er drehte sich um und ging den anderen hinterher, die schon ein gutes Stück auf ihrem gewählten Pfad vorangekommen waren, acht stramme Waden, die acht Füße im Gleichschritt bewegten, das Zeugnis langer gemeinsamer Wanderungen in ihren Wäldern und ihren Hügeln.

Als Heine hier entlanggewandert war, hatte die Abholzung des Harzes ihr größtes Ausmaß erreicht. Viele nachfolgende Jahrzehnte wurden mit der Wiederaufforstung des Waldes verbracht, da man das Holz der Bäume nicht nur für Bergwerke wie Rammelsberg brauchte, sondern auch andernorts in den Industriestädten am Rand des Gebirges. In Oker etwa brauchte man es zur Verhüttung des Erzes aus den Rammelsberger Minen.

Daneben gab es auch Blei-, Kupfer- und Zinkoxidfabriken. Das Erbe dieser Industriegeschichte hatte ich als Reihe von hohen gemauerten Schornsteinen am Horizont beständig vor Augen, als ich dem Pfad hinunter in Richtung Stadt folgte. Sie erinnerten mich an den Anblick einer Textilindustriestadt in Yorkshire, wenn man vom Moor hinunterkommt. Und obwohl ein Großteil der Industrie hier das gleiche Schicksal ereilt hat wie Yorkshire oder Rammelsberg, so ist Oker doch auch heute noch ein Zentrum der chemisch-metallurgischen Verarbeitung.

Das neunzehnte Jahrhundert brachte dem Harz aber auch andere Veränderungen. Abgesehen von der industriellen Revolution, die sich in Orten wie Oker und Goslar manifestierte, war dies auch die Zeit, in der sich die Region zu einem Erholungsgebiet zu entwickeln begann. Nach den Romantikern kamen weitere Touristen, die die Landschaft und die frische Luft genießen wollten. Denjenigen, denen die Wanderwege die steilen Harztäler hinauf zu anstrengend waren, bot ein ganzes Netz an Schmalspureisenbahnen die Möglichkeit, tief in die Berge sowie auf ihre Gipfel vorzudringen, allen voran auf den Gipfel des berühmten Brocken selbst.

Der Aufstieg von Industrie und Tourismus, zu dem auch der Bau der Brockenbahn im Jahr 1898 gehörte, führte dazu, dass die Rufe nach Naturschutz in der Region immer lauter wurden. 1907 veröffentlichte der Dichter und Naturforscher Hermann Löns seine berühmte Streitschrift *Mehr Schutz dem Brocken!*, einige Jahre später setzte er sich vehement für die Gründung eines Nationalparks in der Gegend ein. Der Erste Weltkrieg machte diese Pläne zwar zunichte, doch sollten sie wenig später wieder aufleben: 1937 wurde unter dem Regime der Nationalsozialisten ein erster Bereich als Naturschutzgebiet Oberharz ausgewiesen.

Auch Löns fiel dem Ersten Weltkrieg zum Opfer – er starb auf dem Schlachtfeld, auch wenn er alt genug gewesen war, um der Einberufung zu entgehen. Noch lange nach seinem Tod waren seine Romane und Gedichte, die die Landschaft und die Menschen in ihr feierten, in Deutschland außerordentlich beliebt. Tatsächlich schien die nationalistische Empfindung, die in vielen seiner Werke zum Ausdruck kommt, perfekt zur »Blut-und-Boden«-Ideologie der Nazis zu passen. Ideologen wie Alfred Rosenberg warben für eine »Religion der Natur«, die definitive Verbindung zwischen Hermann und dem Teutoburger Wald, der Romantik, dem Nationalismus des neunzehnten Jahrhunderts und dem Nationalsozialismus der 1930er-Jahre.

Diese »Religion der Natur« als fundamentaler Baustein der nationalsozialistischen Vision von Deutschland wurde auf vielerlei Weise propagiert, darunter auch durch Kunst und Literatur, die als beispielhaft galt – etwa die Werke von Hermann Löns –, und durch die damals modernste aller Kunstformen, den Film. Dieses Medium machte sich auch ein Werk zunutze, das die Verbindung zwischen dem deutschen Nationalismus, der Natur, der Landschaft und dem Wald ungeheuer deutlich zum Ausdruck brachte, vielleicht deutlicher als irgendein anderes aus der Nazizeit stammendes Werk: der 1936 entstandene Film *Ewiger Wald*.

Der Film verknüpft ganz explizit die erstmals von Tacitus erzählten Geschichten mit der schönen neuen Zukunft, die die Nationalsozialisten versprachen. Und wie schon bei den romantischen Nationalisten des neunzehnten Jahrhunderts wird auch hier der Wald als Aufbewahrungsort des deutschen Ideals präsentiert. So schrieb Franz Heske, ein deutscher Professor der Forstwirtschaft, 1938:

> *In heiligen Hainen beteten die alten Germanen ihre Götter an. Christliche Missionare mussten erst die mächtigen, uralten Eichen fällen, die dem Donnergott geweiht waren, bevor die neue Religion Fuß fassen konnte. In diesen*

Urwäldern versucht die heutige Generation nun, sich die Ehrfurcht zurückzuerobern, die die Grundlage von Sittlichkeit und Tugend darstellt.[76]

Der Film *Ewiger Wald* wurde von Alfred Rosenbergs »Kampfbund für deutsche Kultur« in Auftrag gegeben, und sein Arbeitstitel »Deutscher Wald – Deutsches Schicksal« machte die Botschaft, die vermittelt werden sollte, mehr als deutlich. Der deutsche Wald war das deutsche Schicksal, er stand symbolisch für das deutsche Volk. Ein ländliches Idyll. Anti-Stadt, anti-intellektuell. Blut und Boden.

Die Nazis hatten auch aus anderen Gründen ein Auge auf den Harz und seine Umgebung geworfen, als sie den deutschen Wald priesen und den Oberharz als Naturschutzgebiet auswiesen. Mit dem Ausbruch des Zweiten Weltkriegs stand die Region im Mittelpunkt der Kriegsbemühungen und im Zentrum der Rüstungsindustrie, für die zunehmend Zwangsarbeiter gebraucht wurden. Viele von ihnen wurden im Konzentrationslager Mittelbau-Dora, einer Außenstätte von Buchenwald bei Weimar, gefangen gehalten.

Abgesehen davon, dass sie gezwungen wurden, in Fabriken und anderen kriegswichtigen Werkstätten zu arbeiten, wurden die Häftlinge aus Mittelbau-Dora auch dazu herangezogen, die Stollenanlage im Kohnstein südlich des Harzes zu graben, die zentral für die geplante Produktion von V1- und V2-Flugkörpern werden sollte. Letzterer war die weltweit erste ballistische Artillerierakete; in den Angriffen auf London, Antwerpen und Lüttich kostete sie schätzungsweise neuntausend Zivilisten und Armeeangehörigen das Leben.

Das Sterberegister von Mittelbau-Dora beinhaltet 11 089 Insassen, die die Deportation ins Konzentrationslager zwischen 1943 und 1945 nicht überlebten.[77] Doch das ist nur ein Teil der Geschichte. Nicht im Sterberegister stehen die dreitausend kranken und sterbenden Häftlinge, die man als nicht arbeitsfähig eingestuft und im Frühjahr 1944 nach Lublin-Majdanek und Bergen-Belsen deportiert hatte. Ebenfalls nicht darin verzeichnet sind weitere 2250 Gefangene, die im März 1945 nach Bergen-Belsen aufbrachen und die, in den Worten der Forscher, »wahrscheinlich getötet wurden«.[78]

Alles in allem, so schätzt man, forderte das Konzentrationslager Mittelbau-Dora am Rand des Harzes mehr als zwanzigtausend Menschenleben. Heute befindet sich dort eine Gedenkstätte, offene Flächen zum Lernen und Erinnern, umgeben von den Bäumen des deutschen Walds.

In Ellrich begraben beim Transport: 29 Häftlinge,
in Tettenborn 26 Häftlinge. In Osterode 18 erschossen beim Ausladen;
450 Kranke verblieben. Unterwegs nach Oker erschossen: 17 Häftlinge.
Insgesamt von Osterode bis Oker erschossen: 72 Häftlinge.[79]

Diese Worte wurden im April 1945 geschrieben, kurz vor dem Ende des Krieges; sie stammen aus dem Notizbuch des ehemaligen KZ-Häftlings Roman Drung. Unten in Oker, nicht weit vom Fluss entfernt, stieß ich auf ein weiteres Mahnmal, das demjenigen neben der Kirche in Clausthal-Zellerfeld ähnelte. Dieses hier war neben der Bibliothek errichtet worden, in einem Bett aus gebrochenem Harzstein. Irgendjemand hatte Blumen darauf niedergelegt, die roten Blütenblätter setzten sich leuchtend gegen den Hintergrund des grauen Steins ab. Orangefarbene Blätter, die von Bäumen in der Nähe gefallen und vom Wind hierher geweht worden waren, bildeten weitere Farbtupfer. Diejenigen, die den Marsch über die Berge von Osterode nach Oker überlebt hatten, wurden auf Züge verladen und nach Norden in die Uckermark gebracht.

Auf der anderen Seite der Hauptstraße führte mich eine Holzbrücke über den Fluss. Als ich auf ihr stand, blickte ich nach Süden zu den Bergen, aus denen die Oker kam, zu dem v-förmigen Tal, das den Lauf des Flusses markierte, und zu den Hügeln, die sich zu beiden Seiten des Tals erhoben. Auf einer Bank neben einer Kirche ließ ich mich nieder und aß einige Brötchen, die ich mir an diesem Morgen in einer Bäckerei in Goslar auf meinem Weg aus der Stadt gekauft hatte.

Da hatte die Sonne noch geschienen, jetzt aber war der Himmel grau. Immer mürrischer wurde er: Dunkle Wolken ballten sich über den Hügeln zusammen, umkreisten sie drohend und warteten nur darauf abzuregnen. Der Wind bauschte die Bäume am Fluss auf. Mehr Blätter fielen. An der Ampel neben der Bibliothek würgte ein Fahrschüler die Gänge rein. Ein schmerzhaftes Geräusch. Stimmungsmusik.

Heine hat auf seinem Weg aus Goslar hinaus gute Laune – vielleicht weil er wieder einmal froh ist, eine Stadt hinter sich lassen zu können. Richtig lyrisch wird er beim Anblick der Hügel am Morgen, der weiß gekleideten Berge und der frischen Brise, die über sie hinwegweht. Der Klang der Vögel und der Kuhglocken ist seine Stimmungsmusik, während sich die Talwiesen leuchtend vor ihm ausbreiten. Er genießt den Augenblick mit einer solchen Hingabe, dass er abzuschweifen scheint …

> *Ich mochte mich wohl eigentlich verirrt haben. Man schlägt immer Seitenwege und Fußsteige ein, und glaubt dadurch näher zum Ziele zu gelangen. Wie im Leben überhaupt, geht's uns auch auf dem Harze. Aber es gibt immer gute Seelen, die uns wieder auf den rechten Weg bringen; sie tun es gern, und finden noch obendrein ein besonderes Vergnügen daran, wenn sie uns mit selbstgefälliger Miene und wohlwollend lauter Stimme bedeuten: welche großen Umwege wir gemacht, in welche Abgründe und Sümpfe wir versinken konnten, und welch ein Glück es sei, daß wir so wegkundige Leute wie sie sind, noch zeitig angetroffen.*

Von Oker und dem Fluss aus führte mich ein steiler Pfad aus der Stadt hinaus hoch über das Tal, während ich versuchte, Heines Beispiel zu folgen. Ich wollte über die Hügel nach Bad Harzburg und unterwegs noch an einigen Felsvorsprüngen vorbei, doch als ich meine Mittagsrast einlegte, fiel mein Blick auf der Karte auf einen Ort namens Stiefmutterklippen. Allein des Namens und der Tatsache wegen, dass er so gut zu diesem Land der Märchen und Sagen passte, beschloss ich, einen kleinen Umweg zu machen.

Der Waldpfad war anstrengend und ich mir nicht sicher, ob ich richtig war. Ein Großteil des Waldes hier war gefällt worden, und so war ich wie in meinem Traum ohne jegliche Wegweiser an den Bäumen ein wenig verloren. Lange Zeit schien es nur bergauf zu gehen, die Forstfahrzeuge hatten den Boden festgewalzt. Es war eine wahre Plackerei, sich durch diese kahlgeschorene Landschaft zu kämpfen, auch wenn die ordentlich aufgeschichteten Baumstämme, die auf ihren Transport den Berg hinunter warteten, irgendwie auch etwas Schönes hatten. Wenn Heines wegkundige Leute auf den Wegen um die Stiefmutterklippen herum unterwegs waren, dann zeigten sie sich mir zumindest nicht.

Bei einer Bank an einer Wegkreuzung gaben mir einige grüne Wanderschilder die Möglichkeit, mich zu orientieren. Ich öffnete die Karte und freute mich an den Namen, die ich dort las.

Steinbrecherweg
Hexenküche
Dachsklippe
Schlackenweg
Feigenbaumklippe

Viele der Wege waren nach der Bergbauindustrie benannt, die die Gegend hier jahrhundertelang beherrscht hatte. Nach Blei und Quarz und dem Erz, das man massenweise aus den auf jeder Karte und jedem Satellitenbild sichtbaren Steinbrüchen in die Schmelzwerke von Oker oder die Rangierbahnhöfe gebracht hatte, von wo aus es dorthin weiterverteilt wurde, wo auch immer man es zum Füttern der Maschinen brauchte. Andere Orte waren nach Geschichten benannt oder den Tieren, die dort lebten, oder schlicht nach dem, woran eine Felsformation irgendwann einmal jemanden erinnert hatte.

Heute sind die Klippen und Felsvorsprünge die Domäne der Kletterer, die nicht nur für ihre Muskelkraft, sondern auch für ihr lyrisches Gespür bekannt sein können oder zumindest für eine Art von kreidetrockenem Humor, wenn man sich die Benennung ihrer Kletterrouten ansieht.

Traumzeit 7B+
Nervenkitzel 6+
Die Gestundete Zeit 6+
Königin der Herzen 7+
Prince Charles 8+

(Auf wessen Seite standen Sie Mitte der Neunziger?)

Adeliges Dreckspack 5-

Und …

Harzer Renaissance 8+

Leider sah ich oben auf den Felsen keine Kletterer an den Klippen, als ich mit dem langen Abstieg nach Bad Harzburg hinunter begann. Der Weg mäanderte zwischen Flecken dichten Fichtenwaldes und offenen Flächen gerodeter Bäume hin und her. Die Aussicht ging immer nach Norden, zum Flachland hin, wo es regnete, wie ich sehen konnte. Die höheren Berge, mein Ziel am folgenden Tag, lagen hinter hohen Bäumen auf dem Kamm des Bergzugs versteckt. Auf meinen ersten Blick auf den Brocken musste ich noch warten.

1936 tauchten in ganz Deutschland plötzlich Schilder überall am Waldrand auf:

Juden sind in unseren deutschen Wäldern nicht erwünscht.

1936 – das Jahr der Olympischen Spiele in Berlin. Die Welt zu Gast in der Hauptstadt von Hitlers Deutschland. Sie gab vor, das, was nur halb dem Blick entzogen war, nicht zu sehen. 1936 – auch das Jahr von *Ewiger Wald* und seiner filmischen Reise von Hermann zu einer nationalsozialistischen Maifeier mit einer Kolonne von Bannern auf der Leinwand. Neben dem der Nürnberger Reichsparteitage ein weiteres Beispiel für den Fahnenwald der Nazis, der einmal mehr unmissverständlich auf die Symbolik von Bäumen als Fahnenmasten, an denen man die Hakenkreuzflagge hissen konnte, verwies, und auf die Symbolik vom Blätterdach des Waldes als Schutzschirm der Nation.

Gegen Ende des Films gibt es eine Szene, in der Waldarbeiter Bäume fällen.

Wir bestellen den wartenden Boden.
Reißen aus, was krank und fremder Rasse ist.
Die Vielfalt der Arten erschafft
Den ewigen Wald, aus dem die neue Gesellschaft
sprießen wird,
Eine neue Gesellschaft, gegründet auf dem ewigen
Wald.[80]

Ich weiß nicht mehr, ob damals, als wir auf meiner Klassenfahrt den Schiffsausflug zur Loreley unternommen haben, zum Kommentar aus den Bordlautsprechern auch die Rezitation von Heines berühmtem Gedicht gehörte. Aber ich kenne eine Geschichte – woher, weiß ich ebenfalls nicht mehr –, der zufolge ein Besucher Heines *Lore-Ley* an dem legendären Felsen vorgetragen bekam, wobei die Verse bei dieser Gelegenheit mit Zerknirschung in der

Stimme »einem unbekannten deutschen Dichter« zugeschrieben wurden.

Die Rezeptionsgeschichte des Gedichts spiegelt einen Teil der ambivalenten Reaktion auf Heines Werk in Deutschland wider, sowohl zu seinen Lebzeiten als auch noch lange nach seinem Tod. Die Reaktion nicht so sehr der breiten Öffentlichkeit – die besonders seine Lyrik zu lieben schien –, sondern eher innerhalb des literarischen, gesellschaftlichen und politischen Establishments. Am 10. Mai 1933 erreichte diese auf dem Platz neben der Staatsoper in Berlin ihren Tiefpunkt. Dort fraßen sich Flammen ihren Weg durch mehr als fünfundzwanzigtausend Bücher, die die Deutsche Studentenschaft für »undeutsch« erklärt hatte. Dieser Zusammenschluss aller Studentenausschüsse Deutschlands hatte einen Monat zuvor eine »Aktion wider den undeutschen Geist« sowie in deren Folge eine literarische Säuberung angekündigt, bei der die Universität und andere Bibliotheken durch Feuer gereinigt werden sollten.

Natürlich galt Heinrich Heine als Deutsch-Jude, Freund von Marx, Antinationalist und Spötter über den Militarismus als eine der Wurzeln des Problems, und so wurden auch seine Bücher auf den Scheiterhaufen geworfen, während vierzigtausend Menschen dabei zusahen, Lieder sangen und Live-Musik hörten, bevor Goebbels im Schein des Feuers eine ihrerseits flammende Rede hielt.

> *Das Zeitalter eines überspitzten jüdischen Intellektualismus ist nun zu Ende. Und der kommende deutsche Mensch wird nicht nur ein Mensch des Buches, sondern auch ein Mensch des Charakters sein.*[81]

Und obwohl Heines Lyrik und vor allem seine Prosa von den deutschen Studenten verbrannt wurden, wurde *Die Lore-Ley* weiterhin in Volksliedersammlungen veröffentlicht – als Werk eines angeblich unbekannten Dichters. Das erinnerte an eine berühmte

Karikatur aus der satirischen Wochenzeitschrift *Simplicissimus* einige Jahrzehnte zuvor, in der eine Gruppe Nationalisten dargestellt war, die gegen das Aufstellen eines Denkmals für Heine protestierten, sich dann aber in die Kneipe zurückzogen, wo sie den Tag damit beendeten, ein Lied mit den Worten von Heines bekanntestem Gedicht zu singen.[82]

Als die Nazis Heines Bücher den Flammen überantworteten, konnten sie auf ein ganzes Jahrhundert negativer Reaktionen auf seine Werke bauen. Viel davon fußte auf dem Antisemitismus und der Vorstellung, dass einer der größten deutschsprachigen Schriftsteller gar nicht so deutsch war. Historiker wie Heinrich von Treitschke – der 1879 mit seiner Aussage »Die Juden sind unser Unglück!« den Berliner Antisemitismusstreit provoziert hatte – wetterten gegen Heines »Journalismus«, den sie für die radikale Stimmung im Land Mitte des neunzehnten Jahrhunderts verantwortlich machten. Insbesondere Heines Beleidigungen Preußens waren ihnen ein Dorn im Auge; sie, so von Treitschke, verdrehten gewöhnlichen und »unschuldigen deutschen Lehrlingen und Gesellen« den Kopf.[83]

Jeglicher Vorschlag in den Dekaden nach Heines Tod, den Dichter zu ehren, brachte Debatten, Diskussionen und Proteste. 1887 stieß das Vorhaben, ihm in seiner Geburtsstadt Düsseldorf eine Statue zu widmen, auf Beschwerden von ortsansässigen patriotischen Gruppen – die danach zweifelsohne in die nächste Kneipe zogen, um seine vertonten Gedichte zu singen –, und so wurde es ad acta gelegt. Anschließend bot man die Statue Mainz und Hamburg an, die sie ebenfalls ablehnten. Letzten Endes wurde sie über den großen Teich in die Vereinigten Staaten von Amerika verschifft, wo man sie in der Bronx in New York City dankbar entgegennahm. So hatten die USA an einem ihrer öffentlichen Plätze eine Statue von Heinrich Heine, lange bevor Deutschland eine hatte.

Als man in Düsseldorf über die Heine-Statue debattierte, war es Heinrich Mann, damals sechzehn Jahre alt, der die Absurdität der Situation kommentierte – in Reimen, was angesichts der Familie, aus der er stammte, nicht überraschen sollte.

Ihr wollt Ihm kein Denkmal setzen,
Ihr lieben, braven Leut'?
So dumm, wie ihr wart, als Er lebte,
So dumm seid ihr noch heut.[84]

Einige Reaktionen auf Heine waren weitaus hässlicher als das bloße Verweigern einer Statue oder eines Platzes in irgendeinem Pantheon literarischer Größen. Für Adolf Bartels, dessen *Geschichte der deutschen Literatur* 1902 veröffentlicht wurde, war Heine nichts weiter als ein antideutscher Jude, der »unheilvollste Geselle«, der nicht nur die deutsche Literatur, sondern das Deutsche im Allgemeinen beschmutzte. Einige Jahre später, 1906, kehrte Bartels zu dieser Leitmelodie zurück, als er sich über den Wert eines Menschen und Schriftstellers ausließ, der ja immerhin, das sollte man dabei nicht vergessen, einer der am besten verkauften deutschen Dichter des vorhergehenden Jahrhunderts gewesen war.

> *Wirklich brauchbar*, schrieb Bartels naserümpfend, *sind Heines Werke für uns Deutsche nur noch zum gründlichen Studium des Judentums.*[85]

Nur ein paar Jahrzehnte später, und die Nazis würden Bartels voll und ganz zustimmen. Hitler schenkte Goebbels eine Ausgabe der *Geschichte der deutschen Literatur* zum Geburtstag, und auch Alfred Rosenberg, der den Film *Ewiger Wald* in Auftrag gab, hatte keinerlei Zweifel an Heines Wert beziehungsweise dessen Mangel daran. In seinem Buch *Der Mythus des 20. Jahrhunderts* nannte Rosenberg Heine »degeneriert«; das Buch war so toxisch, dass es bei den Nürnberger Prozessen sogar als Beweismittel gegen Rosenberg vorgelegt wurde.

Und trotzdem: Obwohl die Nazis seine Bücher verbrannten und seinen Namen aus deutschen Literaturgeschichten löschten, so konnten sie, ebenso wie die Nationalisten des neunzehnten Jahrhunderts vor ihnen, seinen Worten doch nicht widerstehen. Die Volksliedsammlungen mit den Texten des wohl bekanntesten aller unbekannten Dichter blieben auch in den zwölf nicht nur kulturell dunklen Jahren des Nationalsozialismus beliebt. Diese insgeheime Bewunderung schien den Hass nur noch zu vertiefen, eine Bewunderung, die, wie Paul Peters über das Vermächtnis Heines um dessen zweihundertsten Todestag herum schrieb, der Liebe ähnelte, die »ihren Namen nicht zu nennen wagt«.[86]

Der Platz neben der Staatsoper in Berlin heißt seit 1947 Bebelplatz. Dort finden die Besucher der Stadt eines der dezenteren Denkmäler in dieser Stadt der Erinnerung, das deshalb nicht weniger eindrucksvoll ist. Gerade eben sichtbar durch ein Glasfenster im Kopfsteinpflaster ist ein unterirdischer Raum, in dem leere Regale stehen – für die vermissten Bücher, die Tausende von Büchern, die verbrannt wurden, als Goebbels am 10. Mai 1933 seine Rede hielt. Das Denkmal schuf der israelische bildende Künstler Micha Ullman im Jahr 1995. Nur wenige Meter weiter befindet sich ebenfalls eingelassen ins Kopfsteinpflaster eine Bronzetafel. Darauf stehen Worte von Heinrich Heine, die er 1820 als Student für ein Stück namens *Almansor* geschrieben hatte, eines seiner frühesten Werke:

Das war ein Vorspiel nur, dort wo man Bücher verbrennt,
verbrennt man auch am Ende Menschen.

Der Waldpfad verlief in einem langen Bogen hügelabwärts, während die Sonne zurückkehrte, um Bad Harzburg am späten Nachmittag in ihr weiches, wärmendes Licht zu tauchen. Noch einmal führte mich mein Weg aus dem Wald hinaus durch die Hintertür in die Stadt hinein, zwischen den ersten Gärten mit ihren Rasen, Trampolinen und Grills auf der einen und den ersten hohen Bäumen auf der anderen Seite hindurch. Im Ort selbst gingen die Leute auf den Wegen am Fluss im Kurpark spazieren, vorbei an den Balkonen prächtiger Fachwerkhäuser, die mich mit ihren Vorbauten und Verandas eher an die Südstaaten der USA erinnerten als an eine Kurstadt im Herzen Deutschlands. Die Häuser stammten aus dem neunzehnten Jahrhundert, aus der Zeit, als die ersten Reisenden kamen, um die Solebäder zu besuchen, und Bad Harzburg sich allmählich zu einem Touristenmagneten entwickelte.

Heute stellen Natur und Wellness nach wie vor die Hauptattraktion für die Gäste dar, die jedes Jahr wiederkommen, und viele der Fachwerkhäuser sind mittlerweile in Hotels oder Wohnungen umgewandelt worden. Ich sah mich nach einem Platz um, an dem ich mich nach meiner Wanderung ein wenig ausruhen konnte, doch schienen in der Nachmittagssonne alle Außenstühle belegt. Die Menschen saßen dort bei Kaffee und Kuchen oder dem ersten Abendbier.

Also brachte ich erst mein Gepäck ins Hotel und ruhte mich eine Weile auf der dünnen Matratze des Betts aus, bevor ich mich erneut in die Stadt aufmachte. Es dauerte nicht lange, die Stimmung, die in ihr herrschte, aufzunehmen, als ich am Fluss entlangschlenderte und in die Schaufenster der verschiedenen Boutiquen und Souvenirläden sah. Auch Letztere waren überwiegend mit hakennasigen Hexen auf Besenstielen dekoriert. Im Erdgeschoss eines Wohnhauses, von dessen Balkonen aus man eine schöne Aussicht das Tal hinauf und auf die umgebenden Berge haben musste, stieß ich auf eine kleine Buchhandlung. Sie führte größtenteils gebrauchte Bücher, denen der leicht modrige Geruch des vor Langem gedruckten Wortes anhaftete, und als ich nach einer halben Stunde des vergnügten Stöberns in den eklektisch gefüllten Regalen den Laden verließ, hatte ich eine alte Ausgabe von Heines *Buch der Lieder* sowie ein Taschenbuch mit den Märchen und Sagen des Harzes in der Hand.

Mittlerweile war es deutlich dunkler geworden, die Gebäude warfen in der tief stehenden Sonne lange Schatten. Ich fand einen Platz vor einem Imbiss, dessen Plastikstühle und -tische leicht genug waren, dass man sie bewegen und sich so vor dem immer weiter ins Tal vordringenden Schatten in Sicherheit bringen konnte. Ich bestellte mir etwas zu essen und blätterte in den Büchern. Die meisten Gedichte im *Buch der Lieder* waren in den Jahren vor Heines *Harzreise* von 1824 verfasst worden; daneben enthielt meine Ausgabe aber auch Lyrik aus den späteren Büchern, auch von seiner langen Wanderung durch den Harz. Zudem umfasste sie ein Vorwort, das Heine 1839 in Paris geschrieben hatte, fast zehn Jahre nach dem Beginn seines (beinahe) freiwilligen Exils. Es beginnt mit einigen Verszeilen, die ihn in der Erinnerung zurückzubringen scheinen, nicht nur zu den Gedichten, sondern auch zu den Orten, die ihn zu den Gedichten inspirierten und die er schon lange hinter sich gelassen hatte.

Das ist der alte Märchenwald!
Es duftet die Lindenblüte!
Der wunderbare Mondenglanz
Bezaubert mein Gemüte.[87]

Der Wald hatte sich in den vergangenen Tagen alles andere als märchenhaft angefühlt. Aber ich machte mir keine Illusionen: Ich wusste, dass ich daran teilweise selbst schuld gewesen war. Der physische Zustand von Teilen des Waldes, die ich durchwandert hatte – und manchmal war er in einem wirklich schlechten Zustand gewesen –, hatte sicherlich meine Stimmung beeinflusst, ebenso wie einige der Geschichten, auf die ich gestoßen war, sowie das, worüber ich in ihrer Folge nachgedacht hatte. Der Wald mag ein Aufbewahrungsort für vieles sein, kann aber nicht für die Dinge verantwortlich gemacht werden, die wir mit uns bringen, die uns im Kopf herumschwirren.

Ich legte das *Buch der Lieder* beiseite und nahm die Märchen und Sagen zur Hand. Viele von ihnen stammten von den Orten, in denen ich gewesen war, viele aber vor allem von dort, wohin ich noch wollte. Am nächsten Tag war es schließlich an der Zeit, den Brocken zu erklimmen. Ich hoffte auf gutes Wetter, nicht nur, weil das Wandern dann angenehmer sein würde, sondern auch wegen einer ganz bestimmten Geschichte des Waldes, die ich las, als ich auf das Essen wartete. Denn mit dem peitschenden Regen des Herbstes, so sagte sie, kam auch der wilde Jäger, der sich beim Wetterwechsel im Wald herumtreibt.

Der wilde Jäger – das war Hans Hackelberg, einst oberster Jäger von Harzburg. Ihn kümmerte weder die Liebe noch das Geld, ihm ging es ausschließlich um den reinen und simplen Kitzel der Jagd. In schrecklichen Träumen wurde ihm geweissagt, er würde eines Tages im Wald von einem riesigen Keiler getötet werden. Doch statt darauf zu warten, dass die Weissagung eintraf, nahm er sein Schicksal in die eigene Hand und machte sich in den Wald auf. Er wollte dem riesigen Keiler entgegentreten, bevor dieser ihm entgegentrat.

Gesagt, getan. Hackelberg streckte das Tier mit einem einzigen Streich nieder und setzte triumphierend einen Fuß auf dessen Nacken. Doch wie so oft, so sollte auch sein Hochmut bestraft werden. Mit allerletzter Kraft schlug der Keiler zurück und verwundete Hackelberg mit seinen Hauern tödlich. Dieser aber hatte keinerlei Bedürfnis, friedlich auf die andere Seite zu wechseln, denn alles, was er wollte, war jagen. Er sprach diesen Wunsch mit seinen letzten Atemzügen aus, und er wurde ihm erfüllt. Er sollte nicht in Frieden ruhen. Er sollte sich der ewigen Jagd anschließen und für immer kreuz und quer durch die Wälder des Hügels streifen.

Ich legte das Buch weg und öffnete meinen Notizblock. All diese Geschichten des Waldes, weitergegeben von Generation zu Generation, sollen uns abschrecken. Sie sollen sicherstellen, dass wir in der Nähe unserer Dörfer bleiben, in der Nähe unserer offenen Felder, auf denen Gefahren schon von Weitem sichtbar sind. Sie sollen uns aus der Dunkelheit holen und ins Licht der Zivilisation bringen.

Das war der Gedanke dahinter – bis sie sich auch für etwas anderes als nützlich erwiesen, etwas, das weit dunkler war, als sich auch die lebhafteste Einbildungskraft vorstellen könnte.

Was wollte die Geschichte vom wilden Jäger mir sagen, als die Sonne schließlich hinter dem Hügel unterging?

Nicht in den Wald gehen, wenn es regnet, schrieb ich auf meinen Block – und setzte ein Fragezeichen dahinter, denn meist war ich mir einfach nicht sicher, was die Geschichten mir sagen wollten.

Etwas weiter die Straße hinunter fand ich eine Kneipe. Ich setzte mich an den Tresen und beobachtete den stetigen Strom an Stammgästen. Sie kamen für einen, vielleicht zwei Drinks und gingen wieder, nur um einen Augenblick später durch andere ersetzt zu werden. Ich nippte lange an meinem Bier, doch schließlich war das Glas leer. Die Barkeeperin fragte mich, ob ich noch eins wollte. Ich war mir nicht sicher. Weiter hinten in der Kneipe stritten sich zwei Männer über den Mindestlohn. Einem von ihnen gehörte ein Unternehmen, er verkaufte Autos. Der andere war bei einer örtlichen Landschaftsbaufirma angestellt. Sie waren offensichtlich nicht einer Meinung, stritten aber gutmütig miteinander.

»Wenn du mehr Geld hättest, würdest du es doch nur hier ausgeben.«

»Sicher, doch wenn du etwas weniger Geld hättest, würdest du hier das Gleiche ausgeben, aber deine Angestellten hätten etwas mehr, das sie woanders ausgeben könnten.«

»Wenn sie den Mindestlohn anheben, dann gebe ich dir nie wieder ein Bier aus.«

»Wenn sie den Mindestlohn anheben, musst du das auch nicht.«

Die Unterhaltung driftete in nachdenkliches Schweigen ab. Der Autoverkäufer bestellte noch zwei Getränke und ließ sich beide auf seinen Deckel schreiben. Wofür er ein anerkennendes

Lächeln von seinem Gegenüber erntete. Ein Paar setzte sich zu ihnen. Noch einmal verlagerte sich die Unterhaltung. Jetzt ging es darum, warum um alles in der Welt die Leute so fett geworden waren. Als sie noch Kinder waren, hatte es das doch noch nicht gegeben, oder? Sie sprachen überwiegend über die Touristen, die kamen, um Liegekuren zu machen, wo – hierüber herrschte Einigkeit – sie doch besser eine Radtour unternehmen sollten.

Ich bestellte mir noch ein Bier.

»Bleiben Sie länger in Bad Harzburg?«, fragte die Barkeeperin mich, als sie es vor mir auf den Bierdeckel stellte.

Bei den vieren am Tisch verglichen sie nun die verschiedenen Zwei-Euro-Münzen aus unterschiedlichen europäischen Ländern miteinander.

Ich erzählte der Barkeeperin, dass ich am nächsten Morgen auf den Brocken wollte.

Sie nickte beifällig und rief den Leuten am Tisch etwas zu. Der Mann, der sich mit seiner Frau zu den beiden anderen gesetzt hatte, sollte mir die Geschichte erzählen, wie er an einem Feiertag einmal mit seinen Freunden hinaufgestiegen war und sich oben derart betrunken hatte, dass er hinter einem Felsen auf dem Gipfel eingeschlafen war und im Dunkeln wieder absteigen musste. Zum Glück war es gerade Vollmond und der Himmel nicht bedeckt gewesen, andernfalls wäre er wahrscheinlich in den Stausee gestürzt. Ja, lachte die Barkeeperin, erzähl ihm davon.

Er warf ihr einen finsteren Blick über die Schulter zu.

»Hast du doch schon«, entgegnete er. »Ich war schon dreißig Mal da oben, aber immer soll ich von diesem einen Mal erzählen.«

Jetzt sah er mich an.

»Wenn Sie den Massen zuvorkommen wollen, sollten Sie früh aufbrechen. Die Wettervorhersage ist gut, also wird's dort oben vermutlich ziemlich voll.«

Ich bedankte mich und überließ ihn wieder dem Gespräch mit seinen Freunden. Hatten sie das von Haralds Garage gehört? Jemand war eingebrochen und hatte die gesamte Gartenausrüstung geklaut. Er bekam sie von der Versicherung erstattet, wollte jetzt aber alles gebraucht kaufen. Wäre das nicht lustig, wenn er dabei sein eigenes Zeug zurückkaufen würde …?

Die Kneipe füllte sich, und so wurde es schwieriger, Gespräche zu belauschen. Ich trank mein Bier aus und machte mich auf den Weg. Der Abendhimmel war klar. Der Mann in der Kneipe hatte gesagt, dass es morgen schön werden sollte. Also musste ich mir keine Sorgen wegen des wilden Jägers machen. Im sanften Schein der Straßenlampen ging ich zum Hotel zurück und freute mich schon auf morgen.

7

Der deutsche Berg

Im Kurpark genossen die Frühaufsteher unten am Fluss die Bergluft, während ein Straßenreiniger den Weg zu den Thermalbädern abspritzte. Der Himmel über uns war blau, doch hier, am südlichen Ende der Stadt und im Schatten des Großen Burgbergs, erreichte keine Sonne den Boden des Tals. Der Weg stieg zu einer Brücke hin an, die mich vom Park und der Talstation der Seilbahn über die Hauptstraße führte, an einem Freizeitpark – dem Märchenwald – und einem Baumwipfelpfad vorbei, die beide ganz oben auf der Bad Harzburger Liste der Touristenattraktionen stehen. Zu dieser frühen Stunde aber waren sie noch verriegelt und geschlossen.

Ich folgte dem Kalten Tal und fröstelte beim Abfallen der Temperatur tatsächlich, als ich den Wald betrat, wo ein weicher Weg von den Stahlfüßen des Baumwipfelpfads an einem Hang voller Fichten anstieg. Es würde schon mitten am Tag sein, wenn die Sonne in diese Bereiche vordrang, wenn sie das denn überhaupt je tat. In Teilen Yorkshires gibt es Geschichten über verrückt gewordene Menschen in den Dörfern und Weilern, die nie die Sonne sehen, weil sie auf dem Boden eines tiefen, steilen Tals unterhalb brütender Moore liegen. Hier unten zu arbeiten, ging es mir durch den Kopf, als ich den Hang hinaufstapfte, hier unten im kalten Tal unter dem Blätterdach der Bäume, kam der Arbeit unter Tage so nah, wie es über Tage nur irgend möglich ist.

Ich stapfte weiter und hoffte, dass sich der Pfad bald weiten würde. Hoffte, dass die zunehmende Höhe mich der Sonne näherbringen würde, ihrer Wärme. Dass sich der Wald gerade so weit zurückziehen würde, dass ich für jeden schweren Schritt den Hang hinauf mit einer fantastischen Aussicht belohnt werden würde.

Gipfeltag. Das hatte ich zu der Barkeeperin in der Kneipe am Abend zuvor gesagt, und mit dem Wort hatte eine Aufregung eingesetzt, die noch immer da war, als ich am nächsten Morgen in meinem Hotelzimmer erwachte. Die Aufregung, die sich einstellt, wenn man weiß, dass man einen Berg besteigen wird, wenn man dabei ist, bis ganz nach oben zu gehen. Doch es war seltsam: Als ich an diesem Morgen durch die leeren Straßen von Bad Harzburg zum Rand des Waldes ging, um den Aufstieg zu beginnen, wurde mir plötzlich klar, dass ich nach sieben Tagen Wandern noch nicht einen Blick auf den Berg geworfen hatte, der die ganze Zeit über mein Ziel gewesen war.

Nähert man sich dem Harz von Osten aus, mit dem Zug über Wernigerode und Ilsenburg nach Goslar, und ist das Wetter in den Bergen schön, kann man den Gipfel des Brocken aus großer Entfernung sehen. Er erhebt sich am Horizont aus dem Durcheinander niedrigerer Hügel, die ihn umgeben, steht stolz da mit seiner charakteristischen Ansammlung menschlicher Bauten auf der abgeflachten Kuppe. Je näher man kommt, desto klarer wird die Sicht durchs Zugfenster, wie eine Ansage, die den Betrachter unweigerlich auf den Berg lockt.

Nähert man sich ihm aber so, wie ich es getan habe, auf einer Wanderung von Göttingen nach Osterode und durch die Hügel dieser Ecke des Oberharzes an seinem nördlichen Rand, sieht man den Berg nicht ein einziges Mal. Zumindest habe ich ihn nicht ein einziges Mal gesehen. Der Gipfel dieses Bergs ist wie vielleicht kein anderer in Deutschland ungeheuer stark mit Mythologie und Geschichten befrachtet, mit Sagen, die für die deutsche Fantasie absolut zentral sind – und doch hatte er sich seit mehr als einer Woche fast völlig imaginär angefühlt. Und obwohl ich schon einige Male zuvor im Harz gewesen war, an diesem nebligen ersten Weihnachtstag sogar an den unteren Hängen des Brocken entlangspaziert war, hatte ich seinen Gipfel noch nie aus der Ferne gesehen.

Das ist vielleicht auch nicht verwunderlich. Dreihundert Tage im Jahr[88] hüllt sich der Gipfel in Dunst, Nebel oder niedrige Wolken. Zigtausend Menschen machen sich jährlich zu seinem Gipfel auf, auf Wanderwegen von Torfhaus, Bad Harzburg, Ilsenburg oder Schierke aus oder auch mit der stimmungsvollen Harzer Schmalspurbahn, der Brockenbahn, obwohl man nur an einem von sechs Tagen eine Aussicht hat. Kein Wunder, dass sich die Menschen seit Generationen Geschichten über diesen Ort erzählen und sich trotz der scheuen Natur des Bergs zu ihm hingezogen fühlen. Es gab aber auch Menschen, die vor ihm zurückschreckten, die Angst hatten, was sie dort oben finden mochten, was aus dem Nebel auftauchen würde.

> *Wir stiegen ab & kamen zum Fuß des Großen Brocken / ohne Konkurrenz der höchste Berg im ganzen Norden Deutschlands & Sitz unendlichen Aberglaubens. Am ersten Tage des Mai tanzen die Hexen hier um Mitternacht / & die, die den Berg besuchen, können ihren eigenen Geist sehen, wie er auf & ab wandert mit einem kleinen Knüppel auf dem Rücken und den Namen derjenigen preisgibt, die ihn dorthin gewünscht haben: denn »ich wünsch dich auf den Gipfel des Brock[en]« ist ein im gesamten Reich weitverbreiteter Fluch.*[89]

Coleridge hatte einige Geschichten, die sich um den Berg ranken, bei seinem ersten Aufstieg am 11. Mai 1799 sicherlich schon gehört. In einem Brief an seine Frau, den er wenige Tage zuvor geschrieben hatte, denkt er über die Wanderung und die Geschichten, die er gehört hat, nach. In Göttingen hatte er das Fragment von

Goethes *Faust* gelesen, das neun Jahre zuvor erschienen war, und von den gespenstischen Visionen gehört, die Menschen hoch oben auf dem Gipfelplateau im Nebel mitunter befielen. Als Coleridge den Brocken bestieg, schien die Sonne, und in seinen Brief fügt er das Gedicht von »des gewalt'gen Brocken Gipfel« ein, auf dem er stand und über Wald und Berge weit in die Ferne blickte.

In dem oben zitierten Brief an seine Frau, der später, 1829, unter dem Titel »Over the Brocken« veröffentlicht werden sollte, taucht drei Mal das Wort »greenery« auf. Es bedeutet so viel wie Grün, grünes Laub oder auch Begrünung und war eine Wortneuschöpfung von Coleridge selbst, eines seiner Geschenke an die englische Sprache, ein Wort, das sich auch in seinem berühmten Gedicht »Kubla Khan« findet:

And here were forests ancient as the hills,
Enfolding sunny spots of greenery.

Hier wuchsen Wälder, welche ewig währten,
Und in sich bargen sonnig-grünen Raum.[90]

Das Gedicht stammt von 1797 und spielt in der Welt der Yuan-Dynastie, wie sie Coleridge in einem auf Opiumeinfluss zurückzuführenden Fiebertraum erscheint. Publiziert wurde es erst 1816, womit das Wort »greenery« Eingang in den allgemeineren Gebrauch der englischen Sprache fand. Dass Coleridge es in seinem Brief vom Brocken so häufig verwendet, lässt allerdings darauf schließen, dass es ihm schon lange davor ans Herz gewachsen war.

Am alten Molkenhaus auf dem Hügel oberhalb von Bad Harzburg und des Kalten Tals sah ich, was Coleridge gemeint hatte. Hier, wo einst nach dem Auftrieb die Viehhirten geschlafen hatten, öffneten sich die nicht so uralten Wälder, um einen sonnig-grünen Raum zu umfangen, den mein Pfad nun querte.

Ich fragte mich, ob wohl auch Coleridge auf seinem Weg den Berg hinauf hier entlanggekommen war, ob auch er nach der Kühle des dunklen Waldinneren die Wärme der Sonne auf seinem Gesicht genossen hatte. Und ich fragte mich, ob auch er über ein riesiges Loch in der Wiese gestolpert war, das am Rand des Pfads ins Gras gerissen worden war, vermutlich von einem hungrigen Wildschwein, das auf seiner Suche nach Wurzeln oder Knollen wenig Respekt vor dem malerischen Flecken Grüns gehabt hatte. Respekt vor dem Grün? Nein. Nicht wenn einem der Magen knurrt.

Weit unten im Tal der Ecker fiel die Temperatur wieder ab. Ein gefährlich steiler und unebener, von Wurzeln durchsetzter Pfad hatte mich zum Ufer des Flusses geführt. Er war die Grenze gewesen, die Trennlinie zwischen zwei deutschen Bundesländern. Niedersachsen auf meiner Seite der Ecker. Sachsen-Anhalt auf der anderen. Doch vom Ende des Zweiten Weltkriegs bis 1990 markierte der Fluss in diesem Teil des Harzes eine viel ernstere Grenze, zunächst die zwischen zwei Besatzungszonen der Alliierten und dann, ab 1949, die zwischen den beiden deutschen Staaten. Hätte ich irgendwann zwischen 1949 und 1990 hier gestanden, hätte ich mich auf den letzten wenigen Metern westdeutschen Bodens aufgehalten. Jenseits des Flusses hatte sich der Osten befunden.

In den ersten Jahren nach dem Ende des Krieges und tatsächlich sogar noch nach der Gründung der Bundesrepublik Deutschland und der Deutschen Demokratischen Republik 1949 war die Grenze relativ offen gewesen. Das änderte sich im Mai 1952, als die ostdeutschen Behörden Maßnahmen zur Schließung der Grenze einleiteten. So sollte die Ecker zu einem kleinen Teil dessen werden, was Churchill den »Eisernen Vorhang« genannt hatte, die Trennlinie zwischen dem Westen und dem Osten, zwischen Kapitalismus und Kommunismus, zwischen zwei sehr verschiedenen Verständnissen des Wortes »Demokratie«.

Die innerdeutsche Grenze spaltete den Harz in zwei Teile, ebenso wie die Berliner Mauer die Stadt rund neun Jahre später in zwei

Hälften riss. Für die Einheimischen bedeutete das, dass Reisen, die wenige Jahre zuvor noch alltäglich gewesen waren, mit einem Mal praktisch unmöglich wurden. Für diejenigen westlich der Grenze war der Brocken nun mehr unerreichbar. Ihr »Hausberg« stand jetzt in einem anderen Land. Und es sollte nicht lange dauern, bis ihre östlichen Verwandten vor einem ähnlichen Problem standen.

> *Die Grenze war ein Faktum. Da war für uns die Welt zu Ende.*[91]

In diesen frühen Jahren der Teilung war es in der DDR noch immer möglich gewesen, den Brocken zu besteigen oder mit der Brockenbahn auf seinen Gipfel zu fahren, erzählte mir meine Schwiegermutter. Man hatte zwar eine Genehmigung gebraucht, doch die war relativ leicht zu bekommen gewesen; 1957 hatte allein die Brockenbahn etwa 155 000 Menschen auf den Berg befördert. Ab August 1961 war das anders. Der Bau der Berliner Mauer Hunderte von Kilometern weiter östlich hatte an der Grenze im Harz härtere Restriktionen zur Folge. Der Brocken wurde zum militärischen Sperrgebiet erklärt. Nun war auch den im Osten und am Fuß des Berges lebenden Menschen der Zugang zu ihrem Hausberg verwehrt. Für die Einwohner von Schierke oder Ilsenburg hätte der Brocken, ebenso wie für die Einwohner von Bad Harzburg oder Goslar, auch im Ural liegen können.

Mein Pfad hatte eine ganz und gar andere Mauer erreicht: die Betonwand des Ecker-Damms. Ich folgte einem von Gestrüpp überwucherten Feldweg seitlich den Hügel hinauf, bis ich ihn von oben überqueren konnte. Mittendrin kam ich an einem ehemaligen DDR-Grenzpfosten vorbei. Wie der Fluss so waren auch der Damm und der Stausee dahinter von der Grenze in zwei Teile gespalten gewesen. Auf alten Fotografien vor Ort war ein stacheldrahtbewehrter Zaun quer über dem Gehweg zu sehen. Eine Zwei-Meter-Version der Berliner Mauer hatte damals das blockiert, was heute zu meiner markierten Route zum Gipfel des Brocken gehörte.

Flüsse können sich wie natürliche Grenzen anfühlen. Gebirge ebenfalls. Doch hier, ebenso wie auf den Straßen Berlins, konnte ich auch noch dreißig Jahre nach ihrem Verschwinden die Absurdität dieser ehemaligen Grenze spüren.

Ein junges Paar bat mich darum, ein Foto von ihm zu machen. Die beiden studierten in Clausthal-Zellerfeld, kamen aber ursprünglich aus China. Sie stellten sich auf beide Seiten des alten Grenzpfostens, hinter ihnen fiel der Wald ins Tal der Ecker ab. Wir sprachen Englisch, ich fragte sie, was sie von den Bergen und dem Wald hielten. Sie fanden sie schön, und als wir uns umdrehten, um über das Wasser des Stausees zu blicken, stimmte ich ihnen zu. Sie hatten den Damm sehen wollen, fuhr die Frau fort, sie waren Ingenieursstudenten. Sie lächelte. Ihr Partner schüttelte den Kopf und klopfte mit der flachen Hand auf die Betonwand, neben der er stand.

»Ich weiß nicht. So ein Bau. Hier …«

Er verstummte. Ich war mir nicht sicher, ob aufgrund begrenzter Sprachkenntnisse oder aufgrund dessen, was er zu sagen versuchte. Ich musste zugeben, dass ich nicht groß darüber nachgedacht hatte, noch nicht einmal ganz unten, angesichts der gewaltigen Steinmauer, die sich durch das gesamte Tal zog und sich von meinem Weg am Grund des Tals aus erhob. Der Damm wirkte rund achtzig Jahre, nachdem er erbaut worden war, fest an seinem Ort verankert, der Stausee schien, als hätte es ihn dort schon immer gegeben. Sie wirkten nicht fremd, nicht fehl am Platz, waren mittlerweile Teil der Landschaft. Teil des Waldes. So etwas hatte ich früher schon bemerkt, ohne mir aber je Gedanken darüber zu machen. Irgendwann sind vom Menschen geschaffene Bauwerke schon so lange an ihrem Platz, dass sie nicht mehr wie Eindringlinge in die Landschaft wirken. Die Steinbrücke, die eine alte Straße über den Fluss hebt. Eine Windmühle aus Holz auf einer kleinen Anhöhe. Ein Eisenbahnviadukt über dem Moor. Werden wir schließlich dasselbe über Hochspannungsmasten sagen? Über Windräder?

Der junge Mann wirkte unsicher. Ich überlegte, ob ich ihm sagen sollte, dass alles, was wir von hier aus sehen konnten, vom Menschen verändert worden war. Ob ich ihm von der jahrhundertelangen Abholzung erzählen sollte und der Wiederaufforstung, die die uralten Mischwälder ersetzt hatte. Ich tat es nicht, natürlich nicht. Er war hierhergekommen, um mit seiner Freundin im Wald spazieren zu gehen, um sich einen Damm anzusehen, der für sein Studium vielleicht von Interesse war. Er war nicht darauf gefasst gewesen, dass der Ausflug zu einer kleinen Krise führen würde, die ich nicht noch verschlimmern wollte.

Alles war dunstig in der Mittagssonne. Blitze grellen Lichts erregten meine Aufmerksamkeit, als die leichte Brise Kräusel über die Oberfläche des Stausees blies. Der Berg wirkte weich mit seinem grünen Umhang, der knapp unterhalb des Gipfels lang von seinen Schultern fiel. Ganz oben war der Berg abgesehen von den durcheinandergewürfelten Gebäuden kahl. Eine berühmte Silhouette. Der Brocken, so wiedererkennbar wie das Matterhorn, nach Hunderten von Jahren menschlichen Eingreifens.

Auf einer Bank am Weg oberhalb des Stausees machte ich Rast, saß eine Weile nur da, um zum Berg hinaufzusehen. Anscheinend hatte ich noch ein gutes Stück vor mir, doch andererseits: Da war er, so nah, nach einer Woche wandern. Mein Ziel hatte sich endlich offenbart. Ich machte gerade Fotos vom Gipfel, als ein Mann mit seinem Hund vorbeikam.

»Sie wollen da rauf?«

Ich nickte.

»Exzellente Aussicht heute. Seien Sie froh, dass Sie nicht letzte Woche hier waren.«

Er ging nicht oft bis ganz nach oben, erzählte er mir. Aber er war in der einen oder anderen Form mindestens drei Mal pro Woche am Brocken unterwegs. Er ging nur bis ganz auf den Gipfel hinauf, wenn es kalt war oder regnete. Dann hatte er ihn mehr oder weniger für sich. Bei schönem Wetter war es auf den unteren

Pfaden einsamer. Trotzdem war er viel am Berg. Er erinnerte mich an Nan Shepherd in den Cairngorms, weniger interessiert an den Gipfeln als vielmehr am ganzen Gebirge, mehr am lebenden Berg denn an irgendeiner Vorstellung vom Bezwingen.

> *Doch oft gibt der Berg am meisten von sich preis, wenn ich kein Ziel habe, wenn ich auf nichts Besonderes aus bin, sondern bloß hinausgegangen bin, um Zeit mit dem Berg zu verbringen, so wie man einen Freund besucht zu keinem anderen Zweck, als Zeit mit ihm zu verbringen.*[92]

Der Hund des Mannes wurde unruhig. Es war Zeit, dass die beiden weitergingen. Doch bevor sie das taten, sagte der Mann noch zu mir, ich sollte unbedingt noch einmal wiederkommen. Es gab mehr zu entdecken als lediglich die Wege zum Gipfel hinauf und wieder hinunter. Schließlich konnte man ein Land ja auch nicht von der Autobahn aus kennenlernen. Als er weiterging, versteckte sich die Sonne hinter einer Wolke und so sah ich den Gipfel deutlicher, den dünner werdenden Baumbewuchs und die aufragenden Gebäude, während das Geräusch der Brockenbahn im Tal widerhallte. Nun war es auch für mich Zeit weiterzugehen, zur Rangerstation, die den Ausgangspunkt zum letzten Anstieg bildete und wo ich von mehr und mehr Wanderern umgeben war. Die verschiedenen Routen hatten sich zu einer vereint. Wir alle wollten auf den Gipfel hinauf. Nur der Mann mit dem Hund hatte einen anderen Weg genommen.

Als Goethe am 10. Dezember 1777 erstmals den Brocken bestieg, hatte es auf dem Gipfel nichts als einen kleinen Unterstand gegeben, der bei einem eventuellen Wetterumschwung denjenigen, die sich in diese Höhe hinaufwagten, sehr wenig Schutz versprach. 1800, ein Jahr nach Coleridges verzücktem Aufstieg, war das erste Gasthaus bereits eröffnet; es gestattete müden Wanderern, sich den Bauch zu füllen und ein wenig zu ruhen, bevor sie sich an den langen Abstieg zurück in die Zivilisation machten.

Auch Heine übernachtete auf seiner Harzreise in dem Gasthaus, das zwar 1862 abbrannte, aber alsbald neu erbaut wurde. Der botanische Garten neben dem heutigen Brockenhotel ist 1890 angelegt worden, und ab 1899 brachte die Brockenbahn Tagesausflügler auf den Gipfel. 1936 errichteten die Nazis dort den ersten Fernsehturm, rechtzeitig zur Olympiade in Berlin, 1961 wurde das Gipfelplateau zur Sperrzone und somit zur Domäne von Militär- und Nachrichtendiensten. Ostdeutsche Grenzwächter nutzten den Bahnhof als Unterkunft, während zwei Abhörstationen auf dem Brocken eingerichtet wurden – eine für die Sowjets und eine für das Ministerium für Staatssicherheit der DDR.

Zu dieser Zeit wurde auch die Brockenmauer errichtet. Sie umzäunte das Gipfelplateau als Eins-Komma-Fünf-Kilometer-Variante der Berliner Mauer auf dem höchsten Berg der DDR. Heute ist der dominanteste Teil der Infrastruktur auf dem Gipfel der Sendemast, der in den 1970er-Jahren für das DDR-Fernsehen dort aufgestellt wurde und noch heute in Gebrauch ist. Der Gipfel des Brocken ist vieles, und aus der Ferne wirkt er recht imposant. Doch die natürliche Wildnis, die Goethes romantische Fantasie so sehr befeuerte, ist er sicherlich nicht – auch wenn Wind und Wetter ihn bis zum heutigen Tage zu einem wenig gastfreundlichen Ort machen können.

Von Wind und Wetter konnte keine Rede sein, als wir unter der brennenden Sonne in Richtung Gipfel stiegen. »Wir« – es schien, als hätten wir die unausgesprochene Übereinkunft getroffen, nun ein Gipfelteam zu sein. Als würden wir eine gemeinsame Anstrengung unternehmen, diese Kette von Menschen, die die Betonplatten hinauftrotteten; die Platten waren am Hang verlegt worden, damit die Grenzwachen damals leichter patrouillieren konnten. Wir sprachen nicht miteinander, bewegten uns in unterschiedlicher Geschwindigkeit und hielten zu unterschiedlichen Zeiten an, was aber auch bedeutete, dass wir einander mehrmals überholten und jeder mal vorn, mal hinten in der Gruppe war.

Die gemeinsame Plackerei in der warmen Sonne ließ eine gewisse Kameradschaft zwischen uns entstehen.

Die Hintergrundmusik war der Gesang der Vögel und das Klack-klack-klack metallener Wanderstockspitzen auf dem unnachgiebigen Beton. Irgendwo über uns umkreiste die Brockenbahn den Gipfel, die in ihrem kleinen Bahnhof ankam oder aus ihm abfuhr. Wir konnten ihren Pfiff hören, mit dem sie ihren Platz oben auf der Welt feierte und gleichzeitig dösige Wanderer warnte, die sich zu nah an den Gleisen aufhielten. An einer Wegbiegung blieb ich stehen, um ein wenig Wasser zu trinken und in die Richtung zurückzublicken, aus der ich gekommen war. Bad Harzburg schien unendlich weit entfernt, dort unten hinter dem Stausee und dem Wald am Rand einer flachen Ebene, die sich nach Norden bis zu einem Horizont erstreckte, der dunstig und verschwommen im herbstlichen Sonnenschein lag.

Ein Mann, den ich vor Kurzem überholt hatte, holte mich wieder ein. Einen Großteil der Kleidung, die er bei seinem Aufbruch von wo auch immer er losgegangen war morgens noch getragen hatte, hatte er sich nun um die Hüften geschlungen. Er sah mich an; sein Gesichtsausdruck verriet mir, dass der Aufstieg ihm Mühe bereitete. Ich nickte.

»Ich habe gehört, dass oben Bier ausgeschenkt wird«, sagte er mit gerötetem Gesicht und rang nach Luft.

Ich bot ihm Wasser an, doch er lehnte ab. Er hatte sich das Bier in den Kopf gesetzt. Langsam und beharrlich trottete er weiter. Etwas weiter unten am Weg folgte der Rest unseres inoffiziellen Stegreifteams.

Am 3. Dezember 1989 versammelte sich ein ganz anderes Gipfelteam in Ilsenburg sowie weiteren Städten und Dörfern am Fuß des berühmten Bergs. Der Boden war von Schnee bedeckt, der Himmel jedoch wolkenlos. Die Winterluft war frisch und klar. Einige der Menschen, die sich versammelten, hielten selbst gebastelte Plakate in der Hand. Eine Opfergabe für den Berg.

Freie Bürger! Freier Brocken![93]

Die Gruppe setzte sich in Bewegung. Unterwegs schlossen sich ihr weitere Menschen aus der Umgebung an. Auf halbem Weg den Brocken hinauf wurden sie von NVA-Soldaten überrascht, die ihnen an einem hastig zusammengezimmerten Erfrischungsstand kostenlosen Tee und Bockwurst zu geringem Preis anboten. Sie sprachen aber auch eine Warnung aus: Der Gipfel war weiterhin Sperrgebiet. Die Wanderer lächelten und marschierten wieder los. Denn jetzt war alles anders. Weniger als einen Monat zuvor war die Berliner Mauer gefallen. Und nun war die Mauer auf ihrem Berg dran.

Als sie am Tor in der Brockenmauer ankamen, die das Gipfelplateau umgab, war die Gruppe auf schätzungsweise mindestens zweitausend Menschen angewachsen. Hinter dem Tor stand ein NVA-Major und appellierte an die Gruppe:

Keine Gewalt, bitte, ich darf Sie nicht reinlassen.[94]

Doch wie sein Gegenstück am Grenzübergang Bornholmer Straße zwischen Prenzlauer Berg und Wedding nur wenige Wochen zuvor bekam auch er keine Unterstützung aus Ost-Berlin. Er musste selbst eine Entscheidung treffen. Um Punkt zwölf Uhr siebenundvierzig, knapp zwei Stunden nachdem die Wanderer am Tor angekommen waren, öffnete er es und ließ sie herein.

Danach tranken die ersten Zivilisten, die seit 1961 wieder auf dem Gipfel des Brocken waren, mit den dort stationierten Soldaten Tee und Wodka – ein wahres »Volksfest«[95], wie eine Zeitung aus der Gegend schrieb. Die friedliche Revolution war an einem kalten und sonnigen Tag am höchsten Punkt der DDR angekommen. Wie passend, dass es einer der Einer-von-sechs-Tagen gewesen war, an denen Wolken und Nebel sich verzogen hatten und die Aussicht spektakulär gewesen war – sowohl nach Osten und unten als auch über die Grenze in den Westen.

Ich stapfte weiter. Der Gipfel war jetzt wieder sichtbar, er kam mir bei jedem Schritt auf dem Betonplattenweg langsam entgegen. In ihrem Buch über verlassene Orte schreibt Cal Flyn, dass »wir uns in die DNA dieses Planeten eingeschrieben« haben und dass die Geschichte der Menschheit mit der Erde unter unseren Füßen verwoben ist. »Jede Umgebung trägt ein Palimpsest ihrer Vergangenheit in sich.«[96]

Beim Gehen dachte ich über all die Geschichten über den Wald und die Berge hier nach. Die von Goethe und Heine erzählten und die, die lange nach ihnen stattgefunden hatten. Erzwungene Märsche und Raketensilos. Grenzwachen und Soldaten. Friedliche Revolutionen und die Verheerungen des Klimawandels. Der Wald legt Zeugnis ab. Die Vorstellung vom »Volk des Waldes«, das aus seinem Heiligtum und Zufluchtsort auftaucht, immer bereit, in seine warme Umarmung zurückzukehren, hat sich vielleicht als gefährlicher Mythos herausgestellt; doch wie immer sagen unsere Mythen viel über uns aus, wie imaginär sie auch sein mögen.

Der Künstler Anselm Kiefer wurde 1945 in Donaueschingen im Schwarzwald geboren, zwei Monate vor dem Ende des Zweiten Weltkriegs.

> *Ich wurde im Krieg geboren. Als ich noch ein Baby war, mussten meine Großeltern und meine Mutter am Tag immer in den Wald flüchten, um uns vor der Bombardierung zu schützen. Ich hatte einen kleinen Wagen und wurde morgens in den Wald gebracht. Abends kehrten wir dann nach Hause zurück.*[97]

In Goslar, im Schaubergwerk Rammelsberg, hatte der Mann, mit dem ich zum Mittagessen beisammengesessen hatte, den Wald mit einem Anselm-Kiefer-Gemälde verglichen, was ich im Lauf meiner Wanderung leicht nachvollziehen konnte. Sein Vergleich traf besonders auf die Stellen im Wald zu, die am meisten Schaden genommen hatten, die am schlimmsten verwüstet worden waren, wo die Bäume von innen heraus aufgefressen oder von irgendeiner bösartigen Kraft aus der Erde gerissen worden waren.

Der Wald stand von Anfang an im Mittelpunkt von Kiefers – wieder ein treffender Name – Schaffen. Viele seiner berühmtesten Gemälde können als Studien der deutschen Identität und des deutschen Mythos anhand der Landschaft gesehen werden, darunter auch *Mann im Wald* (1971) und *Winterlandschaft* (1970), das teilweise von Heines *Deutschland. Ein Wintermärchen* inspiriert ist. In seinen Gemälden scheint Baumstämmen die Aufgabe zuzufallen, den Rest der Welt aufrechtzuerhalten, wie den Strebepfeilern im Straßburger Münster oder den Lichtstrahlen in Leni Riefenstahls Film über Albert Speers Fahnenwald in Nürnberg. Der deutsche Wald, der Heine und Goethe und Dürer umfasste, ganz zu schweigen von Wagner und Speer und Hitler, umfasste nun auch Anselm Kiefer.

> *Ich sehe all die Schichten. In meinen Gemälden erzähle ich Geschichten, um das, was hinter der Geschichte liegt, zu zeigen. Ich bohre ein Loch und schlüpfe hindurch …*[98]

Nach den Gräueln von Auschwitz-Birkenau und Buchenwald, den Gräueln der Birkenau und des Buchenwalds, war der deutsche Wald nicht mehr nur der Ort des kollektiven Gedächtnisses, sondern stand auch für den Abstieg der deutschen Kultur in die Dunkelheit. Kiefer, aufgewachsen in einem Westdeutschland, das sich auf den Trümmern des Nationalsozialismus neu aufzubauen versuchte, sollte zu einem Künstler werden, der es als seine Aufgabe ansah, der Gesellschaft in der Bundesrepublik einen Spiegel vorzuhalten, ihr zu zeigen, was sie gewesen war, was verloren gegangen war und was potenziell noch immer in ihr schwelte.

> *Die Deutschen wollen [die Vergangenheit] vergessen und die ganze Zeit etwas Neues anfangen; doch nur wenn man*

in die Vergangenheit geht, kann man auch in die Zukunft gehen.[99]

Der Wald ist ein Symbol. Ein bedeutungsvoller Ort. Ein Ort, an dem man sich verstecken und verirren kann. Die Bäume sind regungslos. Der deutsche Wald ist ein Idyll. Der deutsche Wald ist dunkel unter dem Blätterdach der Bäume. Der deutsche Wald ist uralt. Der deutsche Wald ist ein Mythos.

Auf meinem Weg zum Gipfel des Brocken hinauf hängten Fichten ihre Äste über die Betonplatten der Militärstraße. Platten, die in den Hang getrieben worden waren. Ich hielt an, lehnte mich auf meine Stöcke und blickte ins Innere des Waldes. Hier auf der Straße war es heiß, doch nur ein paar Schritte weiter weg wartete die Kühle. Die schattigen Stellen im Wald, die die Sonne nie erreicht. Es sah so aus, als wären es zum Gipfel nur noch einige Meter, doch ich wusste, dass das nicht stimmte, dass dies ein falscher Gipfel war. Ich vertraute meiner Karte.

Ich stand auf dem Weg und sah in den Wald. Er enthält all diese Dinge, all die Mythologie und Geschichte, Religion und Literatur, Landschaft und dergleichen, aufgrund dessen, was geschehen ist, aber auch weil wir davon wissen. Weil die Geschichten erzählt und wieder erzählt, gesammelt und verbreitet wurden. Ich blickte von den oberen Hängen des Brocken hinunter und sah in den gespenstischen Flecken beschädigten Walds unter mir noch einmal eine Szene aus einem Anselm-Kiefer-Gemälde. Vom Harz in den Schwarzwald in nur einem Augenblick der Vorstellungskraft. Die Bedeutung des Waldes ist in der Tat unendlich, weil jeder etwas anderes zu ihm bringt. Andere Erinnerungen, andere Symbole. Andere Geister.

Eine natürliche Treppe bildeten die Baumwurzeln. Überall schwellende Moosbänke; denn die Steine sind fußhoch von den schönsten Moosarten, wie mit hellgrünen Sammet-

polstern, bewachsen. Liebliche Kühle und träumerisches Quellengemurmel. Hier und da sieht man, wie das Wasser unter den Steinen silberhell hinrieselt und die nackten Baumwurzeln und Fasern bespült.

Als sich Heine in den kulminierenden Szenen der *Harzreise* dem Gipfel des Brocken näherte, hatte es noch keine Militärstraße gegeben. Der Berg, den er beschreibt, schien dem, den ich erlebte, kaum zu ähneln. Doch als wir gemeinsam das Gipfelplateau erreichten, überbrückte unser Anblick des Brocken irgendwie die beiden Jahrhunderte, die zwischen uns lagen. »Je höher man den Berg hinaufsteigt«, schrieb Heine, »desto kürzer, zwerghafter werden die Tannen«. In der Tat. Anfangs kaum wahrnehmbar »scheinen [sie] immer mehr und mehr zusammenzuschrumpfen«, als würde man selbst auf dem Weg neben ihnen immer größer werden, doch dann weichen sie, »bis nur Heidelbeer- und Rotbeersträucher und Bergkräuter übrigbleiben«. Dann wird einem klar, wie sehr der Wald zu beiden Seiten des Pfads einen auf dem Weg nach oben beschützt hat, während »es auch schon fühlbar kälter« wird.

Die Gleise der Schmalspurbahn rissen uns zeitlich noch einmal auseinander, sie waren irgendwann zwischen Heines und meinem Aufstieg angelegt worden. Und dann die Gebäude. Das Gasthaus, das nach Goethes erstem Aufstieg erbaut worden war und in dem Heine auf seiner Harzreise übernachtet hatte, war schon vor Langem durch neu entworfene und renovierte Bauten ersetzt worden, überwiegend in der Zeit des Kalten Krieges. Doch trotz der Eisenbahn und der Nachrichtentürme war es möglich, Heines Berg in den Lücken zwischen ihnen zu sehen, den Ort, den er so gern mit einem Menschen verglichen hat. Mit einem Mönch vielleicht, war der Gipfel doch wie bei einer Tonsur kahl geschoren.

Ich folgte einem Pfad, der das Plateau an seinem Rand umrundete. Es war viel los, hier oben auf dem Gipfel. Ich konnte hören, wie sich die Leute im Biergarten und am Bahnhof unterhielten; sie gingen am Besucherzentrum Brockenhaus ein und aus oder stellten sich zum Fotografieren auf dem höchsten Punkt des Bergs auf. Ich stieß auf meinem Weg auf Ansammlungen von Granitfelsbrocken. Am bekanntesten sind die Teufelskanzel und der Hexenaltar, sie werden auch von Heine erwähnt. Sie hatte Goethe bei seinem winterlichen Aufstieg erspäht und zum Schauplatz einer der berühmtesten Szenen in der Weltliteratur gemacht. Denn hier versammelten sich die Hexen in der Walpurgisnacht, nachdem sie vom ganzen Kontinent herangeflogen waren, um an den Hängen des Brocken mit dem Teufel zu tanzen.

Auf meiner Runde, als die Sonne schien und der Wind über das kahle Plateau fegte, waren die Feiernden dezidiert menschlich. Jeder Stuhl im Selbstbedienungscafé und alle Bänke im Biergarten waren besetzt. Der sonnige Tag auf dem Gipfel hatte natürlich die Massen angelockt. Bier und Schnaps. Teller voller Pommes und Bockwurst. Norddeutschlands Höchstes in jeder Hinsicht. Brockenbahnhof, Restaurant, Hotel und Biergarten. Ich stand noch einen Augenblick lang am Rand des Plateaus und dachte an die Stille des Stauseepfads nur wenige Stunden zuvor zurück. Dachte an den Mann und seinen Hund. Vielleicht waren sie immer noch irgendwo dort unten unterwegs. Auf dem Berg sein, nur nicht unbedingt ganz oben.

Als ich mich der Ansammlung von Gebäuden näherte, rang ich mit einem Gefühl, das ich schon oft hatte. Es drehte sich um den Gedanken, dass ich das hier irgendwie mehr verdient hatte. Dass ich durch stundenlanges Wandern und den Aufstieg aus eigener Kraft diese Aussicht mehr verdient hatte. Mit jedem schweren Schritt über die gottverdammten Betonplatten der Militärstraße, die die Hitze abstrahlten. Der Pfiff der Bahn und der Dampf, der von den Gleisen unterhalb des Biergartens aufstieg, schienen mich zu verspotten. Hättest ja auch mit dem Zug fahren können, du Dummkopf. Und so wollte ich alle hier oben nicht leiden können, die anders waren als ich. In ihren Slippern und Turnschuhen, ihren Jeans und Pullovern, die unten im Tal übertrieben gewirkt hatten und hier oben gegen den Wind nichts ausrichten konnten, mit ihren Zugfahrkarten in der Tasche.

Stimmen in meinem Kopf ließen mich wissen, was sie dachten.

»Nimm dich nicht so wichtig«, sagte die eine.

»Sei nicht so gemein«, sagte die andere.

Es war ein wunderschöner Tag. Wir waren alle zusammen oben auf dem Gipfel. Die Stimmung war gut, die Aussicht spektakulär. Es tat uns allen gut, hier oben zu sein, an diesem Augenblick teilzuhaben, wie auch immer wir nach oben gekommen waren. Wichtig war nur, dass wir nach oben gekommen waren. Ich erspähte einen leeren Platz an einem der Biergartentische und lehnte meinen Rucksack daran, um ihn mir zu sichern. Das Paar, das daneben saß, lächelte mich an und versprach, ein Auge auf meine Sachen zu haben. Sie waren mit dem Zug nach oben gefahren, sagte die Frau.

Die Fahrt war teuer, aber es hatte sich gelohnt. Sie war schon einmal mit der Bahn hier oben gewesen, vor Jahren, als Teenager. Kurz nachdem die Brockenbahn den Betrieb wieder aufgenommen hatte. Es war so schön, wieder hier zu sein. Sie erzählte mir das alles, nachdem ich mit einem Bier vom Kiosk zurückgekehrt war. Wir stießen miteinander an. Auf dem Berg war genug Platz für unendlich viele Geschichten. Für das Schaffen unendlich vieler neuer Erinnerungen. Und nein, es gab nicht den einen richtigen Weg nach oben.

Auch heute noch kann man Heine auf dem Brocken antreffen, in Form eines Gedenksteins unweit des Gipfels und unweit eines weiteren Gedenksteins, dieses Mal für Goethe. Als Heine das erste Mal hier oben war, muss er eine ähnlich spektakuläre Aussicht wie ich gehabt haben. Wir hatten beide das Glück gehabt, an einem schönen, klaren Tag heraufzukommen, an dem alles wundervoll ausgebreitet vor uns lag.

> *Gelingt es uns, dieses Gefühl in seinem Begriffe zu erfassen, so erkennen wir den Charakter des Berges. Dieser Charakter ist ganz deutsch, sowohl in Hinsicht seiner Fehler, als auch seiner Vorzüge.*

Für Heine war der Brocken durch seine Mischung aus Solidität, Ruhe und Empfindsamkeit deutsch, ebenso wie durch die Tatsache, dass er auf alles, worauf er blickt, eine weite und klare Sicht zulässt. Nationale und kulturelle Stereotype in topografischer Gestalt – solange man den Berg nicht an einem trüben Tag besteigt. Und dann, so Heine weiter, wird dieser empfindsame deutsche Berg trotz seiner Solidität und Ruhe einmal im Jahr zum Schauplatz einer berüchtigten, wilden und fantastischen Orgie.

> *Dann wirft er seine Nebelkappe jubelnd in die Lüfte, und wird, ebensogut wie wir übrigen, recht echtdeutsch romantisch verrückt.*

Das erinnerte mich an Silvester in Berlin und das jährliche Chaos der Feuerwerksraketen, die durch die Luft zischen und am soliden Schaft des Fernsehturms oder unter den Rädern einer Straßenbahn explodieren, die im eigenen Gleisbett gefangen ist und sich nirgendwo verstecken kann. Es erinnerte mich an die Oktoberfestzelte und das biergetränkte Dorffest im örtlichen Recyclinghof. Es erinnerte mich an den Karneval und die ersten Seiten von Katharina Blum.

Eine Nacht der Orgie. Wenn die Hexen kommen, um zu tanzen.

Nachdem meine neuen Freunde aus dem Biergarten zum Bahnhof zurückgekehrt waren, um den nächsten Zug ins Tal hinunter zu nehmen, zog ich das Buch mit den Märchen und Sagen aus meinem Rucksack, das ich in Bad Harzburg gekauft hatte. Es fing mit der Walpurgisnacht an.

Jedes Jahr, wenn die Frühjahrsstürme um die Berge brausen, die Sonne die letzten Schneeflocken aufleckt und die ersten Blumen aus dem Boden sprießen, geschieht Unheimliches am nächtlichen Himmel. Die Hexen brausen durch die Lüfte zu ihrem Treffpunkt ...[100]

Die Hexen kommen von überall her, um mit dem Teufel zu tanzen. Sie kommen, um sich im Schatten der Teufelskanzel und des Hexenaltars auszuruhen, müde von einem langen Winter der Bosheit. Sie kommen, um neue Kräfte für zukünftige Missetaten zu sammeln, haben sie sich erst wieder in alle Ecken der bekannten Welt zerstreut.

Von der Teufelskanzel herab hetzt der Herr der Unterwelt sie zu neuen schlechten Taten an, und auf dem Hexenaltar wird dann die schaurige Orgie zelebriert, in der die Hexen die neue böse Kraft erhalten – inmitten eines großen Gelages mit Tanz und widernatürlichen Spielen zwischen Hexen und Tieren ...[101]

Die Geschichte der Brockenhexen scheint ihre Ursprünge in der slawischen Mythologie zu haben. Die Vorstellung einer Versammlung auf dem Brocken, auch bekannt als Blocksberg, gewann in der deutschsprachigen Welt im siebzehnten Jahrhundert enorm an Popularität, nicht zuletzt aufgrund Johannes Praetorius' 1668 veröffentlichter Schrift *Blockes-Berges Verrichtung*.

Praetorius war Schriftsteller und Historiker sowie Sammler von Sagen und Legenden, und seine Version der Geschichte von der Hexennacht, der Nacht vom 30. April auf den 1. Mai, war die bekannteste. Praetorius' Buch erhielt die Geschichte am Leben, auch noch lange nach dem Tod ihres Verfassers. Über ein Jahrhundert später sollte es zur Grundlage für die sicherlich berühmteste Nacherzählung werden: die Walpurgisnachtszene in Goethes *Faust – Der Tragödie Erster Teil*. Mit ihr reiste die Legende vom Brocken um die ganze Welt.

Zu Beginn des neunzehnten Jahrhunderts, etwa zu der Zeit, als Heine den Berg bestieg, begann der erste Wirt des Brockengasthofs mit jährlichen Musikveranstaltungen in der Hexennacht. An einer dieser Veranstaltungen, 1831, nahm auch Hans Christian Andersen teil, der in den Fußstapfen Goethes, Coleridges und Heines seine eigene Pilgerfahrt in den Harz unternahm.[102] Auf den Postkarten, die diejenigen, die es bis auf den Gipfel geschafft hatten – ob nun zu Fuß oder später mit der Bahn –, nach Hause schickten, war die Geschichte der Hexen und ihrer nackten Tollerei mit dem Teufel zu sehen, fast immer vor dem Hintergrund des Gasthauses, der Teufelskanzel und des Hexenaltars. So gelangte sie in alle Ecken Deutschlands und darüber hinaus.

Ich sah auf die Uhr. Katrin war unterwegs zu mir, sie wollte mit dem Zug von Berlin nach Wernigerode fahren und dann auf den Gipfel kommen. Bis zur Ankunft ihres Zugs dauerte es noch etwas, und so flüchtete ich mich für eine Weile in den Frieden und die Ruhe des Brockenhotels, in dem wir übernachten wollten. Ich checkte ein und packte im Zimmer meinen Rucksack aus. Wir hatten zwei Übernachtungen gebucht, und abgesehen vom Abstieg nach Ilsenburg war die Zeit des Wanderns mit Heine für mich größtenteils vorbei. Ich sah aus dem Fenster auf das Gipfelplateau hinunter; der Wind blies jetzt ausgesprochen heftig, die wenigen Wolken rasten mit einer Eile über den Himmel, die man in ihren über die Wälder und Hügel hastenden Schatten nachverfolgen konnte.

Heine nannte den Brocken den deutschen Berg, und dank des Gedenksteins kann jeder Besucher des Gipfels Heines Antlitz sehen. Es war nicht immer so, dass man sich voller Liebe an Heine erinnerte, auch außerhalb der Jahre, in denen der deutsche Nationalismus eine dezidiert antisemitische Wendung nahm oder die Nazis seine Bücher im Herzen Berlins auf dem Scheiterhaufen verbrannten.

Kein anderer deutscher Schriftsteller war über den langen Zeitraum von über eineinhalb Jahrhunderten Kristallisationsfigur umstrittener gesellschaftspolitischer Anschauungen, schreibt Rüdiger Scholz, *um keinen Autor wurde so gestritten, um kein Denkmal so gerungen wie um das von Heinrich Heine.*[103]

Der Gedenkstein auf dem Gipfel des Brocken wurde 1996 aufgestellt, er ersetzte eine kleine Gedenktafel von 1956 zu Heines hundertstem Todestag. Darüber hinaus gibt es einen Heinrich-Heine-Weg zum Gipfel, diesem wollte ich nach Ilsenburg hinunter folgen. In ganz Deutschland kann man Heinrich-Heine-Straßen und Heinrich-Heine-Schulen sehen, und dennoch hat es, wie Scholz schreibt, nie keine Diskussion um den Schriftsteller und sein Vermächtnis gegeben.

Seine Geburtsstadt Düsseldorf bekam ihr erstes offizielles Heine-Denkmal 1981, annähernd einhundert Jahre nachdem man eines vorgeschlagen hatte, und auch nach dem Zweiten Weltkrieg war der Umgang mit Heine und seinem Werk auf beiden Seiten des geteilten Deutschlands ambivalent. Im Westen konzentrierte man sich auf seine romantische Lyrik. Im Osten prägten seine Kritik an Preußen und dem Militarismus sowie seine Freundschaft mit Marx seinen Ruf. In den Siebzigerjahren, nach den gesellschaftlichen und intellektuellen Umbrüchen von 1968, war Heines satirischer und rebellischer Zug besonders beliebt, bevor er schließlich in den Kanon der klassischen Literatur und somit in die Lehrpläne der Schulen verfrachtet wurde.

Mehr als alles andere aber schien Heine in der Nachkriegszeit zu anderen Schriftstellern und Künstlern zu sprechen. Seine Landschaften Deutschlands inspirierten Kiefers Gemälde derselben. Für Arnold Zweig war er »der unsterbliche Vater der modernen deutschen Prosa«, von seiner Evokation der Landschaft und des alltäglichen Lebens bis zu seiner Verhöhnung der »Kümmerlichkeit des deutschen Spießbürgers«.[104]

In New York hielt Stefan Heym 1950, zwölf Jahre nachdem man Heines Bücher verbrannt hatte und seine Worte nur mehr als Werk eines »unbekannten Dichters« veröffentlicht werden konnten, eine Rede über den Menschen Heine und sein Schaffen.

> *Heine riss die Poesie, riss das Wort, aus den dämmrigen Regionen der Klassik und der Romantik und pflanzte sie in die Mitte des Lebens. Ich glaube, er war der erste wahrhaft moderne deutsche Schriftsteller, verwurzelt in seiner Zeit und doch Jahrzehnte, Jahrhunderte, dieser voraus. Dies Leben, spürte er, kann nicht getrennt betrachtet werden von dem sozialen Kampf und den politischen Auseinandersetzungen. In seinem Werk schuf Heine, der Dichter des tiers état, eine Synthese zwischen Leben und Kunst, und er tat das unter den schwierigsten, quälendsten Bedingungen: der Metternich-Reaktion in Deutschland, den Zwängen des Exils und seines Judentums, der Zugehörigkeit zu einer Minderheit, die damals so wie heute unterdrückt wurde. Die Zwänge, unter denen er arbeiten musste, waren aber auch der Ansporn seines schöpferischen Geistes, und da diese Zwänge, nur leicht verändert, bis heute gelten, tragen sie dazu bei, sein Werk so erschreckend aktuell zu halten und ihm Gültigkeit zu verleihen auch für jetzt.*[105]

Deutschland mag viele Male versucht haben, sich Heines zu entledigen. Doch zerstört werden konnte er nicht, wie viele seiner Bücher auch verbrannt wurden. In Darmstadt formulierte es der Dramatiker Heiner Müller 1985 so: »Die Wunde Heine beginnt zu vernarben, schief.«[106]

Und was für Heine galt, galt auch für Deutschland. Es war zweihundert Jahre her, seit Heine auf dem Gipfel dessen gestanden hatte, was er den deutschen Berg nannte. Seitdem waren viele Wunden geschlagen worden, und der Wald trug viele Narben.

Katrin kam mit einem der letzten Züge der Brockenbahn an diesem Nachmittag aus Berlin über Wernigerode. Wir trafen uns am Bahnhof und gingen zum Hotel hinauf, um ihr Gepäck aufs Zimmer zu bringen. Anschließend umrundeten wir ganz langsam das Gipfelplateau und sahen uns die Felsformationen, den botanischen Garten, die Wetterstation sowie die ehemaligen Abhörstationen an. Als wir wieder am Bahnhof ankamen, wurde der Kiosk gerade geschlossen, als sich die Passagiere für den letzten Zug nach unten am Bahnsteig versammelten. Der Biergarten hatte ebenfalls schon zu. Ein paar Wanderer und Mountainbiker waren noch da, sie genossen die Ruhe des Gipfels, wo sich der Wind mit der untergehenden Sonne gelegt hatte. Sie würden bald aufbrechen müssen, wenn sie das letzte Stück Weg bis nach Schierke hinein nicht in völliger Dunkelheit zurücklegen wollten.

Den Ort, der vor Kurzem noch so voller Menschen gewesen war, hatten wir nun fast für uns allein, die wir auf dem Gipfel blieben, ebenso wie die Geschichten des Bergs. Die Hexen und die Dichter, die Soldaten und die Spione. Zweitausend Menschen, die kamen, um ihren Berg zurückzuverlangen. Mein Freund auf der Militärstraße, stetig aufwärtsstapfend auf der Suche nach Bier.

Wir aßen im Speisesaal des Hotels zu Abend, wo wir uns den Tisch mit unseren Spiegelbildern im Fenster vor dem dunklen Hintergrund der Welt draußen teilten. Später gingen wir noch einmal hinaus aufs Plateau, um die flackernden Lichter der Städte hinter dem letzten der Hügel auszumachen, wo sich das Norddeutsche Tiefland bis nach Dänemark und an die Ostsee erstreckt. Heine schrieb, auf dem Gipfel des Brocken werde es nie wirklich dunkel, und das war auch an diesem Abend so. Der Erntemond und die Sterne über uns. Die Dunkelheit lag, wenn überhaupt irgendwo, dann unter uns. Die Dunkelheit des Waldes, der uns umgab, und all dessen, was sich in ihm verbarg.

8

Auf dem Brocken

Frühmorgens auf dem Brocken. Sonnenaufgang.

> *Endlich stand die stille Gemeinde von gestern abend wieder ganz versammelt, und schweigend sahen wir, wie am Horizonte die kleine, karmoisinrote Kugel emporstieg, eine winterlich dämmernde Beleuchtung sich verbreitete, die Berge wie in einem weißwallenden Meere schwammen, und bloß die Spitzen derselben sichtbar hervortraten, so daß man auf einem kleinen Hügel zu stehen glaubte, mitten auf einer überschwemmten Ebene, wo nur hier und da eine trockene Erdscholle hervortritt.*

Wie es für Heine war, war es auch für uns. Der Erntemond hatte durch unser Hotelzimmerfenster geschienen, bis er durch die aufgehende Sonne ersetzt worden war, und der Anblick, mit dem wir begrüßt wurden, als wir aufstanden und mit Schlaf in den Augen aus dem Fenster über den Gipfel sahen, war beinahe exakt der, den Heine beschreibt. Wir schienen zu schweben, eine vom Wind rein gewaschene Insel in einem weißen Meer. Es waren noch andere Inseln sichtbar, eine oder zwei, von hohen Bäumen bevölkert, durch die Wolken und Nebel trieben; ansonsten aber mochten wir allein sein, abgeschnitten von der Welt dort unten.

Und natürlich hat die Schönheit der Szene Heine zum Dichten inspiriert.

Heller wird es schon im Osten
Durch der Sonne kleines Glimmen,
Weit und breit die Bergesgipfel
In dem Nebelmeere schwimmen.

Rasch zogen wir uns an und gingen aufs Plateau hinaus. Einige andere Gäste aus dem Hotel waren bereits dort und fotografierten das Wolkenmeer, das in Richtung Ewigkeit trieb. Die Bahnstation nur wenige Meter unter uns war wie ein Geist im einen Augenblick sichtbar und im nächsten verschwunden. Aus dem Nebel tauchte gelegentlich ein Wanderer auf und schwebte auf uns zu, jemand aus dem Tal, der mit seinem frühen Aufstieg eine weise Entscheidung getroffen hatte und durch die Wolken heraufgekommen war, um wie wir die Aussicht zu genießen.

Noch einmal umrundeten wir den Gipfel, scheinbar stundenlang und uns absolut im Klaren darüber, was für ein Glück wir hatten. Und da war noch etwas. Als die Wolken uns umschlossen, hoffte ich auf noch etwas anderes. Einen flüchtigen Blick auf meinen eigenen Geist am Hang des Bergs. Auf die Gelegenheit, dem Gespenst zu begegnen, das zusammen mit den Hexen der Walpurgisnacht den Namen des Brocken weit über die Hügel des Harzes und sogar die Grenzen Deutschlands hinaus bekannt gemacht hat.

Komm mit mir ins nördliche Deutschland! An diesem herrlichen Pfingsttag wollen wir den Brocken besteigen. In wolkenloser Schönheit zieht die Dämmerung auf. Es ist die Dämmerung des bräutlichen Monats, des Monats Juni. Doch im Fortschritt der Stunden kommt noch einmal sein jüngerer Bruder April zurück. Mit einer Jagd von Schauern und Güssen setzt er der bräutlichen Schwester zu: ein Him-

mel voller Flucht und Verfolgung, Öffnen und Verhängen, Verbergen und Wiedererscheinen …[107]

So beginnt Thomas De Quinceys »Das Brockengespenst«, ein Essay in Form eines Prosagedichts, das erstmals 1845 in der Sammlung *Suspiria de Profundis* veröffentlicht wurde. In diesen Essays sinnt De Quincey über die Wirkung halluzinogener Drogen nach, insbesondere darüber, wie sie sich auf das Gedächtnis auswirken. Das Thema zieht sich mehr oder weniger durch De Quinceys gesamtes Schaffen.

Eine Fußnote zum Essay lässt darauf schließen, dass De Quincey einen nicht unerheblichen Teil seiner Informationen über den Brocken von Coleridge hatte; De Quincey war mit Coleridge bekannt und hatte ihn erstmals 1799 gelesen. Damals war De Quincey erst vierzehn Jahre alt gewesen und hatte in einer Ausgabe der *Lyrical Ballads* von Coleridge und Wordsworth gestöbert. Er hatte also die Werke der beiden genau zu dem Zeitpunkt entdeckt, als die Dichter so ganz unterschiedliche Erfahrungen in Deutschland machten. Doch welche Fakten auch immer De Quincey von seinem Freund bekommen hatte – seine eigene Erscheinung auf dem Brocken schien ein Erlebnis der ganz anderen Art gewesen zu sein.

An einem solchen Morgen, wenn wir den Gipfel des Wälder umsponnenen Berges bei Sonnenaufgang erreichen, werden wir die besten Aussichten haben, die berühmte Geistererscheinung auf dem Brocken zu sehen. Wer ist sie, was ist sie? Sie ist ein einsames Gespenst, das heißt ein Gespenst, das die Einsamkeit liebt. Doch bedeutet das nicht, dass es alleinstehe. Vielmehr sah man es zuweilen in einer Stärke auftreten, die voll ausreichte, seine Beleidiger in Schrecken zu versetzen.[108]

Wer und was also ist das Brockengespenst? Am Ende man selbst, der Anblick des eigenen, auf die Wolken projizierten Ich, mit einem leuchtenden Heiligenschein um den Kopf, wenn die atmosphärischen Bedingungen stimmen. Die Sonne muss tief am Himmel und hinter einem stehen. Außerdem ist eine Oberfläche erforderlich, auf die man projiziert werden kann, etwa Nebel oder eine Wolkenbank. Und bei dreihundert bewölkten Tagen im Jahr überrascht es nicht, dass dieses spezifische Phänomen im Laufe der Zeit ausschließlich mit dem Brocken assoziiert wurde. Beobachtet und erstmals aufgezeichnet hat es 1780 der lutherische Pfarrer Johann Silberschlag. Was hat ein Mann Gottes wohl aus einer solchen Erscheinung und dann noch ausgerechnet auf diesem Berg gemacht?

Seltsame Wetterphänomene haben Einfluss auf unsere Vorstellungs-, wenn nicht gar auf unsere Einbildungskraft. Als wir auf der Suche nach unserem eigenen Geist auf dem Plateau umherwanderten und uns mit dem Rücken zur tief stehenden Sonne neben die Teufelskanzel stellten, musste ich an die Hexenverfolgung denken und wie die Kälte der Kleinen Eiszeit nicht nur zu Missernten, sondern auch zu Anklagen wegen Hexerei geführt hatte. So sollte es ebenfalls nicht überraschen, dass dieser Berg mit seiner seltsamen subalpinen Geografie, einzigartig in einem Umkreis von Hunderten von Kilometern, ganz zu schweigen von seinen Felsformationen und Legenden, auch die Heimat schattenhafter Spiegelungen unserer selbst war, übergroß und im Nebel leuchtend.

An diesem Morgen stand ich auf dem Gipfel des Brocken und wartete. Die Bedingungen hätten besser nicht sein können, sieht man einmal von De Quinceys Pfingstsonntag ab. Es wäre gut für das Buch, würde sich das Gespenst zeigen, dachte ich. Katrin fotografierte. Ein Caspar-David-Friedrich-Gemälde an einem Herbstmorgen im einundzwanzigsten Jahrhundert. Im Hotel wurde das Frühstück serviert.

Doch ein Brockengespenst lässt sich nicht herbeizitieren, und sei es ein noch so nützliches literarisches Mittel. Die Wolken brachen auf und drifteten auseinander, immer mehr Hügel und Wälder um uns herum legten sie frei. Und so gingen wir nach drinnen, um zu frühstücken.

Und bist du nichts? Nein, du bist wie der Jäger,
der sich stahl
Nach Westen hin hinauf und durch das Tal
Am Wintermorgen, wo auf Schafes Tritten Kunst
Der Nebelschnee gewebt hat glitzernd Dunst,
Sah plötzlich vor sich, schwebend, ohne Halt,
Ein Abbild, heilgenscheingekrönt war die Gestalt.
Von Liebe ist der Jäger nun entfacht
Und weiß nicht, dass er selbst den Schatten
hat gemacht.[109]

Nach dem Frühstück wanderten wir bergabwärts, in die Wolken hinein. Wir folgten der Brockenstraße, einer Privatstraße, die den Gipfel mit dem Ort Schierke unterhalb des Gipfels verbindet. Sie ist für den regulären Verkehr gesperrt und bei Radfahrern, die sich quälen wollen, sehr beliebt; ansonsten wird sie dazu genutzt, Angestellte und Vorräte auf den Berg zu transportieren, ebenso wie die Nationalparkranger und Meteorologen, die in der Wetterstation auf dem Plateau arbeiten.

Wir mäanderten die Serpentinen entlang den Berg hinunter, wobei uns die meisten anderen Fußgänger entgegenkamen. Beim Abstieg wurden aus den niedrigen, subalpinen Sträuchern zu beiden Seiten der Straße allmählich wieder die gewohnt großen Fichten und Birken des Waldes, der sich unter uns in den Nebel hinein erstreckte. Wie andernorts im Harz so hatten auch in diesem Teil der Landschaft die trockenen Jahre und der Borkenkäfer den Bäumen schwer zu schaffen gemacht.

An dem Punkt, an dem uns unsere Route von der Straße weg auf einen Weg durch ein Gebiet führte, das einst ein Wald gewesen war, hatte es wieder den Anschein, als spazierten wir durch ein lebendig gewordenes Gemälde von Anselm Kiefer: die Stümpfe abgesägter Bäume, schartige Überlebende, die ihr Innerstes in Braun- und Rotschattierungen nach außen kehrten, in Nebel gehüllt, der durch die Szene driftete, als irrten wir über ein verlassenes Schlachtfeld.

Eine Informationstafel erklärte, was passiert war und wie man weiter vorgehen wollte. Renaturierung, ein neuer Mischwald. Er sah schlimm aus, würde aber bald wieder besser aussehen, und das schneller, als wir dachten.

Das war schwer vorstellbar.

Eine Frau, die von Schierke aus den Berg hinaufging, hielt an, drehte sich um und sah zurück, dorthin, von wo sie gekommen war.

»Schrecklich«, sagte sie und schüttelte den Kopf, ihr Gesicht schmerzerfüllt.

Und schrecklich war es wirklich. Der Wald auf Deutschlands berühmtestem Berg schien direkt vor unseren Augen zu sterben.

Waldsterben.

Jeder, der in den 1970er- und 1980er-Jahren in Deutschland gelebt hat, kennt den Begriff. Das Phänomen war in den letzten Jahrzehnten des zwanzigsten Jahrhunderts in ganz Mitteleuropa sowie in Teilen Nordamerikas verbreitet. Dass der Begriff in Deutschland geprägt wurde, ist im Grunde kein Wunder. Schließlich identifiziert sich kein Land oder keine Kultur mehr mit dem Wald als Symbol, und als Berichte veröffentlicht wurden, in denen stand, dass Mitte der Achtzigerjahre bis zur Hälfte aller Bäume im Land vom Waldsterben betroffen waren, verwunderte es ebenfalls nicht, dass sich das Waldsterben auf beiden Seiten der deutsch-deutschen Grenze zum beherrschenden ökologischen Thema des Jahrzehnts entwickelte.

Schuld am Waldsterben waren der saure Regen, die Luftverschmutzung durch die Schwerindustrie und die immer mehr werdenden Autos. Im Laufe der Zeit häuften sich die Debatten sowohl über die Ursachen als auch über das Ausmaß des Problems, und als die 1990er-Jahre gekommen waren, schien man sich einig, dass die Panik vielleicht doch übertrieben gewesen war.[110] Übertrieben oder nicht: Zu dieser Zeit hatte sich die Vorstellung bereits in den Köpfen der Menschen festgesetzt.

Die Angst vor dem Waldsterben war so groß, dass sie zu erheblichen politischen Verlagerungen in der Bundesrepublik und der DDR führte. Im Westen wurde 1980 die Partei der Grünen gegründet, die ihre ersten Wahlerfolge eben jener Angst verdankt – der Angst vor Atomkraft, vor den Auswirkungen der Tschernobyl-Katastrophe, die sechs Jahre später eintreten sollte, vor Luftverschmutzung und saurem Regen. Wenig später waren Luftverschmutzung und Waldsterben zum »Umweltproblem Nummer eins«[111] avanciert. Die damalige Regierung reagierte mit neuen Emissionsgesetzen darauf, während die Grünen weiter fleißig Wähler gewannen und im wiedervereinigten Deutschland 1998 mit der SPD erstmals eine rot-grüne Regierungskoalition bildeten.

1984 stellte die *New York Times* mit dem Blick von außen auf die Entwicklungen fest, dass die Auswirkungen des sauren Regens und die Gesundheit der Wälder zwar in vielen Ländern Europas und auch in Nordamerika ein Thema waren, dass sich dieses jedoch nur in Deutschland über das Ökologische hinaus erstreckte. In dem Artikel mit der Überschrift »In einem sterbenden Wald welkt auch die deutsche Seele«[112] wurde in dem Versuch zu erklären, was vor sich ging, Nietzsche zitiert und auf Goethe, Hesse und Beethoven verwiesen.

> *In einem beengten, dicht besiedelten Land wird der Wald immer mehr zur Zuflucht, zu einem stillen Rückzugsort vom Trubel der ubiquitären Stadt. Die Nachricht, dass die Bäume sterben, hat der politischen Debatte in Westdeutschland neue apokalyptische Untertöne verliehen. Hier vermischt sich die Angst um den Wald mit der Angst vor dem Atomkrieg.*[113]

Und ebenso wie die Wälder des Harzes die befestigte Grenze überschritten, die mitten durch sie hindurch gezogen worden war, so machten sich auch neue politische Bewegungen, die sich um Umweltschutz und die Angst vor dem ökologischen Kollaps drehten, jenseits der Grenze breit und gewannen auch im Osten an Dynamik. Die DDR in den 1980er-Jahren war, um es mal ganz ungeschönt zu sagen, eine ökologische Katastrophe. Die Schwerindustrie und die zunehmende Verwendung von Braunkohle als Brennstoff hatten zu einer desaströsen Luftqualität geführt. Der saure Regen ließ nicht nur Wälder, sondern auch Seen sterben, Chemikalien von Fabriken und anderen Industriebetrieben sickerten munter ins Grundwasser.

Die Reaktion darauf war eine Umweltschutzvolksbewegung, meist gemeinsam mit der Kirche, die im Laufe des Jahrzehnts immer mehr anwuchs, bis schließlich über einhundert Umweltschutzgruppen im Land aktiv waren.[114] Sie wurden zunächst von den Behörden ignoriert und später dann von der Stasi bespitzelt; in der Protestbewegung, die letztlich zum Fall der Berliner Mauer am 9. November 1989 führen sollte, spielten sie eine entscheidende Rolle. Der Anteil, den die Umwelt an den Ereignissen 1988/89 und am Zusammenbruch der DDR hatte, wird oft unterschätzt, er war aber erheblich. Wie die bröckelnden Gebäude in den Stadtzentren standen auch die zerrütteten Wälder symbolisch für den Verfall im Herzen des Arbeiter-und-Bauern-Staats.

Drei Jahrzehnte nach der Wiedervereinigung ist das Gespenst des Waldsterbens zurückgekehrt, um in den Köpfen der Bevölkerung zu spuken. 2021 berichtete der Radiosender Deutsche Welle, dass es dem deutschen Wald schlechter geht als jemals zuvor,[115] was durch Bilder des zerstörten Walds im Harz illustriert wurde, während Plakate im ganzen Land groß angelegte, von Regierungsministerien und Pressekanälen unterstützte Wiederaufforstungsprogramme ankündigten.

Wieder einmal stand die Umwelt im Zentrum der politischen Debatte. Selbst als die Corona-Pandemie wütete, wurden in den

Spätnachrichten immer düstere Prognosen hinsichtlich der Zukunft der Polarregion, der Alpengletscher oder der Vogel- und Insektenpopulationen gestellt. Der ausgedörrte Wald war nicht nur der ideale Nährboden für den Borkenkäfer, sondern auch für Waldbrände anfälliger denn je. Und als die Wälder brannten, gingen Schulkinder auf die Straße und forderten das Eingreifen der Älteren, während die Grünen immer bessere Umfrageergebnisse erzielten.

Jeder, der im Wald spazieren ging, ob nun im Harz oder im Schwarzwald, in Brandenburg oder Bayern, im Teutoburger Wald, wo Hermann die Römer geschlagen hatte, oder im Thüringer Wald, wo Goethe Gedichte geschrieben hatte, konnte sich selbst vom Stand der Dinge überzeugen. Und es ist schwer, etwas zu leugnen, das man direkt vor Augen hat.

Auf unserem Weg bergabwärts wussten wir genau, dass jeder Schritt nach unten auch wieder einer nach oben sein musste, denn wir wollten noch einmal auf dem Gipfel übernachten. Als der Pfad erneut die Gleise erreichte, folgten wir einem Forstweg durch ein weiteres Gebiet, in dem Bäume gefällt worden waren. Dieses Mal allerdings hatte man sie zu ordentlichen Pyramiden aufgeschichtet, die darauf warteten, vom Berg abtransportiert zu werden. Wir waren in Richtung Eckerlochstieg unterwegs, eine der berühmtesten Routen zum Gipfel des Brocken, die sich an einer flachen Talschlucht am Hang entlangzieht und von riesigen Granitblöcken umgeben ist.

Als wir uns der Kreuzung von Forstweg und Stieg näherten, sahen wir einen stetigen Strom an Wanderern, die dem Stieg in die Wolken hinauf folgten. Auf dem Gipfel war es noch immer bedeckt, die Wettervorhersage aber versprach uns, dass wir alle belohnt werden würden. Am Nachmittag sollten sich die Wolken verzogen haben.

Wir reihten uns in den Strom ein, Freunde, Familien, Paare und der eine oder andere Querfeldeinläufer. Die Leute hatten gute Laune, obwohl die meisten von ihnen außer Atem waren. Sie machten keuchend Witze und blieben hin und wieder stehen, um wieder zu Atem zu kommen. Zwar führte uns der Eckerlochstieg durch eine ziemlich düstere Landschaft voller Felsbrocken und Stümpfe gefällter Bäume, doch irgendwie bot er uns eine leichtere Stimmung, als wir sie anderswo auf dem Berg erlebt hatten. Das kam daher, sagte Katrin, weil die Leute ihren Freitagvormittag mit dem Besteigen eines Bergs verbrachten, statt an einem Schreibtisch zu sitzen. Uns war auf unserer kleinen Exkursion vom Gipfel hinunter nicht klar gewesen, wie viele das waren.

Oben auf dem Brocken fügte die Brockenbahn weitere Waggons voller Besucher zu jenen hinzu, die es ohne fremde Hilfe auf den Gipfel geschafft hatten. Wie am Tag zuvor standen auch sie Schlange, um sich vor der Ansammlung von Granitblöcken fotografieren zu lassen, die den höchsten Punkt des Bergs markiert, und folgten dem Gipfelpfad, während sie geduldig darauf warteten, dass es aufklarte.

Im Selbstbedienungsrestaurant war jeder Platz besetzt. Die Luft darin war feucht und dampfig, es roch nach Schulkantine und Funktionskleidung. Im Besucherzentrum war es ruhiger; dieses war in der ehemaligen Abhörstation des Ministeriums für Staatssicherheit untergebracht, die aufgrund ihres Aussehens – ein quadratisches Gebäude, gekrönt von einer Kuppel – den Spitznamen »Stasi-Moschee« erhalten hatte und in der nun Mitarbeiter der Nationalparkverwaltung saßen.

Wir widmeten uns der Ausstellung, der es trotz des relativ beengten Raums hervorragend gelang, die vielen, vielen Geschichten des Bergs zusammenzutragen. Geschichten von Hexenverfolgungen in Wernigerode zwischen 1521 und 1638, die achtundzwanzig Menschenleben kosteten, von den Wanderern, die den Gipfel des Bergs von der Stasi und der Sowjetarmee befreiten, von den zahlreichen bildenden Künstlern, Schriftstellern und Musikern, die sich vom Brocken hatten inspirieren lassen.

Wir erfuhren, dass die Hexen, die jedes Jahr zum Brocken flogen, bis zum zwanzigsten Jahrhundert ausnahmslos nackt gewesen waren – umso besser für die Orgie – und dass man ihnen erst in moderneren, prüderen Zeiten auf den Postern und Postkarten, die für den Gipfel des Brocken warben, Schals und Kleider verpasst hatte. Außerdem sahen wir uns Ausschnitte aus Nachkriegs-Heimatfilmen an, auch aus dem Harz, in denen einmal mehr deutlich wurde, wie schmerzhaft es in den langen Jahren der Teilung Deutschlands für die Einwohner von Bad Harzburg gewesen war, dass man ihnen ihren Berg vorenthielt.

Nicht zuletzt ging die Ausstellung detailliert auf die Pläne der Renaturierung des Brocken und des restlichen Nationalparks ein. In einem ersten Schritt mussten immer zunächst die alten, angepflanzten Wälder sterben, was zwar genauso schrecklich aussah, wie die Frau vorhin auf dem Pfad gesagt hatte, aber unbedingt nötig war, wollte man zu einem gesunden, nachhaltigen Wald zurückkehren. Eine Reihe von Fotografien und Grafiken spezifizierten den auf fünf Jahre angelegten Prozess. Von einem Fenster im oberen Stock aus konnten wir nach draußen und unten blicken, wo der Wald wie ein räudiger Hund stellenweise bleich und kahl geworden war. Doch wenn es stimmte, was wir gelesen hatten, war die Lage nicht so aussichtslos, wie sie sich jetzt darstellte. Es gab Hoffnung.

Als wir in der Ausstellung waren, hatten die Wolken blauem Himmel Platz gemacht, doch nun kam der Nebel wieder zurück. Wir tranken ein Bier im Café des Besucherzentrums und sahen dabei aus dem Fenster. Eine Gruppe junger Frauen posierte vor einem sich immer weiter entfernenden Hintergrund für Fotos. Als auch die letzte von ihnen ihre Yogaposition für Instagram eingenommen hatte, war der Hintergrund zu einer grauen Wand geworden, bald waren die Frauen hinter ihr verschwunden. Wir sahen aus dem Fenster. Es war nichts mehr zu sehen.

Die Sichtweite hatte sich auf wenige Meter verkürzt. Im Umkreis von ein paar Schritten vom Besucherzentrum war die gesamte Infrastruktur des Gipfelplateaus verschwunden. Der letzte Zug war noch nicht gefahren und es waren immer noch Hunderte von Menschen hier oben, doch wir stolperten durch einen Whiteout, in dem wir nur gelegentlich auf den Schatten einer Person oder eines Hunds trafen oder die Umrisse eines Gebäudes und der Gedenksteine für Goethe und Heine erkannten, unsere beiden Brockengespenster.

Es erinnerte uns daran, dass trotz der Brockenbahn und der beiden Restaurants, trotz des Biergartens und des Besucherzentrums, trotz der Zentralheizung in unserem Hotelzimmer und der Internetverbindung, die es uns ermöglichte, unsere Gipfelfotos auf Instagram zu posten, dies immer noch ein Berg war. Auf dessen Gipfel man wahrscheinlich am sichersten war. Wer sich auf halbem Weg nach oben oder unten befand, wenn das Wetter umschlug und der Whiteout einsetzte, war in ernsthaften Schwierigkeiten.

Wir umrundeten den Gipfel trotzdem noch einmal. Die Teufelskanzel und der Hexenaltar tauchten geisterhaft plötzlich aus dem Nebel auf, während eine Krähe krächzte. Wieder ließ es sich leicht vorstellen, dass den Menschen, die vor den Gebäuden, der Brockenbahn und den Touristen hier heraufgekommen waren, der Berg magisch, mythisch erschienen war. Im wabernden Nebel wirkte er noch einmal wie ein Ort der Legenden.

Es gibt viele Leute, die der Brockengipfel kalt lässt, nicht zuletzt aufgrund der Besuchermassen und der ganzen Infrastruktur. Doch als ich mehr als vierundzwanzig Stunden hier verbracht hatte, hatte der Ort mich irgendwie verzaubert. Wir gingen zur Bahnstation hinunter, um dem letzten Zug des Tages bei seiner Abfahrt ins Tal zuzusehen. Wir wollten den Besuchern in den Nebel nachwinken, denn wir freuten uns darauf, den Gipfel nun wieder mehr oder weniger für uns zu haben. Wir wollten sicherstellen, dass alle weg waren.

Wir stießen mit einem kleinen Plastikstamperl Schierker Feuerstein auf ihre Abreise an, einem Kräuterlikör aus dem Tal am Fuß des Brocken, der auf dem Gipfel kalt und in solchen Mengen serviert wird, dass er in den Kiosks dort aus dem Zapfhahn kommt. Als wir dem Zug bei den letzten Abfahrtsvorbereitungen zusahen – der Dampf der Lok rollte den Bahnsteig entlang, um sich mit dem Gipfelnebel zu vermischen –, standen wir genau dort, wo sich eine der ungewöhnlicheren Geschichten des Bergs abgespielt hatte. Sie erinnerte an die vielen seltsamen Typen, die in diesen Teil der Welt gereist sind und versucht haben, die Magie des Brocken zu entschlüsseln.

Harry Price kam 1881 in London zur Welt und sollte als Magier, Autor und Parapsychologe bekannt werden, zu dessen Spezialitäten es gehörte, Orte, an denen es spukte, zu untersuchen und falsche Medien zu entlarven. Was nicht bedeuten soll, dass er ein Ungläubiger gewesen wäre. Sein Interesse an Zauberei und Taschenspielertricks ließ ihn einige Geschichten widerlegen und an andere immer noch glauben. Allerdings gab es auch viele, die Price wiederum als Betrüger bezeichneten oder zumindest als Fantast.

Für seinen Biografen Richard Morris, der dem Gegenstand seiner Beschreibung generell Sympathie entgegenbringt, war Price ein »genialer Bluffer« mit vielschichtigem Charakter, der so einiges in sich vereinte: »einen hedonistischen Bauernfänger, einen sagenhaften Geschichtenerzähler, einen großen Zauberkünstler, einen begabten Schriftsteller und einen wunderbaren Exzentriker …«[116]

Eine seiner berühmtesten Erkundungen der Welt des Okkulten und Magischen brachte ihn 1932 von London über das europäische Festland nach Deutschland und bis ganz hinauf auf den Brocken. Es war das Jahr von Goethes einhundertstem Todestag, und zu den entsprechenden Festlichkeiten gehörte auch eine große Versammlung auf dem Gipfel des Bergs, dem Schauplatz einer der bekanntesten Szenen, die der Dichterfürst je verfasst hat. Price' Reise auf den Gipfel des Brocken hatte eigentlich schon rund ein Jahr zuvor begonnen, wie er in seinem Buch *Confessions of a Ghost-Hunter* schrieb:

> *Im Herbst des Jahres 1931 erhielt ich ein Manuskript, die genaue Abschrift einer Seite des sogenannten »Hochdeutschen Schwarzen Buchs« aus dem frühen neunzehnten Jahrhundert, einer handschriftlichen Sammlung magischer Formeln, die in einem der deutschen Museen aufbewahrt wird. Das »Schwarze Buch« stammt ungefähr aus dem fünfzehnten Jahrhundert und enthält viele Rituale zur Praktizierung transzendentaler Magie, darunter ein Experiment namens »Stelldichein am Brocken«.*[117]

Das Ritual sollte auf dem Gipfel des Bergs abgehalten werden; sein Ziel war es, einen Ziegenbock mithilfe einer Jungfrau in einen jungen Mann zu verwandeln. Der Harzer Verkehrsverband, der die Veranstaltung organisierte, lud Price ein, auf den Brocken zu kommen und das Ritual im Rahmen der Goethejahr-Feierlichkeiten zu wiederholen. Price willigte ein, wenngleich er später in seinem Buch schreiben sollte, dass er damit einzig die Vergeblichkeit des Versuchs hatte beweisen wollen, alte Magie unter den Bedingungen des zwanzigsten Jahrhunderts durchzuführen. Gleichzeitig war Price jedoch fasziniert, als er erfuhr, dass auch Goethe als Teil seiner Recherche zur Walpurgisnachtszene im *Faust* das Manuskript mit dem »Stelldichein am Brocken« studiert hatte.

Das Ritual, so stand es im Manuskript, musste von jemandem reinen Herzens und uneigennütziger Absicht abgehalten werden; es erforderte einen jungfräulichen Ziegenbock und eine ebenso jungfräuliche Dame in Weiß. Man hatte den Ort, an dem das Ritual durchgeführt werden sollte, vor Price' Ankunft auf dem Berg vorbereitet: Er lag direkt neben der Bahnstation, dort, wo wir fast neunzig Jahre später standen und dem letzten Zug des Tages nachwinkten.

Im Licht des Vollmonds sollte ein magischer Kreis mit spezifischen Symbolen auf den Boden gemalt werden. Auch Weihrauch und eine Beschwörung vonseiten der Jungfrau gehörten zum Ritual. Im Dunkel der Nacht, einzig erhellt durch das Licht des Mondes, sollte sich mittels Wein und weiterer Beschwörungsformeln die Verwandlung des Ziegenbocks in das vollziehen, was im Manuskript als holder Jüngling von überragender Schönheit beschrieben wird.

Als Price auf dem Gipfel ankam, fand er alles bestens vorbereitet, vom Ziegenbock über die Jungfrau bis zum magischen Kreis auf dem Boden.

> *Was allerdings fehl am Platze eines solchen Experiments erschien, waren die zweiundvierzig Fotografen, die dreiundsiebzig Zeitungsleute und die Tonfilmkamera. Diese professionellen Herren stellten beinahe unser gesamtes Publikum beim ersten Versuch dar, der lediglich eine Probe war.*[118]

Anscheinend erregten Harry Price und sein »Stelldichein am Brocken« im Harz 1932 große Aufmerksamkeit. Als am folgenden Tag jedoch das eigentliche Experiment durchgeführt wurde, hatten sich die Medien bereits zurückgezogen und über den Test am Vortag nur geschrieben, dass alles, was im Grunde darüber gesagt werden könne, dies sei: Der Ziegenbock war ein Ziegenbock geblieben. Ähnliches ließ man auch am Folgetag vom Gipfel des Bergs verlauten. Doch Price hatte, was er, wie er später schrieb, wollte: den Beweis, dass alte Magie und das zwanzigste Jahrhundert mit seinen Eisenbahnlinien und Zeitungsleuten wenig überraschend nicht zusammenpassten.

Doch obwohl das Experiment scheiterte, schien sich Price in Deutschland prächtig amüsiert zu haben. Er genoss das Fest und die Reden und nicht zuletzt die Aufführung der Walpurgisnachtszene, und seine Reisen durch das Land überzeugten ihn davon, dass der Glaube an Magie und heidnische Bräuche im Harz einfach nicht totzukriegen war, wie misslungen sein Experiment auch gewesen sein mochte.

> *Obwohl es bei der Wiederholung des »Stelldichein am Brocken«-Experiments unser oberstes Ziel gewesen war, die Vorstellung zu widerlegen, ein altes magisches Ritual könne unter solch modernen Bedingungen noch immer wirksam sein, sind wir nicht so dumm zu glauben, wir hätten vollständig reüssiert: So leicht lässt sich Aberglaube nicht ausrotten.*[119]

In den Tagen nach den Feierlichkeiten auf dem Brocken erkundete Price gemeinsam mit einem Fremdenführer einige der Städte in der näheren Umgebung des Bergs. Dabei folgte er auch dem Hexenstieg; auf Hexen, so sagte man ihm, konnte man in den Bergen noch immer treffen, vorausgesetzt man wusste, wo man nach ihnen suchen musste. Harry Price mag die Legende vom »Stelldichein am Brocken« widerlegt haben, blieb aber wohl der Möglichkeit gegenüber offen, dass es im Harz echte mystische und spirituelle Aktivität gab. Und in der kurzen Zeit, die er dort verbrachte, trug er selbst zur langen Liste merkwürdiger und wundersamer Begebenheiten auf dem Gipfel des Brocken bei.

Auch an unserem zweiten Abend auf dem Berg aßen wir im Speisesaal des Hotels. Alles andere auf dem Gipfel war mit der Abfahrt des letzten Zugs geschlossen worden. Aber das war, wie sich später herausstellen sollte, nur die Ruhe vor dem Sturm. Wir hatten uns nicht wirklich Gedanken bezüglich des Datums gemacht, als wir das Hotel gebucht hatten, sondern nur berechnet, wie lange ich von meinem Startpunkt in Göttingen aus auf Heines Weg durch die Berge bis zum Brocken brauchen würde. Nun jedoch wurde uns klar, dass wir am letzten Morgen meiner Wanderung auf Norddeutschlands höchstem Gipfel, in Sichtweite der ehemaligen innerdeutschen Grenze und am dreißigsten Jahrestag der Wiedervereinigung aufwachen würden.

»Wenn Sie morgen runter wollen, würde ich nicht allzu lange warten«, riet die Kellnerin uns.

Im Speisesaal war es ruhig. Vier weitere Paare. Eine kleine Gruppe von Freunden. Das Geräusch gedämpfter Unterhaltungen und der Klang von Besteck auf Tellern. Leise Radiomusik im Hintergrund.

Die Kellnerin sah zum Fenster hinaus, durch ihr eigenes Spiegelbild hindurch in die Dunkelheit, als blickte sie in die Zukunft.

»Morgen ist hier die Hölle los«, fügte sie kopfschüttelnd hinzu.

Im großen Zimmer wurde eine Abendmahlzeit gehalten. Ein langer Tisch mit zwei Reihen hungriger Studenten. Im Anfange gewöhnliches Universitätsgespräch: Duelle, Duelle und wieder Duelle.

Wie man der *Harzreise* entnehmen kann, verlief Heines Abend auf dem Gipfel des Brocken um einiges lebhafter als der unsere. Der Speisesaal war bis zum Bersten gefüllt, überwiegend mit Mitstudenten aus ganz Deutschland und darüber hinaus. Während der Abend seinen Lauf nimmt und man isst und trinkt und trinkt und trinkt, macht sich Heine über seinen patriotischen Tischnachbarn lustig, der sich über Berlin und dessen Theater beschwert. Ein Mann aus Greifswald erzählt ihm von dem Heldenepos, an dem er schreibt und in dem es um Hermanns Sieg über die Römer geht. So kreisen die Geschichten, Heine stichelt und der Lärm nimmt zu. Mehr Bier. Dann Wein. Die Männer im Speisesaal, und es sind ausschließlich Männer, trinken Brüderschaft und beginnen, patriotische Lieder zu singen.

Und draußen brauste es, als ob der alte Berg mitsänge, und einige schwankende Freunde behaupteten sogar, er schüttle freudig sein kahles Haupt und unser Zimmer werde dadurch hin und her bewegt. Die Flaschen wurden leerer und die Köpfe voller.

Der Abend schreitet voran, und ganz im Stil des besten Gonzo-Journalismus bleibt der Berichterstatter Heine dabei kein Außenseiter. Wie ein Hunter S. Thompson des neunzehnten Jahrhunderts befindet er sich direkt im Herzen des Geschehens.

Männer starren auf den Boden ihres Glases, als sei nur dort zu finden, was sie suchen, als fänden sie nur dort die Wahrheit. Zwei junge Burschen sind derart betrunken, dass sie wie zwei junge Werther ossianische Prosa zu rezitieren beginnen, und zwar in Richtung eines großen Schranks, in den sie schließlich gesperrt werden. Dort ist es so dunkel, dass sie glauben, vom Berg gefallen zu sein. Das allerdings hält sie in ihren bemühten, gequälten Rezitationen nicht auf, während im Speisesaal weiter tapfer gebechert wird.

Bescheiden weist Heine darauf hin, dass er Bier und Wein bei sich behalten kann, eigenen Angaben zufolge erreicht er sein Zimmer in recht gutem Zustand. Dort entschließt er sich jedoch noch dazu, seinen Zimmergenossen zu ärgern: Bevor er sich endlich hinlegt, erzählt er diesem warnend, ein Schlafwandler zu sein.

Der arme Mensch hat deshalb, wie er mir den andern Tag gestand, die ganze Nacht nicht geschlafen, da er die Besorgnis hegte, ich könnte mit meinen Pistolen, die vor meinem Bette lagen, im Nachtwandlerzustande ein Malheur anrichten. Im Grunde war es mir nicht viel besser als ihm gegangen, ich hatte sehr schlecht geschlafen. Wüste, beängstigende Phantasiegebilde …

Was den geneigten Leser nun gar nicht wundert. Heine hatte sich den ganzen Tag über mit den Geschichten vom Brocken beschäftigt, wie so viele andere, die seinen Gipfel erklimmen. Außerdem hat er genug getrunken, um sich die »Phantasiegebilde« des Bergs in seine Wachträume zu holen. Erst am Morgen findet er in den Schlaf, doch da kommt auch schon der Wirt, der ihn aufs Plateau hinausschickt, um den Sonnenaufgang zu genießen.

Nach dem Essen gingen auch wir noch einmal aufs Plateau hinaus. Zwischen dahineilenden Wolken war hin und wieder der Mond zu sehen, die bisherige Stille des Abends war knatterndem Wind gewichen. Es war zwar nicht Walpurgisnacht, hätte es aber sein können; leicht konnten wir uns die Frühjahrswinde vorstellen, die die Hexen auf den Berg wehen, wo der Teufel schon auf ihren Tanz wartet.

Die Hexen zu dem Brocken ziehn,
Die Stoppel ist gelb, die Saat ist grün.
Dort sammelt sich der große Hauf,
Herr Urian sitzt oben auf.
So geht es über Stein und Stock,
Es farzt die Hexe, es stinkt der Bock.[120]

Als Goethe den Brocken am 10. Dezember 1777 erstmals bestieg, hatte er schon mit einer frühen Version dessen begonnen, was sein berühmtestes Werk werden sollte. Den *Urfaust* hatte er um 1775 fertiggestellt und 1790 als *Faust. Ein Fragment* veröffentlicht. Dieses Fragment und auch die Walpurgisnachtszene entwickelte er in den darauffolgenden Jahren weiter, bis 1808 *Faust – Der Tragödie Erster Teil* erschien. Zu diesem Zeitpunkt hatte Goethe bereits etwa sechsunddreißig Jahre an dem Stoff gearbeitet, im Alter zwischen einundzwanzig und siebenundfünfzig Jahren, und er war noch nicht fertig. *Faust – Der Tragödie Zweiter Teil* vollendete er 1831. Dieser Teil wurde ein Jahr später, nicht lange nach Goethes Tod, veröffentlicht.

Die Faust-Geschichte hatte Goethe also sein gesamtes Erwachsenenleben lang beschäftigt. Dass jedoch einer von Deutschlands größten Dichtern derart eingenommen von dem Mythos war, sollte uns eigentlich nicht überraschen. Schließlich hat auch dieser Mythos seinen Ursprung in der deutschen Landschaft, in den deutschen Wäldern; er schien viel über die menschliche Natur und Identität auszusagen, zu einer Zeit, als enorme Umbrüche in der Gesellschaft stattfanden. Goethe war nicht der Erste, der sich den Stoff zu eigen machte, und er sollte auch nicht der Letzte sein.

Die ersten Verweise auf Faust – man ist sich einig, dass es sich hierbei um eine real existierende Person namens Johann Georg Faust (1480–1540) handelte – finden sich in Schriften, die bis zum Jahr 1507 zurückreichen.[121] Georg Faustus, wie er dort genannt wurde, war ein Trickbetrüger und Scharlatan; er schloss einen Pakt mit dem Teufel, aus dem er schließlich mit gebrochenem Genick hervorging.

Es besteht allerdings die nicht unwahrscheinliche Möglichkeit, dass der echte Faust Alchemie und Medizin studiert hat, und tatsächlich wurden die ersten Geschichten und Briefe über ihn von Gelehrten aus dem sechzehnten Jahrhundert gesammelt. Zu dieser Zeit war man von Geschichten über den Teufel fasziniert. Erstmals schriftlich erwähnt wird Faust in dem Jahr, in dem Martin Luther zum Priester geweiht wurde – zehn Jahre später, 1517, nagelte dieser seine Thesen an die Kirchentür und leitete die Reformation ein. Und wie jeder Besucher von Luthers Zelle in der Wartburg weiß, glaubte er wie viele andere seiner Zeitgenossen ganz bestimmt an die physische Inkarnation des Teufels. So zog jede Geschichte mit dem Teufel im Mittelpunkt die Menschen unweigerlich in ihren Bann.

Im späten sechzehnten Jahrhundert wurde ein Balladenbüchlein über einen gewissen Dr. Faustus veröffentlicht, und wenige Jahre später reiste die Geschichte über den Ärmelkanal dorthin, wo Christopher Marlowe an seiner *Tragischen Historie vom Doktor Faustus* schrieb. Dass der Stoff so beliebt war, scheint nicht nur an der generellen Faszination, die vom Teufel ausgeht, zu liegen, sondern auch an der rebellischen Natur der Geschichte und Fausts selbst. Seine Herausforderung der sowohl kirchlichen als auch weltlichen Autorität hatte etwas Reizvolles; außerdem stellt sich mit ihm eine Frage, die uns auch heute noch beschäftigt, nämlich die, was wir für Erkenntnis und die Erfüllung unserer (sexuellen) Wünsche geben würden.

Als Goethe des Wegs kam, war die Geschichte von Faust schon seit zweihundert Jahren bekannt. Seine Version – Faust als Intellektueller auf der Suche nach der wahren Essenz des Daseins – basiert auf einem 1725 veröffentlichten Balladenbüchlein.[122] Im Gegensatz zu früheren Versionen, in denen Faust der Initiator des Teufelspakts ist, ist es bei Goethe Mephistopheles, gewissermaßen der Stellvertreter des Teufels, der Faust mit dem Versprechen, ihm alle seine Wünsche zu erfüllen, in Versuchung führt. Doch leider kommt es auch in dieser Version nicht zu einem Happy End.

Goethes Version der Geschichte also wurde weltberühmt und beschäftigte ihn für den Großteil seines äußerst produktiven Lebens – doch endete die Legende von Faust nicht mit ihm. Sie beeinflusste unter vielen, vielen anderen auch Mary Shelleys *Frankenstein*, Michail Bulgakows satirische Komödie *Der Meister und Margarita* und Václav Havels *Versuchung*; das Stück schrieb Havel in nur zehn Tagen, nachdem man ihm während seiner Inhaftierung in einem tschechoslowakischen Gefängnis eine Ausgabe von Goethes *Faust* in die Zelle gebracht hatte.

Die Geschichte wiederholt sich in der eines jungen Blues-Musikers aus den Südstaaten der USA, der, so will es die Legende, an einem Kreuzweg einen Pakt mit dem Teufel schloss: Seele gegen Talent und Erfolg, was Robert Johnson schließlich berühmt machen sollte. Sie hat Musicals über Baseball inspiriert, japanische Anime-Serien und Songs von Radiohead, Gorillaz, Cradle of Filth und vielen, vielen mehr. Doch natürlich brachte die wohl berühmteste Nacherzählung nach Goethe die Geschichte zurück in die deutsche Sprache – über die Feder Thomas Manns.

Ich habe Thomas Manns *Doktor Faustus* auf einer Winterreise gelesen, bei der ich zwei Tage in einem Haus an einem verschneiten Hang am Rand von Eisenach verbrachte, unterhalb der Wartburg, in der Luther sein Tintenfass nach dem Teufel geworfen hat. Ich las die Geschichte vom Tonsetzer Adrian Leverkühn und seinem faustischen Pakt, der ihm musikalisches Genie im Austausch gegen Wahnsinn und Syphilis beschert, und kämpfte mich dabei auf eine Art und Weise durch Manns dichten Text, die nicht immer Verständnis garantierte. Um ganz ehrlich zu sein: Hätte ich in Eisenach noch etwas anderes zu lesen bei mir gehabt, hätte ich es vielleicht nicht bis zum Ende von *Doktor Faustus* geschafft. Darin verborgen lagen allerdings so viele lebhafte Bilder, dass diese durch meine Träume spukten. Es gibt Szenen in diesem Buch, die auch mehr als zehn Jahre später noch immer zu mir zurückkehren, in den seltsamsten Augenblicken, was möglicherweise die ungeheure Kraft nicht nur von Manns Worten, sondern auch von der faustischen Sage als solcher widerspiegelt.

Mann schrieb das Buch 1947 in den Nachwehen des Zweiten Weltkriegs und inmitten der Trümmer der nationalsozialistischen Verbrechen in Europa. Goethes *Faust* war Teil seiner Suche nach einer nationalen Kultur oder einem nationalen Narrativ in den zersplitterten deutschen Landen des späten achtzehnten und frühen neunzehnten Jahrhunderts; Mann schrieb in denselben ausgebrannten Landschaften, die bald die Gemälde Anselm Kiefers bevölkern sollten. In *Doktor Faustus* geht es um Musik und individuellen Ehrgeiz, ja, doch trägt das Buch die faustische Geschichte über die Philosophie des Individuums hinaus ins Reich der Politik. Nach dem Nazismus und nach Auschwitz war die Seele des Doktor Faustus die geschwärzte, krankheitsverseuchte Seele Deutschlands.

Interessanterweise war Thomas nicht das erste Mitglied der Familie Mann, das eine Version der Faust-Geschichte zu Papier brachte. 1936 hatte sein Sohn Klaus *Mephisto* geschrieben; der Roman spielt in den frühen Jahren des Nationalsozialismus in

Deutschland und erzählt die Geschichte eines Schauspielers namens Hendrik Hoefgen – eine extrem dünn verschleierte Version des echten Schauspielers, einstigen Freunds und Schwagers von Klaus Mann Gustav Gründgens –, der seine Seele für Erfolg am Theater und gesellschaftlichen Status an die Nazis verkauft.

Gemeinsam rahmen die beiden Bücher von Vater und Sohn die Jahre des Nationalsozialismus in Deutschland ein. Auf ihre jeweils ganz eigene Weise versetzen sie eine Geschichte aus dem sechzehnten Jahrhundert, die Geschichte eines Alchemisten und Doktors, eines Trickbetrügers und Scharlatans, in die Gräuel des zwanzigsten Jahrhunderts und die Seelen zweier Künstler, die beide, wiederum auf ihre jeweils ganz eigene Weise, zu Metaphern für das Land selbst werden. Und wie in allen Versionen der Geschichte finden sich diejenigen, die ihren Pakt mit dem Teufel schließen – in welcher Gestalt auch immer er erscheinen mag –, wie Georg Faustus in seinem Zimmer im Gasthof mit »verdrehtem Genick« wieder, das man richten kann, so viel man will, es verdreht sich stets aufs Neue. Einige Wunden heilen schließlich nie.

Wir standen im Wind auf dem Gipfel von Heines deutschem Berg und sahen in die Dunkelheit hinaus. Der Wald lag schattenhaft unter uns, mit sichtbarer Struktur, aber ohne erkennbare einzelne Bäume, doch das spielte keine Rolle. Denn wir konnten sie hören. Fichte spricht, bevor sie bricht.

Heine schrieb seine eigene Version von Faust. Natürlich tat er das. Das war gegen Ende seines Lebens, ein Ballettlibretto, das der Direktor eines Londoner Theaters in Auftrag gegeben hatte. Er schrieb es 1846; aufgeführt wurde es nie, veröffentlicht 1851 aber als *Doktor Faust. Ein Tanzpoem.* In der Einleitung reflektiert Heine über die Geschichte der Geschichte, die von einer Generation zur nächsten und von einem Schriftsteller zum nächsten weitergereicht wurde.

Abraham zeugte den Isaak, Isaak zeugte den Jakob, Jakob aber zeugte den Juda, in dessen Händen das Szepter ewig bleiben wird. In der Literatur wie im Leben hat jeder Sohn einen Vater, den er aber freilich nicht immer kennt, oder den er gar verleugnen möchte.[123]

Im flimmernden Mondlicht des Brockengipfels verstand ich, warum dieser Ort im Laufe der Jahre so viele Menschen in seinen Bann gezogen hat. Ich dachte an Heinrich Heine in seiner Matratzengruft, wie er an seinem Libretto schrieb und sich an die trunkene Nacht dieser Höhen zurückerinnerte, während er die Szene mit dem Hexensabbat im dritten Akt vorbereitete.

Eine breite Bergkoppe; zu beiden Seiten Bäume, an deren Zweigen seltsame Lampen hängen, welche die Szene erleuchten; in der Mitte ein steinernes Postament, wie ein Altar, und darauf steht ein großer schwarzer Bock mit einem schwarzen Menschenantlitz und einer brennenden Kerze zwischen den Hörnern. Im Hintergrunde Gebirgshöhen, die einander überragend, gleichsam ein Amphitheater bilden, auf dessen kolossalen Stufen als Zuschauer die Notabilitäten der Unterwelt sitzen, nämlich jene Höllenfürsten.

Als ich in Berlin an dem Kapitel über meinen eigenen Aufstieg auf den Brocken schrieb, nahm ich meine Ausgabe von Klaus Manns *Mephisto* aus dem Regal und schlug den »Pakt mit dem Teufel« auf. Darin denkt Hoefgen darüber nach, was er getan hat und noch tun wird. Er weiß, was der Pakt bedeutet. Er ist kein Narr. 1936 schrieb Klaus Mann die Worte, mit denen er seine Landsleute zwölf Jahre später aburteilen sollte. Ihr wusstet, was geschah, sagt er. Genau wie Hoefgen wusstet ihr es. Tut nicht so, als hättet ihr es nicht gewusst.

Waren es Glück und Stolz allein, die ihn erschauern ließen? Oder spürte er auch noch etwas anderes – zur eigenen Überraschung? Und was war dieses andere? War es Angst? Es war beinah Ekel ... Jetzt habe ich mich beschmutzt, war Hendriks bestürztes Gefühl. Jetzt habe ich einen Flecken auf meiner Hand, den bekomme ich nie mehr weg ... Jetzt habe ich mich verkauft ... Jetzt bin ich gezeichnet![124]

Am nächsten Morgen, als wir zu stürmischem Wind und Sonnenschein aufwachten, sahen wir aus dem Hotelzimmerfenster hinunter zum Biergarten und dem Wald dahinter. Tag der Deutschen Einheit. Die ersten Bestellungen wurden bereits an die Tische gebracht, die Soundanlage wurde aufgebaut. Und dort, wo an den vergangenen beiden Tagen Bierreklamen gehangen hatten, hingen nun deutsche Fahnen.

9

Sirenengesang

Als wir uns fertig machten, um den Gipfel ein letztes Mal zu verlassen, während die Fahnen im Wind flatterten, kamen die ersten Wanderer des Tages bereits oben an; sie mussten sehr früh von Bad Harzburg oder Torfhaus, von Ilsenburg oder Schierke aus aufgebrochen sein. Von einem Lastwagen wurden Getränke und Lebensmittel abgeladen, er war über die Brockenstraße hier heraufgekommen. Techniker stellten Lautsprecher auf und rollten Kabel für die Soundanlage ab.

Ich setzte mich auf eine niedrige Mauer in der Nähe des Heine-Gedenksteins und nahm mein Notizbuch zur Hand. Ich wollte noch einige wenige letzte Gedanken zu meiner Zeit auf dem Brocken festhalten, über die Szene, die sich vor mir ausbreitete, und zur Aussicht über die bewaldeten Hügel zum Tiefland mit seinem Flickenteppich an Feldern dahinter. Jeder, der zum Gipfel dieses Bergs kommt, um über ihn zu schreiben, sollte immer an die Warnung aus der *Harzreise* denken, die Heine seinen Lesern mit auf den Weg gibt, während er sich selbst zum Abstieg bereit macht. An diesem letzten Morgen, seine Mitstudenten versammeln sich zum Marsch den Berg hinunter, nimmt sich Heine einen Augenblick Zeit, um in den Gedanken derjenigen zu lesen, die ebenfalls bergaufwärts zu einem der schon damals berühmtesten Reiseziele Deutschlands gestapft waren.

Es war das sogenannte Brockenbuch, worin alle Reisende, die den Berg erstiegen, ihre Namen schreiben, und die meisten noch einige Gedanken, und in Ermangelung derselben, ihre Gefühle hinzunotieren. Viele drücken sich sogar in Versen aus. In diesem Buche sieht man, welche Greuel entstehen, wenn der große Philistertroß bei gebräuchlichen Gelegenheiten, wie hier auf dem Brocken, sich vorgenommen hat, poetisch zu werden.

Ich dachte an all jene, die danach gekommen waren, die die *Harzreise* gelesen und den Berg bestiegen hatten und dann vor der leeren Seite des Brocken-Gästebuchs standen. Mit der Angst im Nacken, zum Mitglied des großen Philistertrosses abgestempelt zu werden, dessen Worte Heine so gar nicht beeindruckt hatten, muss es schwierig gewesen sein, sich auch nur etwas halbwegs Originelles einfallen zu lassen.

Als ich mir später noch einmal ansah, was ich in mein Notizbuch gekritzelt hatte – ein Gästebuch hatte ich während meiner zwei Tage auf dem Gipfel des Brocken nirgends entdeckt –, stellte ich fest, dass wenig Poesie in meinen Worten steckte. An diesem Morgen hatte ich eher daran gedacht, was kommen würde. Oft springt der Geist am letzten Tag einer Reise, am letzten Morgen eines Urlaubs, zur Ziellinie voraus. Im Kopf ist man bereits zu Hause, packt die Koffer aus und füllt die Waschmaschine. Als ich da neben Heine saß, als sich die Ersten auf der Gipfelparty um mich versammelten, als ein fröhlicher Mann einen Soundcheck machte und seine Stimme wie die eines Ansagers bei einem Schulsporttag in großer Höhe über die Wipfel der Bäume unter uns davontrieb, zerstreut und verloren im Wind, war ich schon unten in Ilsenburg, im Zug zurück nach Berlin, und sann über das Ende meiner Wanderzeit mit Heine nach.

Einen Großteil meiner Wanderung hatte ich darüber nachgedacht, dass es unmöglich war, eine Reise wie diese zur Flucht zu nutzen. Dass der Wald ebenso Teil der sogenannten realen Welt war wie die Städte, die wir hinter uns lassen, wenn wir uns auf den Weg machen. Dass wir den Realitäten unserer Situation und unserer Geschichte nicht entkommen können, indem wir einfach den Pfad in das voranschreiten, was wir als »Natur« ansehen. Doch auf jeder Reise, sei es nun eine lange Wanderung oder ein Transkontinentalflug, eine Fahrt mit dem Nachtzug oder dem Auto, funktioniert die Zeit irgendwie anders als in der Alltagsroutine. Neun Tage lang hatte es sich ein wenig so angefühlt, als könnte ich alles zum Stillstand bringen, solange ich mich nur weiter bewegte. Und wenn ich den Fuß des Bergs erreicht hatte, wäre es an der Zeit, wieder in die Welt zurückzukehren.

Wir brachen auf, gingen den Heinrich-Heine-Weg entlang, den Wanderweg, der den Berg mit Ilsenburg verbindet und den auch Heine im letzten Abschnitt der *Harzreise* geht. Wir brachen zum Klang von Helene Fischers Sirenengesang auf, der die Menschen unten zur wohl größten Party des Jahres auf den Gipfel des Brocken rief. Und sie kamen. Auf den Betonplatten der Militärstraße legten gerade Hunderte die letzten Schritte durch den Fichtenwald bis zum Plateau ganz oben zurück. Die Sonne schien, die Stimmung war gut. Nach Helene kamen die Black Eyed Peas. Es lief. Die Bierkästen stapelten sich, das Extrapersonal entstieg dem eigens angeheuerten Minibus. Es würde ganz sicher eine tolle Party werden.

> *Das ging über Hals und Kopf. Hallesche Studenten marschieren schneller als die östreichische Landwehr. Ehe ich mich dessen versah, war die kahle Partie des Berges mit den darauf zerstreuten Steingruppen schon hinter uns, und wir kamen durch einen Tannenwald, wie ich ihn den Tag vorher gesehen.*

Wir waren nicht so schnell wie Heine und seine lustige Truppe verkaterter Patrioten. Wir nahmen uns für den Abstieg Zeit. Katrin hielt immer wieder an, um von den verschiedenen Aussichtspunkten aus zu fotografieren, während ich meinen Blick über die wogenden Hügel schweifen ließ und versuchte, die Strecke auszumachen, die ich in den vergangenen anderthalb Wochen zurückgelegt hatte. Ich wusste, dass die Orte irgendwo da unten waren. Göttingen und Northeim. Osterode und Clausthal-Zellerfeld. Goslar und Bad Harzburg. Doch von dort, wo ich stand, an den oberen Hängen des Brocken, konnte ich nur Bäume in unterschiedlichem Gesundheitszustand sehen.

»Wie weit ist es denn noch?«, fragte mich ein Mann und lehnte sich auf seine Wanderstöcke. Sein Gesicht war gerötet, sein Hemd schweißnass. Nicht mehr weit, antwortete ich ihm, doch er schüttelte nur den Kopf. Vielleicht war er enttäuscht, vielleicht glaubte er mir nicht. Vielleicht fragte er sich aber auch nur, warum um alles in der Welt er das hier überhaupt machte.

Auf der anderen Seite des Wegs erregte etwas Graffiti an der Wand eines Trafohäuschens meine Aufmerksamkeit.

Goethe 3
Heine 1
Benno 7400 …

Die Punktekarte brachte die größten Schriftsteller des Gipfels mit seinem größten Erwanderer zusammen. Als ich dieses Buch schrieb, hatte es Brocken-Benno auf weit über achttausend Besteigungen des Bergs gebracht, zum 8888. Mal am 22. Mai 2020, seinem achtundachtzigsten Geburtstag. Benno war auch da gewesen, als sich die Menschen am 3. Dezember 1989 ihren Gipfel von den Soldaten und Spionen zurückholten, und ich hatte mich gefragt, ob er wohl auch am Tag der Deutschen Einheit dort sein würde, da ich auf seiner Website gelesen hatte, dass es ihm nicht gut ging. Wie man ihn kontaktieren konnte, stand nicht auf der Website, und wenn es ihm nicht gut ging, wollte ich ihn ohnehin nicht belästigen. Später aber freute ich mich zu lesen, dass er es noch einmal auf den Gipfel geschafft hatte: Er hatte sich nur wenige Stunden, nachdem wir aufgebrochen waren, mit mehr als einem Dutzend Schornsteinfegern in traditioneller Kleidung dort oben fotografieren lassen.

Als ich die Wanderung nach Ilsenburg später niederschrieb, wurde Benno neunundachtzig. Aus gesundheitlichen Gründen blieb er an seinem Geburtstag im Tal, doch war er zuversichtlich, dass er an seinem neunzigsten Geburtstag im Jahr darauf neuntausend Besteigungen geschafft haben würde.[125]

»Für mich ist und bleibt der Brocken ein Symbol der Freiheit und Einheit«, erklärte er in einem Interview mit dem NDR. Und als wir die oberen Hänge des Bergs hinunterwanderten, passte die Stimmung zu seinen Worten: Sie war an diesem Tag der Einheit, einem sonnigen Samstag Anfang Oktober, überwältigend positiv – ebenso positiv, wie sie für Heine gewesen war, als er an einem sonnigen Oktobertag vor beinahe zweihundert Jahren selbst vom Berg abgestiegen war.

Wenn frohe Jugend und schöne Natur zusammenkommen, so freuen sie sich wechselseitig.

Meine Stimmung an diesem Morgen war etwas ambivalenter. Die Stimmung auf dem Berg war gut, das ja, und bei Musik und Bier und Fähnchen würde es zweifelsohne eine tolle Party werden. Doch würden auch die, die sich auf den Gipfel des Bergs begaben, ob nun zu Fuß, mit dem Rad oder mit dem Zug, der verwüsteten Landschaft, die mich seit Tagen beschäftigt hatte, nicht entkommen können. An diesem Morgen hatte ich beim Frühstück einen Zeitungsartikel über den Gesundheitszustand des deutschen Walds gelesen, der zur Berichterstattung über die Lage der Nation am Tag der Deutschen Einheit gehörte. In diesem Herbst gab es erneut so einiges über den Wald zu berichten. Allerdings nichts Gutes.

Wie ich auf meiner gesamten Wanderung gesehen hatte, war der Wald im Harz wie fast überall in Deutschland bewirtschaftetes Land. Der Förster und Autor Peter Wohlleben schätzt in einem seiner Bücher den Flächenanteil gänzlich unberührten Walds in Deutschland auf weniger als zwei Prozent.[126] Die Dominanz von Fichten und Kiefern im Harz war ein gutes Beispiel dafür. Der Wald war krank.

Einem Forschungsbericht der deutschen Regierung zufolge, so Wohlleben, kann weniger als die Hälfte aller Bäume in Deutschland als gesund eingestuft werden, die überwiegende Mehrheit ist entweder moderat oder schwer beschädigt. Als ich mein Buch schrieb, stieß ich die ganze Zeit über in beinahe jeder großen Zeitung auf Artikel, in denen man sich fragte, was dagegen getan werden könnte, und an jedem Tag meiner Wanderung war ich Zeuge des Problems geworden.

Für den Förster Wohlleben sind hier mehrere Faktoren am Werk. Abgesehen vom Klimawandel und vom Borkenkäfer verweist Wohlleben auch auf die Jagdindustrie und die Anzahl großer Pflanzenfresser im deutschen Wald. Man schätzt die Dichte der ansonsten natürlichen Population von Wild und Wildschwein auf das bis zu Fünfzigfache ihres Normalzustands, der Verbiss in Mischwäldern ist riesig. Das wiederum hat weitere Anpflanzungen von Fichten und Kiefern zur Folge.

Diese Anpflanzungen aber sind für die steigenden Temperaturen, die Beschädigung durch den Borkenkäfer und Waldbrände am anfälligsten, ein Risiko, das durch den zunehmenden Gebrauch schweren Geräts im Wald noch verschärft wird. Nach den verheerenden Stürmen von 1990 wurden im deutschen Wald erstmals sogenannte Holzvollernter eingesetzt; diese Maschinen pressen den Boden auf bis zu zwei Meter unter der ursprünglichen Erdoberfläche zusammen, was es den Bäumen erheblich erschwert, an Feuchtigkeit heranzukommen. Und wie ich mit eigenen Augen gesehen hatte, sind trockene Bäume eine leichte Beute, vor allem wenn es sich bei diesen Bäumen um Fichten und Kiefern handelt.

Die Lösung scheinen mehr gemischte Wälder zu sein. Mehr Laubbäume, von denen die unteren Hänge des Harzes bewachsen waren, bevor die Bergbauindustrie im achtzehnten und neunzehnten Jahrhundert Fuß fasste. Am wichtigsten aber ist, dass »gesunde Laubbäume nicht brennen«, so Wohlleben, »egal wie viel Mühe man sich gibt«. Doch selbst wenn es an Orten wie dem Nationalpark Harz möglich sein sollte, den Wald »sterben« zu lassen, damit er wiedergeboren werden kann, wie wir am Brocken und im Besucherzentrum am Tag zuvor gesehen hatten, so bleibt der Großteil der Wälder in Deutschland doch kommerziell. Der Landbesitzer muss wirtschaftlich denken. Die Jäger haben ein Mitspracherecht. Und in der Zwischenzeit knabbert der Borkenkäfer munter vor sich hin, und Waldbrände wüten. Gleichzeitig wird immer deutlicher, sowohl in Deutschland als auch im Rest der Welt, dass jeder erfolgreiche Versuch, die zerstörerischen Auswirkungen der Klimakrise abzuwenden oder auch nur abzumildern, gesunde Bäume braucht. Jede Menge gesunde Bäume.

Wir folgten eine Weile lang einem Forstweg, der breit genug für jeden Holzvollernter war, bevor der Heinrich-Heine-Weg in den Wald abbog und zu einem schmalen Pfad wurde, der zwischen dicken Fichten hindurchführte. Sie erinnerten ungeachtet des blauen Himmels über uns an den Schauplatz eines Weihnachtsmärchens. Auf einer Lichtung im Wald trafen wir auf eine kleine Gruppe von Leuten, die belegte Brote auf Baumstämmen vor sich ausgebreitet hatten, umgeben von hohem Gras und Wildblumen. Hinuntergespült wurde das frühe Mittagessen mit Bier aus kleinen, untersetzten Flaschen.

Da offensichtlich nur wenige wie wir den Berg hinunterwanderten, stellten sie uns dieselbe Frage, die man uns in den ersten Stunden nach unserem Aufbruch schon öfter gestellt hatte.

»Wie weit ist es noch bis nach oben?«

Einige in der Gruppe, so schien es, mussten vom Lohn für die Anstrengungen, die noch kommen sollten, erst noch überzeugt werden. Wir versprachen ihnen, dass die Aussicht an einem Tag wie diesem einfach atemberaubend sein würde. Ebenso atemberaubend wie das Bier kalt. Allerdings brachte ich es nicht übers Herz, ihnen zu sagen, dass die Lichtung, auf der sie saßen, der womöglich schönste Flecken Waldes war, den ich seit Tagen gesehen hatte, und dass der Rest der Wanderung weit weniger malerisch sein würde.

»Ach, wie schön«, sagte eine von ihnen und nahm noch einen Schluck Bier. Sie sagte das zu niemand Bestimmtem, und das Bier stellte sich bei näherem Hinsehen als Mixgetränk mit einem Energydrink heraus. Mit Power bis ganz nach oben. In diesem Augenblick aber hatte sie absolut recht.

Die Szene mit ihrem Picknick und dem langen Gras, den Wildblumen und den Schmetterlingen, dem Wald, der uns beinahe schützend umgab, dem Pfad, auf dem uns Baumwurzeln wie Stufen die steileren Stellen hinauf- und hinunterhalfen, stand sinnbildlich für die Ambivalenz, die ich verspürte. In einem Augenblick wanderte ich durch eine Landschaft, die unmissverständlich davon zeugte, was wir unserem Planeten angetan haben, und im nächsten stieß ich auf ein Bild, das Heines Philister sicherlich zum Verfassen einiger Verse inspiriert hätte.

Wir lieben den Wald, deshalb haben wir Angst um ihn. Wir fahren die Autobahn entlang und blicken auf die Stelle jenseits des Böschungszauns, an der Bäume auf einer Fläche von fünf Fußballfeldern gefällt worden sind, um zu verhindern, dass sich der Borkenkäfer weiter ausbreitet. Wir sitzen auf unserem Balkon in Berlin und sehen schaudernd dabei zu, wie sich der Himmel von den Waldbränden in Brandenburg rot verfärbt. Ein Omen, direkt vor unserer Haustür. Wir folgen den Spuren schweren Geräts, das den Wald aus der Erde gerissen zu haben scheint, und fühlen uns dabei wie in einem Film über die Apokalypse.

Und dennoch stellen wir uns den Wald als unseren eigenen Hundert-Morgen-Wald vor. Wir projizieren auf ihn, was wir sehen wollen. Wir gehen »waldbaden« und schicken unseren Nachwuchs in den »Waldkindergarten«. Wir träumen von einer Hütte im Wald und treffen Vorkehrungen, nach unserem Ableben auf einem »Waldfriedhof« bestattet zu werden – die Rückkehr zu einer Art heidnischen, vorchristlichen Tradition, bei der der Körper wieder der Erde überantwortet wird, auf dass er die in ihr wachsenden Bäume nähre. Ein Akt, den sicherlich auch Heine faszinierend gefunden hätte.

Wir lieben den Wald und wir haben Angst um ihn, und selbst wenn wir wissen, dass dieser unser Wald mehr Forst als Wildnis ist, dass wir ihn zerstören, während wir ihn romantisieren, können wir gar nicht anders, als nostalgisch und melancholisch auf die Landschaften zu blicken, die zu unserer Seele zu sprechen scheinen.

Und während ich noch einmal lese, was ich gerade geschrieben habe, frage ich mich, auf wen ich mich beziehe, wenn ich schreibe ...

Wir.

In Göttingen hatte ich das Gedicht gelesen, mit dem Heine die *Harzreise* eröffnet. Er läuft der Stadt und ihren Menschen davon, läuft zu den Hügeln und in den Wald.

Auf die Berge will ich steigen,
Lachend auf Euch niederschauen.

Und nun, da wir weiter nach Ilsenburg hinabwanderten und ich weiter Heine folgte, kam es mir so vor, als hätte er letztlich verstanden, dass es unmöglich ist zu entkommen. Dass genau das, was ihn in Göttingen so ermüdet hatte und was ihn für den Rest seines Lebens ermüden würde, auf dem Gipfel des Brocken auf ihn wartete, auf dem Gipfel des deutschsten aller Berge.

Wir können nicht in die Natur fliehen, weil wir Teil der Natur sind. Es gibt keine wirklich unberührten Orte mehr. Die arktischen Gletscher schmelzen. Die tiefsten Gräben am Boden der Ozeane sind von Plastiktüten übersät. Und während wir auf unsere Wälder, unsere Gletscher und unsere Meere blicken und wissen, dass wir jetzt handeln müssen, dass, wenn es noch nicht zu spät ist, es bald zu spät sein wird, sehen wir gleichzeitig in genau den Bewegungen, die versuchen, uns vor uns selbst zu schützen, beunruhigende Anzeichen dafür, dass dort auch nicht alles gut ist.

Die Geschichte der Umweltschutz- und Ökologiebewegungen umfasst das gesamte politische Spektrum. Zwar werden Greta Thunberg, Fridays for Future, verschiedene »grüne« Parteien rund um den Globus und Nichtregierungsorganisationen wie Greenpeace oft als progressiv oder sogar links bezeichnet, doch ist der Naturschutz schon seit Langem auch die Domäne der Rechten, vom nationalistischen Empfinden in den Werken von Hermann Löns bis zu Deutschlands erstem landesweiten Naturschutzgesetz, dem »Reichsnaturschutzgesetz« der Nazis von 1935.[127]

Im Jahr 2018 widmete sich ein Bericht der Fachstelle Radikalisierungsprävention und Engagement im Naturschutz (FARN) sowohl der Geschichte der rechtsextremen Ideologie im Natur- und Umweltschutz als auch der Tatsache, dass die Neue Rechte in Deutschland ökologisches Bewusstsein und Umweltschutz immer mehr zum Kernelement ihrer Aktivitäten macht, um so gewissermaßen in der Mitte der Gesellschaft anzukommen.[128]

> *Erst bei genauerem Hinsehen*, so der Bericht, *wird deutlich, dass der rechte Natur- und Umweltschutz oft verknüpft ist mit rassistischen, biologistischen und völkischen Ideen – etwa mit den neu-rechten Konzepten vom »Ethnopluralismus« oder der »Umvolkung«.*[129]

Das ist natürlich nichts Neues. Der Bericht verfolgt die Ursprünge der deutschen Natur- und Umweltbewegungen bis zum konservativen, romantischen und zivilisationskritischen Denken des mittleren neunzehnten Jahrhunderts zurück, das sich als Reaktion auf die Industrialisierung entwickelt hatte. Und wie die *Süddeutsche Zeitung* schrieb, als sie sich mit dem von ihr so genannten »grünbraunen« Trend beschäftigte, setzte sich dies unter den Nazis fort:

> *Im Nationalsozialismus war er [der Umweltschutz] eines der Kernthemen, 1933 und 1935 wurden das Reichstierschutz- und das Reichsnaturschutzgesetz erlassen. Naturschutz, Heimatschutz und Blut-und-Boden-Ideologie gehörten für die Nationalsozialisten zusammen.*[130]

Heute zeigt sich die Verbindung zwischen Umweltschutz, »Heimatschutz« und dem, was der FARN-Bericht als die »völkischen« Ideologien der Neuen Rechten beschreibt, in unterschiedlicher Weise. Eine davon ist die Rückkehr zu den Siedlungsfantasien eines »Bund Artam«, einer ländlich-völkischen Vereinigung im Namen des Blut-und-Boden-Ruralismus, die in den Sozialbewegungen des späten neunzehnten Jahrhunderts wurzelte und 1923 gegründet wurde. Mit ihrer Zurück-aufs-Land-Ideologie wollten die Artamanen die arische Rasse mittels Besiedelung »retten« und ließen sich widerstandslos von den Nazis vereinnahmen.

Solcherlei Vorstellungen sind in der heutigen Neuen Rechten überaus prominent; überall in ländlichen Gegenden, häufig in der ehemaligen DDR, haben sich seit den 1990er-Jahren Gemeinschaften gebildet, die sich den Prinzipien des Bunds Artam verpflichtet fühlen:

> *In rechten bis rechtsextremen Medien wie dem Magazin* Umwelt & Aktiv *oder der neu-rechten Zeitschrift* Sezession *werden Siedlungsprojekte immer wieder positiv besprochen und Appelle zur Landnahme verfasst, die sich vor allem an junge Männer richten.*[131]

Neben der Besiedelung durch »gleichgesinnte« Individuen ist die Neue Rechte natürlich auch am Schicksal des Waldes, dieses Symbols von Deutschland und der deutschen Identität, interessiert, womit sie die Ideale der Artamanen ins einundzwanzigste Jahrhundert trägt. Das ist vor allem in den Reihen der »Identitären Bewegung« der Fall, einer paneuropäischen, nationalistischen und ultrarechten Gruppierung, die in Frankreich entstand und einen Großteil ihrer Inspiration aus der sogenannten Konservativen Revolution bezieht, einer in der Weimarer Republik beliebten neokonservativen Strömung.

Im Bericht der FARN taucht auch eines der führenden weiblichen Mitglieder der Identitären Bewegung mitsamt seiner Fotokunst auf. Sie gibt ihren Bildern Titel wie »Tochter des Waldes« oder auch »Waldeinsamkeit«. Häufig inszeniert sie sich selbst im Wald, barfuß und mit leichten, fließenden Kleidern – die 2020er-Version eines Gemäldes aus dem neunzehnten Jahrhundert und wie so oft bei der Neuen Rechten in Wirklichkeit gar nicht so neu.

> *Diese positiven Eigenschaften werden seit der Romantik genutzt, um den »Deutschen Wald« als Projektionsfläche für gesellschaftliche Phänomene und historische Verknüpfungen zu verwenden oder zu missbrauchen.*[132]

Wieder einmal wird der Wald zum Symbol. Die Bäume, die da beieinanderstehen, ob nun als Urwald oder Forst, dienen als Lagerstätte für was auch immer wir bei ihnen abzulegen wünschen. Eines der besten Beispiele dafür findet sich in den Werken Ernst Jüngers. Der Schriftsteller war Teil der Konservativen Revolution im Zwischenkriegsdeutschland, seine Arbeiten wirken bis ins derzeitige Jahrhundert hinein fort und beeinflussen insbesondere die Neue Rechte sowie die Identitäre Bewegung auch heute noch.

> *Der Ort der Freiheit ist ein ganz anderer als bloße Opposition, ein anderer auch, als ihn die Flucht gewähren kann. Wir nannten ihn den Wald.*[133]

Ernst Jünger wurde 1895 in Heidelberg geboren. Seine Jugend gestaltete sich recht ereignisreich, unter anderem lief er als Teenager von zu Hause weg, um sich der Fremdenlegion anzuschließen. Er kämpfte im Ersten Weltkrieg, wo er sieben Mal verwundet wurde. Seine Kriegsmemoiren *In Stahlgewittern* wurden zum internationalen Bestseller, in den gesamten 1920er-Jahren kehrte Jünger beim Schreiben immer wieder zu diesem Thema zurück. Der Krieg war in den Augen Jüngers ein Mittel, um Männern sowohl den Weg zu ihrem wahren Selbst als auch eine Vision der Zukunft aufzuzeigen.

> *Dieser Krieg ist nicht das Ende, sondern der Auftakt der Gewalt. Er ist die Hammerschmiede, in der die Welt in neue Grenzen und neue Gemeinschaften zerschlagen wird. Neue Formen wollen mit Blut erfüllt werden, und die Macht will gepackt werden mit harter Faust. Der Krieg ist eine große Schule, und der neue Mensch wird von unserem Schlage sein.*[134]

Obwohl er zu den führenden Intellektuellen der konservativ-nationalistischen Bewegung in der Weimarer Republik gehörte, sollte Jünger die Nazis letztlich ablehnen, wenngleich in seinen Schriften aus den Zwanziger- und Dreißigerjahren mehr als deutlich wird, dass die politischen Gedanken, die er in dieser Zeit entwickelte, nicht gerade meilenweit von der NSDAP entfernt waren, mit Ausnahme vielleicht vom hochinfektiösen Rassismus und Antisemitismus Letzterer.

Auch nach 1933 verkauften sich Jüngers Bücher noch gut, er selbst reiste viel – unter dem Schutz seines Ruhms, ungeachtet eher zweideutiger Werke wie des Romans *Auf den Marmorklippen*, den man durchaus – und Goebbels tat das – als regimekritisch betrachten konnte. Goebbels hätte Jünger gern inhaftiert, fand ihn jedoch von Hitler beschützt, der anordnete, den Mann in Ruhe zu lassen.[135]

Im Zweiten Weltkrieg war Jünger Stabsoffizier in Paris; danach war er von den Besatzungsmächten eine Weile verboten, weil er sich weigerte, an der Entnazifizierung Deutschlands teilzunehmen. In den 1950er-Jahren jedoch war sein Ruf wiederhergestellt, zumindest in Westdeutschland. Jünger starb als angesehener Schriftsteller, auch wenn manchen, vor allem aus dem linken politischen Spektrum, sein Nationalkonservatismus bis zuletzt suspekt war.

Das Buch, in dem sein politisches Denken vielleicht am besten zum Ausdruck kommt und das für die Neue Rechte in Deutschland und darüber hinaus zur Pflichtlektüre geworden ist, ist der 1951 erschienene Essay *Der Waldgang.* In ihm hält Jünger den Wald als Metapher für Freiheit hoch, als Ort des Widerstands für jene Partisanen oder »Waldgänger«, die sich der unterdrückerischen Staatsmacht entgegenstellen.

Der titelgebende Waldgang ist eine innere und äußere Reise zugleich, das Betreten eines Raums jenseits der Kontrolle eines totalitären Staats, in dem sich der Waldgänger gegen die gehorsamen Massen abhebt. Aus Jüngers Feder wird der Wald zu einem Ort jenseits des Staats, zu einem anarchischen Land für sich, jenseits der Überwachung und Beobachtung.

> *Waldgänger aber nennen wir jenen, der, durch den großen Prozess vereinzelt und heimatlos geworden, sich endlich der Vernichtung ausgeliefert sieht. Das könnte das Schicksal vieler, ja aller sein – es muss also noch eine Bestimmung hinzukommen. Diese liegt darin, dass der Waldgänger Widerstand zu leisten entschlossen ist und den, vielleicht aussichtslosen, Kampf zu führen gedenkt. Waldgänger ist also jener, der ein ursprüngliches Verhältnis zur Freiheit besitzt, das sich, zeitlich gesehen, darin äußert, dass er dem Automatismus sich zu widersetzen und dessen ethische Konsequenz, den Fatalismus, nicht zu ziehen gedenkt.*[136]

Das Buch ist zwar vor mehr als siebzig Jahren geschrieben worden, doch geht es darin um die Rolle der Technologie und das, was Jünger als »Automatismus« als Mittel zur Kontrolle bezeichnet, die sich bis zur Wahlurne in einer korrupten Demokratie erstrecken. Er entwirft Bilder von Stadtsilhouetten und ihrem Wald aus Fernseh- und Radioantennen, die »aufragen«, um dämonische Verbindungen zu den Abendnachrichten und ihren Botschaften der Angst herzustellen. Vieles aus dem *Waldgang* ist nicht nur in den Schriften oder YouTube-Videos der Neuen Rechten, sondern auch in den Verschwörungstheorien wiedererkennbar, die von Aktivisten jeglicher politischer Couleur sowie auf den Transparenten und Plakaten der »Querdenker« verbreitet werden, die inmitten einer Pandemie durch deutsche Stadtzentren ziehen.

Jünger und sein Waldgänger mögen in der konservativen nationalistischen Bewegung der 1920er-Jahre verwurzelt sein und hundert Jahre später entscheidenden Einfluss auf die Neue Rechte ausüben, doch sind seine Botschaften wie die Wilhelm Tells – die berühmte Geschichte des Widerstands, der zur Einheit einer Nation führte – für all jene außerordentlich verlockend, die sich angesichts übersteigerter und übergriffiger Macht machtlos fühlen. Solche Geschichten sind selbst überaus mächtig. Geschichten vom Waldgänger und dem einzigen Mann im Dorf, der sich nicht einschüchtern lässt. Ein einzelner Akt des Widerstands, der zum Tod führen könnte. Diesen darf man jedoch nicht fürchten, denn nur ohne Furcht kann man wahre Freiheit erlangen.

> *Die Katastrophen prüfen, in welchem Maße Menschen und Völker noch original gegründet sind. Ob wenigstens noch ein Wurzelstrang unmittelbar das Erdreich aufschließt – daran hängen Gesundheit und Lebensaussicht jenseits der Zivilisation und ihrer Versicherung.*[137]

Die Zeilen stehen relativ weit vorn in *Der Waldgang*. Geschrieben wurden sie in einem Deutschland, das gerade erst aus den

Zerstörungen des Nationalsozialismus und des Zweiten Weltkriegs auftauchte. Heute sichert sich die Neue Rechte in Zeiten einer katastrophalen Klimakrise, ökonomischer Turbulenzen, zunehmender Ungleichheit und einer technologischen Revolution Einfluss und Unterstützung, die einen Überwachungsstaat hervorgebracht hat, den sich Jünger nie hätte träumen lassen. Die Frage sollte dennoch nicht sein, was schiefläuft, sondern, was wir dagegen tun können.

Martin Sellner, ein führendes Mitglied der Identitären Bewegung, weiß genau, was Umweltschutz und ökologisches Bewusstsein für ihn bedeuten:

> *Umweltschutz ist extrem eng und ganz klar mit Heimatliebe verknüpft. Umweltschutz hat nichts, aber auch gar nichts, mit Multi-Kulti, Einwanderung und Globalisierung zu tun.*[138]

Daraus lässt sich recht leicht ableiten, wie Sellners bevorzugte Lösung des Problems aussehen könnte. Es reicht nicht, den Wald zu lieben und ihn schützen zu wollen. Wir stehen am Hang unterhalb des Brocken und blicken auf die Verwüstung. Für Jünger ist der Wald eine Metapher für Freiheit. Für Sellner die Vorstellung, dass wir unsere Verbundenheit, unsere Wurzeln, verloren haben. Zweihundert Jahre nach Heines Wanderung durch den Wald bin ich mir sicher, er hätte beide Positionen wiedererkannt. Er sah etwas Ähnliches in seinen Zeitgenossen, in ihren Gedichten und Geschichten, ihren Essays und Erklärungen, in den Schlüssen, die sie aus ihren Interaktionen mit dem Wald und der Landschaft insgesamt zogen.

Wie es immer schon war und wie auch Jünger selbst schreibt, ist die »Lehre vom Walde [...] uralt wie die menschliche Geschichte«.[139] Angst allerdings macht es, darüber nachzudenken, welche Lektionen vielleicht gelernt werden müssen. Wohin haben uns die auf dem Gipfel des Bergs gesungenen patriotischen Lieder und die

Philister des Brockenbuchs schließlich gebracht? Von wem wird der Sirenengesang heute gesungen? Es ist nicht so, dass wir Angst davor haben sollten, dass sich die Geschichte wiederholt, denn das wäre zu einfach. Die Welt hat sich verändert. Nein, die Geschichte wiederholt sich nicht. Doch um es mit häufig Mark Twain zugeschriebenen Worten zu sagen: Mitunter reimt sie sich.

Auf halbem Wege den Berg hinunter machten wir an einer Wanderhütte mit Picknicktisch davor Rast. Wir hatten die Ilse erreicht, und von der Hütte aus würden wir ihrem rauschenden Wasser bis zum Ende unserer Wanderung folgen. Im Inneren der Hütte waren zahlreiche Botschaften ins Holz geritzt. Keine politischen dieses Mal, nur Namen und Daten.

Johannes, Basti und Anna waren hier (ist echt hart!)

Dabei hatten sie noch ein ganzes Stück vor sich. Ich nippte an meiner Wasserflasche, während Katrin noch etwas fotografierte, den oberen Teil des Brocken, der sich nun gegen die Mittagssonne abzeichnete. Inzwischen konnten wir die Geräusche, die von oben herunterdrangen, nicht mehr hören. Wir hatten die Party hinter uns gelassen, obwohl ich sie im Geiste immer noch alle vor mir sah, wie sie auf den Nationalfeiertag anstießen und die Fahnen noch immer kräftig im Wind flatterten.

Das ist nun die Ilse, die liebliche, süße Ilse. Sie zieht sich durch das gesegnete Ilsetal, an dessen beiden Seiten sich die Berge allmählich höher erheben, und diese sind, bis zu ihrem Fuße, meistens mit Buchen, Eichen und gewöhnlichem Blattgesträuche bewachsen, nicht mehr mit Tannen und anderm Nadelholz.

Auch Heine war am Fluss angekommen, und so folgten wir ihm durch ein Stück Wald, das vielleicht das schönste war, das ich auf meiner Wanderung bislang durchquert hatte. Es war ein Stück Mischwald, hier und da ein paar Fichten und Kiefern, dazwischen aber auch Buchen, Eichen und Birken. Der Fluss plätscherte neben uns her, während wir einem Pfad zwischen den Bäumen hindurch folgten, der von einem herbstlichen Laubteppich bedeckt war. War dies eine Vision des zukünftigen Harzes, des Harzes nach der Renaturierung?

Einige Monate nachdem ich von meiner Wanderung nach Berlin zurückgekehrt war, unterhielt ich mich mit einem deutschen Autor darüber, was ich im Wald gesehen hatte. Er riet mir, über den momentanen Zustand des Harzes nicht traurig zu sein, auch wenn er zugegebenermaßen furchtbar aussehe.

»Der Borkenkäfer tut uns einen Gefallen«, sagte er.

Im Ilse-Tal schwirrte mir der Kopf vor lauter Gedanken daran, was der Wald alles beinhalten kann. Ich sagte mir immer wieder, die Wanderung einfach zu genießen. Den Wald auf diesem letzten Streifzug so zu genießen, wie er war. Nicht daran zu denken, wofür er stehen könnte, was er uns über Vergangenheit, Gegenwart oder Zukunft sagen könnte. Es war ein wunderschöner Herbsttag. Hier und dort bahnte sich die Sonne ihren Weg durchs Blätterdach der Bäume, um den Boden mit hellen Flecken Lichts zu übersäen. Der Fluss verlief fröhlich an unserer Seite, unsere Begleitmusik war das über die Steine rauschende Wasser, die in den Bäumen zwitschernden Vögel und die Gesprächsfetzen der Leute, an denen wir vorbeigingen.

An dieser Stelle war auch Heine zufrieden. Er fügt ein weiteres Gedicht ein und schreibt Passagen, die den Leser glauben machen könnten, er sei von der Nacht zuvor immer noch betrunken.

> *Unendlich selig ist das Gefühl, wenn die Erscheinungswelt mit unserer Gemütswelt zusammenrinnt, und grüne Bäume, Gedanken, Vögelgesang, Wehmut, Himmelsbläue, Erinnerung und Kräuterduft sich in süßen Arabesken verschlingen.*

Der Wald birgt in seinem Geäst nicht nur die eigenen Geschichten, sondern auch die, die wir mitbringen. Woran dachte Heine, als er dem Fluss bis nach Ilsenburg hinunter folgte? An die Wälder am Stadtrand von Düsseldorf, die er als Kind gekannt hatte? Er verrät es uns nicht. Und ich? Woran erinnerte mich dieses Tal mit seinem Pfad, auf dem es sich so herrlich weich gehen ließ, und dem noch weicheren Licht, das durch die an den Bäumen übrig gebliebenen Blätter fiel? Welche Erinnerungen trieben auf dem Fluss, hervorgetreten aus ihren unterirdischen Becken, um mit uns den Berg hinabzurauschen?

Ich weiß es nicht mehr.

Es gibt diesbezüglich keine Notizen in meinem kleinen Buch. Keine Erinnerung an ausgelöste Erinnerungen. Etwa eine Stunde lang wanderten Katrin und ich zwischen den Bäumen hindurch. Wir sprachen nicht viel, wanderten nur durch den Wald. Und so scheine ich ganz am Ende meiner Wanderung einzig an das Hier und Jetzt gedacht zu haben.

> *Das ist ein ungeheurer Granitfelsen, der sich lang und keck aus der Tiefe erhebt. Von drei Seiten umschließen ihn die hohen, waldbedeckten Berge, aber die vierte, die Nordseite, ist frei, und hier schaut man das unten liegende Ilsenburg und die Ilse, weit hinab ins niedere Land. Auf der turmartigen Spitze des Felsens steht ein großes, eisernes Kreuz, und zur Not ist da noch Platz für vier Menschenfüße.*

Eine Geschichte hat Heine noch zu erzählen. Der Ilsestein befindet sich oberhalb des Flusses und des Tals in Sichtweite der ersten Gebäude von Ilsenburg – beziehungsweise, je nach Perspektive, der letzten. In der *Harzreise* zitiert Heine eine Reihe von Sagen, die um den Stein herum entstanden sind. Dort hatte einst ein verwunschenes Schloss gestanden, und die Sagen sollten erklären, was es mit der auffälligen Felsformation auf sich hatte.

Während er den Granitfelsen erklimmt, sinnt Heine darüber nach, wie sich die altsächsischen Kaiser auf ihren abenteuerlichen Reisen nach ihren schönen Harzprinzessinnen und den geliebten Wäldern gesehnt haben mochten, doch werden seine Träumereien hoch oben auf dem Ilsestein jäh von einem Schwindelanfall unterbrochen.

> *Denn als ich dort stand, in Gedanken verloren, hörte ich plötzlich die unterirdische Musik des Zauberschlosses, und ich sah, wie sich die Berge ringsum auf die Köpfe stellten, und die roten Ziegeldächer zu Ilsenburg anfingen zu tanzen, und die grünen Bäume in der blauen Luft herumflogen, daß es mir blau und grün vor den Augen wurde, und ich sicher, vom Schwindel erfaßt, in den Abgrund gestürzt wäre, wenn ich mich nicht, in meiner Seelennot, ans eiserne Kreuz festgeklammert hätte.*

Wir gaben uns damit zufrieden, unten am Fluss zu bleiben und uns unseren Weg am Fuß des Felsens zu suchen, der jenseits des Blätterdachs außer Sicht ragte. Ganz sahen wir ihn erst später, ein wenig weiter das Tal hinab, als sich der Wald so weit öffnete, dass wir über die Wipfel der Bäume hinaussehen konnten. Dort stand noch immer das eiserne Kreuz und zeichnete sich dunkel gegen den leuchtend blauen Himmel ab.

Später saß ich auf der Terrasse unseres Hotels, jenes ersten/letzten Gebäudes am Rand des Waldes und im Schatten des Ilsesteins, und schlug die Sage in der Märchensammlung nach, die ich mir in Bad Harzburg gekauft hatte. Sie war mit dem Bild einer unbekleideten Frau illustriert, die sich die Füße im Fluss wusch und über den dichten Fichtenwald zu dem Felsen mit seinem Kreuz vor dem Himmel hinaufblickte. Im Hintergrund waren die Gebäude auf dem Brocken zu sehen.

Die Frau war die Prinzessin des Ilsesteins, Ilse selbst.

In dem Mitjanschloss auf dem hohen Harz wohnte in grauer Vorzeit ein Fürst der Riesen. Der hatte eine wunderhübsche Tochter, die ein mächtiger Berggeist gern geheiratet hätte. Ilses Vater wollte ihm diese aber nicht zur Frau geben …[140]

Nachdem ich ein paar Tage mit diesen Geschichten verbracht hatte, umgeben von dem Wald, in dem sie spielten, hatte ich schon eine Ahnung, wie die Sage weitergehen würde. Der Berggeist, verärgert über den abschlägigen Bescheid des Fürsten – wie immer schien sich niemand besonders dafür zu interessieren, was Ilse dazu zu sagen hatte –, bot seine bösesten Kräfte auf und sperrte die arme Fürstentochter in jenen Stein ein, den Heine später erklimmen sollte. Hin und wieder konnte man sie noch beim Baden im Fluss erspähen.

Darunter war auch ein junger Reitersmann, der im Tal unterwegs und an einem moosbedeckten Felsen eingeschlafen war. Als er erwachte, waren seine Pferde weg. Er suchte das ganze Tal nach ihnen ab, fand sie jedoch nicht, weshalb er am Fuß des Ilsesteins bitterlich zu weinen begann. In diesem Augenblick öffnete sich der Felsen, und die Fürstentochter trat daraus hervor, ganz in Weiß.

Auf ihre Frage, warum er weinte, klagte er ihr sein Leid, und dass er es ohne die Pferde nicht wagen würde, nach Hause zurückzukehren. Da winkte sie ihm zu, ihr in den Berg hinein zu folgen …[141]

Dort fand er seine Pferde schließlich, mitsamt vielen anderen, in einer riesigen Halle im Inneren des Felsens. Die Fürstentochter sagte ihm, er könne seine Pferde nicht zurückhaben, versprach ihm aber so viel Geld, dass es für hundert andere reichen würde. Sie füllte seine Tasche aus einer Truhe, warnte ihn jedoch davor hineinzusehen, bevor er nicht die dritte der Brücken über den Fluss hinter sich gelassen hatte.

Wie nicht anders zu erwarten war, schlug der junge Reitersmann den guten Rat der Fürstentochter in den Wind und blickte in die Tasche hinein, kaum dass er die zweite Brücke überquert hatte. Alles, was er darin fand, war ein Haufen Pferdemist, den er wütend in den Fluss warf. Trotzdem hat die Geschichte so etwas wie ein Happy End. Als er nach Hause zurückgekehrt war und von seinen Erlebnissen berichtete, drehte er die Tasche um, und zwei Goldmünzen fielen heraus. Offenbar war ein wenig Pferdemist in der Tasche geblieben, und die beiden Goldstücke reichten gerade aus, um zwei neue Pferde zu kaufen.

Ich saß also auf der Terrasse unterhalb des Ilsesteins, las die Sage zum Rauschen des Flusses und fragte mich wieder einmal, was diese Geschichte des Waldes mir sagen wollte. Ich hatte das Hotel aufgrund seiner Lage ausgewählt, direkt am Rand des Waldes, als ob ich gewusst hätte, dass ich mich noch nicht von meiner Wanderung verabschieden wollte. Als ich die Geschichte gelesen hatte, kam Katrin vom Zimmer herunter, und gemeinsam machten wir uns nach Ilsenburg auf, um dort etwas zu essen. Das erste Mal nach meinem Aufbruch aus Göttingen erlaubte ich es mir zu bemerken, wie müde meine Beine waren.

In dieser Nacht, ich lag wach im Bett, kribbelten sie, als dächten sie selbst über die lange Wanderung durch den Wald nach und fühlten, dass diese nun zu Ende war. Durch die offenen Vorhänge und das Fenster konnte ich die Bäume sehen; der Wald des Harzes streckte die Hand aus, als könnten die Zweige über den Parkplatz greifen und über das Glas über dem Bett streichen. Sie wiegten sich im Wind und raschelten mit den Blättern. Der Wald war noch eine kleine Weile bei mir.

Die »Harzreise« ist und bleibt Fragment, und die bunten Fäden, die so hübsch hineingesponnen sind, um sich im ganzen harmonisch zu verschlingen, werden plötzlich, wie von der Schere der unerbittlichen Parze, abgeschnitten.

Vielleicht verwebe ich sie weiter in künftigen Liedern, und was jetzt kärglich verschwiegen ist, wird alsdann vollauf gesagt.

So beginnt Heine den letzten Abschnitt seines Buchs, doch die Reise sollte nach dem Schreiben weitergehen: von Ilsenburg nach Wernigerode, Kyffhausen, Sangerhausen, Halle, Merseburg und Jena. Schließlich führte sie ihn nach Weimar, wo er eine kurze Audienz bei Goethe gewährt bekam. Doch da die *Harzreise* in Ilsenburg endet, endete meine Wanderung ebenfalls dort. Im Großen und Ganzen zumindest.

Es war Mai, als Heine die letzten Seiten seines Buchs schrieb, ebenso wie es Mai war, als ich am letzten Teil meiner Wanderung arbeitete. Heine schließt die *Harzreise* voller Gedanken an Ilse, die er Agnes nennt – eine Koda, wie sein englischer Übersetzer anmerkt, die es dem Erzähler gestattet, zu Heines Lieblingsthema zurückzukehren: dem der unglücklichen Liebe.

Ich denke deiner, und ich möchte wieder zusehen, wie du leuchtend den Berg hinabläufst. Am liebsten aber möchte ich unten im Tale stehen und dich auffangen in meine Arme – Es ist ein schöner Tag!

In den letzten Zeilen wird Heine sentimental. Doch was soll's, denkt er. Was der lumpigste Ladenschwengel darf, ist dem Dichter ja wohl drei Mal erlaubt.

Es ist noch früh am Tage, die Sonne hat kaum die Hälfte ihres Weges zurückgelegt, und mein Herz duftet schon so stark, daß es mir betäubend zu Kopfe steigt, daß ich nicht mehr weiß, wo die Ironie aufhört und der Himmel anfängt …

Wir gingen vom Hotel nach Ilsenburg hinunter, an hübschen Häusern und ihren hübschen Gärten vorbei. Wir überquerten den

Fluss und folgten engen Straßen bis zum Bahnhof. Wir waren früh dran. Am Teich in der Mitte der Stadt konnten wir nach oben und den oberen Teil des Brocken sehen. Die Party war längst vorbei. Über den Gärten von Ilsenburg schwebten zwei Rotmilane auf der Suche nach ihrem Frühstück. Die Wanderung war zu Ende. Zeit, sich von Heine zu verabschieden. Doch die Reise war noch nicht vorbei. Nicht ganz.

Einen Ort galt es noch zu besuchen.

Epilog

In Weimar

Monate später fuhren wir vom Hauptbahnhof in Berlin zunächst nach Erfurt und stiegen dort dann in eine kleine Regionalbahn nach Weimar um. Es war Frühsommer, kurz vor den Sommerferien, und so machten Lotte, Katrin und ich uns für das Wochenende gen Süden auf. Ich musste nach Weimar, um das Buch abzuschließen. Als wir ankamen, war die Stadt in sanftes Abendlicht getaucht. Wir gingen vom Bahnhof aus in Richtung Stadtzentrum, vorbei an Straßencafés, in denen die Leute die späte Sonne genossen. Auf dem Theaterplatz, wo das Doppelstandbild von Goethe und Schiller den literarischen Treffpunkt für Einheimische und Besucher gleichermaßen bildet, lief in einem Restaurant gerade ein Fußballspiel, zu dem ein Singer-Songwriter aus dem Biergarten in der Ecke den melancholischen Soundtrack lieferte.

Hinter dem Goethe-Schiller-Denkmal bewarb ein riesiges Plakat am Nationaltheater ein Sommerfestival. Und auch andernorts in der Stadt stießen wir auf Ankündigungen und Flyer für Konzerte und Aufführungen, für Figurentheater und Lesungen, für Ausstellungen und andere kulturelle Veranstaltungen. Im Laufe des Sommers würde Bach auf Liszt, Liszt auf Shakespeare und der wiederum auf die Brüder Grimm treffen. Gropius und Kandinsky rangen mit Schiller und Goethe um Aufmerksamkeit. Unterhalb von Goethes ehemaligem Zeichenatelier waren Gemälde in den Fenstern der jetzigen Weimarer Mal- und Zeichenschule zu sehen.

Von gegenüber, von jenseits eines kleinen, baumbestandenen Spielplatzes eines Kindergartens wehte Musik aus den Probenräumen der Universität zu uns herüber. Die Kultur, so schien es, war überall.

Nach seinem Abstieg vom Brocken nach Ilsenburg hinunter setzte Heine seine Reise fort und kam am 1. Oktober 1824 in Weimar an. Dass er sich von dieser Stadt angezogen fühlte, überrascht wenig. Schon vor zweihundert Jahren war Weimar das kulturelle Zentrum, das es auch heute noch ist. Und mehr als alles andere wollte Heine den großen Meister selbst kennenlernen.

Ew. Excellenz
bitte ich mir das Glück zu gewähren einige Minuten vor ihnen zu stehen. Ich will gar nicht beschwerlich fallen, will nur ihre Hand küssen und wieder fort gehen.
Ich heiße H. Heine, bin Rheinländer, verweile seit kurzem in Göttingen und lebte vorher einige Jahre in Berlin, wo ich mit mehreren Ihrer alten Bekannten und Verehrern (dem Hugo Wolf, Varnhagen etc.) umging und Sie täglich mehr lieben lernte. Ich bin auch ein Poet, und war so frei Ihnen vor 3 Jahren meine Gedichte und vor anderthalb Jahren meine Tragödien nebst meinem lyrischen Intermezzo (Ratcliff und Almansor) zuzusenden. Außerdem bin ich auch krank, machte deshalb vor 3 Wochen eine Gesundheitsreise nach dem Harz, und auf dem Brocken ergriff mich das Verlangen zur Verehrung Goethes nach Weimar zu pilgern. Im wahren Sinne des Wortes bin ich nun hergepilgert, nämlich zu Fuß und in verwitterten Kleidern, und erwarte die Gewährung meiner Bitte und verharre
mit Begeisterung und Ergebenheit.
H. Heine
Weimar, d. 1. Oktober 1824[142]

Goethe willigte ein, den jungen Poeten zu treffen, wenngleich die Audienz zu nichts mehr als einem dreiwortigen Eintrag in Goethes Tagebuch führte: »Heine aus Göttingen.« Für Letzteren war das Treffen eine Enttäuschung. Tatsächlich erwähnt er Goethe in seinen Briefen aus Weimar nicht einmal – im Gegensatz zu der schmackhaften gerösteten Gans, die man ihm in einem der zahlreichen Gasthäuser der Stadt serviert hatte, und dem exzellenten Bier, mit dem er sie hinuntergespült hatte.[143] Erst später, Monate später, hielt er den Besuch bei Goethe in Weimar schriftlich fest.

> *Über Göthes Aussehen erschrak ich bis in tiefster Seele, das Gesicht gelb und mumienhaft, der zahnlose Mund in ängstlicher Bewegung, die ganze Gestalt ein Bild menschlicher Hinfälligkeit [...] Nur sein Auge war klar und glänzend. Dieses Auge ist die einzige Merkwürdigkeit, die Weimar jetzt besitzt. [...] In vielen Zügen erkannte ich den Göthe, dem das Leben, die Verschönerung und die Erhaltung desselben, so wie das eigentlich praktische überhaupt, das Höchste ist. Da fühlte ich ganz klar den Contrast dieser Natur mit der meinigen, welcher alles Praktische unerquicklich ist, die das Leben im Grunde geringschätzt und es trotzig hingeben möchte für die Idee [...]. Jetzt weiß ich es auch ganz genau warum die göthischen Schriften im Grunde meiner Seele mich immer abstießen, so sehr ich sie in poetischer Hinsicht verehrte.*[144]

Über das Treffen selbst sowie darüber, worüber die beiden Männer sprachen, scheint Heine nichts geschrieben zu haben. Dennoch muss es einen tiefen Eindruck auf ihn und sein eigenes Werk gemacht haben, markierte es doch den Beginn einer persönlichen Debatte mit Goethe, die Heines Arbeit sowie sein Denken über die Zukunft der Literatur und Dichtkunst prägen sollte. Für Heines Biografen Christian Liedtke war die Begegnung am 2. Oktober 1824 ein symbolisches Ereignis in der deutschen Literaturgeschichte, was »vielleicht auch das Stillschweigen der Beteiligten«[145] erklärt. Für Liedtke ist Goethe der große Repräsentant, möglicherweise der letzte große Repräsentant, der Klassik. Und Heine aus Göttingen der erste Repräsentant der Moderne.

Wie Heine und so viele andere Besucher der Stadt seither machten auch wir Goethe unsere Aufwartung. Wir gingen durch sein Haus, die auf Hochglanz polierte Treppe, die er selbst entworfen hatte, hinauf und durch die verschiedenen miteinander verbundenen Räume mit ihren Artefakten und Reproduktionen, die alles so bewahrten, wie es gewesen war, um eine Art von literarischer Zeitkapsel zu erzeugen. Ich konnte dem wenig abgewinnen. Für mich lebt Goethe in seinen Worten weiter, in seinem Haus ist er schon längst nicht mehr anzutreffen. So zog ich mich in den Garten zurück, setzte mich unter einen Baum und beobachtete unsere Mitbesucher, die langsam, aber zielgerichtet die Kieswege zwischen den ordentlich manikürten Rasenflächen entlangspazierten, den Audioguide ans Ohr gepresst. Von ihm erfuhren sie, dass Goethe hinter den Blumenbeeten, dort, wo heute Gras wächst, einst Spargel und grüne Bohnen gezogen hatte. Dort, hinter hohen Mauern, die ihn vom Rest der Stadt abschirmten, hatte er mit seiner ganz eigenen Version der Zurück-aufs-Land-Kleinbauernwirtschaft experimentiert.

Von hier aus wirkte Goethes Haus zusammengesackt, wie niedergedrückt von all den Geschichten, die es zu fassen versuchte. Das schien mir zeichenhaft für die Stadt als ganze, in der so viel deutsche Kultur vorhanden ist, dass sich in jeder Straße ein Denkmal, eine Statue oder eine Tafel findet, in Erinnerung an einen Dichter, der dort dichtete, einen Maler, der dort malte, einen Musiker, der dort musizierte, oder einen Autor, der sich dort seine Inspiration holte.

Es gab aber auch andere. Auf unserem Weg vom Goetheplatz aus nach Norden in Richtung Bahnhof kamen wir am ersten einer Reihe von Plakaten vorbei, die neben der Straße aufgestellt worden und auf denen Gesichter abgebildet waren. Die Gesichter von zweiundzwanzig Menschen, von denen die meisten noch lebten und die aus Polen, Ungarn, Belarus, der Ukraine, Frankreich, Italien, der damaligen Tschechoslowakei und Deutschland selbst stammten. Diese Männer und Frauen waren nicht wegen der Musik oder der Literatur nach Weimar gebracht worden, sondern aufgrund ihrer politischen Überzeugungen, ihrer Nützlichkeit als Zwangsarbeiter oder weil sie Juden waren. Diese zweiundzwanzig Männer und Frauen, deren Gesichter jeden begrüßen, der am Bahnhof ankommt und sich ins Stadtzentrum hineinbegibt, sind Überlebende aus Buchenwald und dessen Außenlagern und nur einige wenige der 280 000 Menschen, die in den Konzentrationslagern ein paar Kilometer außerhalb der Stadt gefangen gehalten wurden. In diesen Lagern verloren 56 000 Gefangene ihr Leben.

Beim Schreiben über das Tor von Buchenwald mit seiner Inschrift »Jedem das Seine« reflektiert der Kunsthistoriker Neil MacGregor über die geschichtliche Bedeutung eines Konzentrationslagers, das derart nah bei der Stadt gebaut worden war, die in den 1930er-Jahren zum vielleicht wichtigsten Sammelort der deutschen Kultur aufgestiegen war.

> *Am Tor von Buchenwald, nur wenige Kilometer von Weimar*, so Mac Gregor, *stellt sich in besonders bedrängender Weise die zentrale Frage der deutschen Zeitgeschichte: Wie lassen sich diese unterschiedlichen Komponenten der deutschen Geschichte zusammenbringen? Wie konnten alle humanen Traditionen derart zusammenbrechen?*[146]

Vom Bahnhof aus steigt das Land sanft zum Fuß des Ettersbergs an, eines bewaldeten Hügels, auf dem Goethe einst flanierte und Frau von Stein traf; unter den alten Eichen des Bergs schrieb er einige seiner berühmtesten Werke. Folgt man der Straße auf den Hügel hinauf, gelangt man schließlich zu einem ziegelroten Obelisken, der den Beginn der gewundenen Straße zum Konzentrationslager Buchenwald markiert. Auch damals schon war die Straße als »Blutstraße« bekannt – sie stellt eine sehr reale Verbindung zwischen dem letzten Haus in Weimar und dem Tor von Buchenwald dar.

Wir betraten das Lager durch ebenjenes Tor, das sich leise öffnete und schloss und uns zum höchsten Punkt einer weiten, offenen Fläche auf dem Hügel führte. Das Lager war auf allen Seiten von Wald umgeben; hier oben war es gerade noch möglich, über die Baumwipfel zum Flachland dahinter zu blicken, wo sich Windräder über den Flickenteppich der Felder erhoben und in der milden Brise drehten. Unten im Lager, wo die Stellen, an denen einst die Baracken gestanden hatten, durch schwarzes Vulkangestein von den Kieswegen dazwischen getrennt waren, war keine Aussicht mehr geboten. Der Wald, der dem Lager seinen Namen gegeben hatte, hatte es vom Rest der Welt abgeriegelt.

Wir gingen langsam von Mahnmal zu Mahnmal mit ihren Listen der verschiedenen Nationalitäten, Religionszugehörigkeiten, politischen Verbindungen und sexuellen Vorlieben. Es gab Denkmale für die Juden und die Sinti und Roma. Für die sowjetischen Kriegsgefangenen und die slawischen Zwangsarbeiter. Für die Schwulen und die Zeugen Jehovas. Für die Commonwealth-Piloten und die spanischen Republikaner. Obwohl nichts wirklich da war, konnten wir innerhalb der Zäune des vom Wald umgebenen Lagers all die Geschichten und Gräuel von Buchenwald deutlich spüren. Die Sonne schien, die Vögel zwitscherten. Die einzigen Geräusche waren der knirschende Kies unter unseren Füßen und der Tumult der Stimmen in unserem Kopf.

1995 fand anlässlich des fünfzigsten Jahrestags der Befreiung von Buchenwald ein Treffen zwischen Jorge Semprún und Elie Wiesel statt, beide Überlebende des Lagers. Sie sprachen über ihre Erlebnisse dort, über die verschiedenen Kategorien von Gefangenen, und tauschten Gedanken zu Schicksal und Erinnerung ein halbes Jahrhundert nach dem Ende des Krieges aus.

In dieser Zeit hat die Geschichte, glaube ich, so viele unselige und verhängnisvolle Kräfte freigesetzt, ausbrechen, zutage treten lassen, daß die Nachwirkungen noch heute zu spüren sind. Wenn ich im Fernsehen ein kleines Mädchen oder einen kleinen Jungen sehe, der in den Armen seiner Mutter stirbt, irgendwo in Afrika oder in Tschetschenien, dann tut mir das weh. Das tut weh. Wenn ich höre, daß in Algerien Intellektuelle getötet werden, dann erinnert mich das an Deutschland 1933, nicht an den Holocaust, sondern an 1933. Das tut weh. Das tut umso mehr weh, als ich das Gefühl habe, daß das überhandnimmt. Das nimmt überhand. Und wenn Auschwitz und Buchenwald den Menschen nicht verändern konnten, was wird ihn dann wirklich verändern können?[147]

In einer Ecke des Lagers, in der Nähe eines der wenigen Gebäude, die noch stehen – des Depots, in dem Kleidung und persönliche Habe der Insassen aufbewahrt wurden –, und neben der Stelle, an der sich einst die Wäscherei des Lagers befunden hatte, stießen wir auf den Stumpf einer alten Eiche. Als man den Wald für das Konzentrationslager gerodet hatte, hatte man diesen Baum stehen lassen. Er wurde als Goethe-Eiche berühmt, unter ihm hatte der Dichter auf seinen Spaziergängen von Weimar aus gesessen. 1939 schrieb Joseph Roth in seinem allerletzten Artikel aus dem Exil in Paris über diesen Baum, den einzigen, den man nicht gefällt hatte.

Die Symbolik ist niemals so billig gewesen wie heutzutage. Es ist beinahe ein Kinderspiel, heutzutage sg. »Glossen« zu schreiben. Sie werden Einem von der Weltgeschichte gratis u. franco ins Haus, in die Feder, in die Schreibmaschine geliefert. Es ist geradezu für einen Schriftsteller eine Angelegenheit zur Schamhaftigkeit eine Glosse zu schreiben, die das dritte Reich betrifft. Die deutschen Eichen unter denen Goethe mit Fr. v. Stein gesessen ist, bleiben ledig-

lich dank einem Naturschutzgesetz zwischen der Küche des Konz.-Lagers und seiner Wäscherei bestehen.[148]

Wie das Buchenwald-Tor so ist auch die Goethe-Eiche zum Symbol geworden, das der britische Historiker Timothy Garton Ash heranzieht, um ein Phänomen zu illustrieren, das man häufig in Deutschland, aber nicht nur dort antrifft: das Phänomen der nächsten Nähe von hoher europäischer Kultur und systematischer Unmenschlichkeit.

Goethe und Buchenwald, das Höchste und das Tiefste in der Geschichte der Menschheit, zusammen an einem Ort. Einem Ort namens Weimar. Einem Ort namens Deutschland. Einem Ort namens Europa.[149]

Wir verließen die Goethe-Eiche, die Überreste eines Baums, der Buchenwald mit Weimar verbindet, ebenso wie es die Blutstraße im nicht übertragenen Sinne tut, und versuchten, alles, was wir an diesem wunderschönen Sommertag erlebten, zu verarbeiten. Wir waren nicht allein. Auch viele andere hatten sich diesen Samstag ausgesucht, um nach Buchenwald zu kommen und sich mit der Geschichte und den Geschichten dieses Ortes auseinanderzusetzen. Um an jedem der Denkmale und anderen auf dem Hügel zerstreuten Gedenkstätten innezuhalten. An diesem Ort des Schreckens, diesem düsteren Mahnmal für die furchtbarsten Auswüchse der deutschen Vorstellungskraft, war es irgendwie tröstlich, dass es so viele gab, die nicht bereit waren zu vergessen, die nicht bereit waren, die Geschichten von Buchenwald im Wald verborgen zu lassen, die entschlossen waren, die Erinnerung daran, was hier geschehen ist, lebendig zu halten und zu einem Teil des eigenen Erlebens und des eigenen Lebens zu machen.

Auf unserem Weg aus dem Lager hinaus kamen wir an dem riesigen Glockenturm aus DDR-Zeiten vorbei, dem einzigen Teil der

Gedenkstätte, der von Weimar aus sichtbar ist. Unser Pfad führte uns am Hang des Ettersbergs entlang; auf einer Seite befand sich ein dichter Mischwald, auf der anderen eine Wiese mit langem Gras und Wildblumen. Die Schönheit dieses Augenblicks – die Sonne, unzählige Schmetterlinge, die über dem Pfad tanzten, die leichte Brise, die mit den Blättern spielte und dabei ein Geräusch erzeugte, das dem sich am Strand brechender kleiner Wellen nicht unähnlich war – diese Schönheit also passte ganz und gar nicht zu dem, was wir in den vergangenen Stunden erlebt hatten. Während Katrin und Lotte vorausgingen, hielt ich mitten auf dem Weg an, um etwas in mein Notizbuch zu kritzeln. Der Stift aber wollte sich auf dem Papier nicht bewegen, wie gefangen hielt er still. Selbst jetzt noch, am heimischen Schreibtisch, zögern meine Finger über den Tasten. Wie die Worte finden, die nicht nur die Schrecken von Buchenwald, sondern auch die Schönheit des Ettersbergs beschreiben?

Ich steckte mein Notizbuch ein, ging weiter und dachte stattdessen an all die Dichter, die Goethe auf diesen Hügel hinauf gefolgt sein mussten, ebenso wie sie ihm auf den Brocken hinauf gefolgt waren, in der Hoffnung, zwischen den Bäumen und an den Wiesen Inspiration zu finden, während die Rotmilane kreisten und die Schmetterlinge tanzten. Buchenwald hatte es damals noch nicht gegeben, sehr wohl aber noch die potenzielle Gefahr, die solche Evokationen eines Ortes bergen, die Gefahr, wofür Poesie und Prosa der Landschaft irgendwann einmal stehen könnten. Diese Gefahr kommt aus derselben Ecke wie die nativistischer, nationalistischer und anderer rechtsextremer Bewegungen und ihrer Instrumentalisierung von Umwelt- und Naturschutz. Sie geht auf die romantische Gegenüberstellung von ländlicher Idylle und korrumpierter Stadt zurück, bei der die Reinheit der natürlichen Umgebung als irgendwie getrennt von der Verdorbenheit der menschlichen Natur angenommen wird – eine Annahme, die bis heute in unseren Bücherregalen sichtbar ist. Hier wird die Verwurzelung des Dorfs und seiner Traditionen in einem alles andere als wertfreien Gegensatz zur kosmopolitischen Wurzellosigkeit der Stadt und ihres Mischmaschs an Sprachen, Kulturen und Gebräuchen gesehen.

Diese Tendenz findet sich zwar in der bildenden Kunst und Literatur des gesamten politischen Spektrums, könnte aber schließlich zu der genannten Gefahr führen. Zu Nostalgie und dem Gefühl eines melancholisch stimmenden Verlusts, der den Konservativen in seiner Sehnsucht nach einer mythischen Vergangenheit mit dem Straßenbaugegner vereint, der sich vor dem Bulldozer an einen alten Baum kettet. Zu romantischen Vorstellungen, die Nationalisten und Dichter, Zurück-zur-Natur-Hippies und Blut-und-Boden-Nativisten auf sehr unterschiedliche Weise befeuern. Zu »Englands grünem, schönem Land«.[150] Zu Schottlands wilden, einsamen Tälern. Zum deutschen Wald.

In einem Artikel für die Zeitschrift *New Humanist* beginnt der Schriftsteller Richard Smyth, selbst Autor von Büchern über Natur und Landschaft, seine Ausführungen mit einer Warnung:

> *In unserem Eden lauert eine Schlange. Beziehungsweise unser Eden ist die Schlange – raffiniert, verführerisch, voller falscher Versprechen, die uns immer weiter ins Verderben locken. Das Land, in dem wir leben, ist nicht mehr grün und lieblich, nein: Während wir nach einem Weg zurück ins Paradies tasten, riskieren wir es, die Tür zur Dystopie zu öffnen. In der Landschaft des modernen Nature Writing spuken die Geister des Faschismus.*[151]

Als ich den Ettersberg hinabging, dachte ich unweigerlich, dass Smyth, wenn er über die Landschaft des modernen Nature Writing schreibt, auch über die Landschaft selbst schreiben könnte. In seinem Essay blickt Smyth nicht nur auf Zurück-aufs-Land-Bewegungen der Nachkriegszeit zurück, die britische Variante des Bund Artam, sondern auch auf zeitgenössische ökologische Bewegungen und die aus ihnen entstandenen Schriften sowie auf die Vielzahl an Büchern, Essays und Artikeln, die etwa in den vergangenen zehn Jahren unter der Bezeichnung »New Nature Writing« veröffentlicht wurden.

Das ist natürlich nichts Neues. Man kann mühelos eine Verbindung zwischen einigen der heutigen Nature Writer und der Tradition der Romantik sowie dem Nationalismus herstellen, den sie mit hervorgebracht hat und dem Heine so skeptisch gegenüberstand. Es waren die Vorstellung von Zugehörigkeit und die Frage, wem das Land gehörte, und mit ihm die Kultur und Sprache des Landes, die Heines eigene Beziehung zu Deutschland prägen sollten, als Schriftsteller und Mensch, sowohl zu seinen Lebzeiten als auch nach seinem Tod. Und genau wie die Nationalisten die romantische Dichtung und bildende Kunst dazu nutzten, um sich ihre Weltsicht zu zimmern, so missbrauchen die zunehmenden rechtsextremen Bewegungen heute die Umweltkrise, den Klimawandel und die gesellschaftlichen Umwälzungen, die überall auf der Welt stattfinden und die Verletzlichsten unter uns häufig am schlimmsten treffen, für ihre Zwecke.

Der Faschismus ist ein erfinderischer Parasit. Es gibt nur wenige Bereiche des modernen Lebens, in die er keinen Eingang finden kann. Vielleicht ist es gar nicht einmal so, dass das Nature Writing oder, breiter gefasst, das Umweltbewusstsein an sich einzigartig oder auch nur außergewöhnlich anfällig wären. Es ist nur beunruhigend, dass wir dazu neigen, weniger wachsam zu sein, wenn es um die Natur geht, wenn wir über unsere Beziehung zum Ursprünglichen und zu unberührten Landschaften schreiben, sprechen und nachdenken. Dann vergessen wir, auf der Hut zu sein.[152]

Auf dem Pfad zwischen dem Wald und der Wiese, als die Dächer von Weimar unter uns lagen und die Felder Thüringens sich bis zu einem diesigen Horizont hin erstreckten, dachte ich über die Wachsamkeit nach, was sie für uns heute, da die letzten Überlebenden von Buchenwald versterben, und die Geschichten, die wir erzählen, bedeutet. Wir können ohne die zweiundzwanzig Zeugen an der Straße zum Bahnhof nicht über Weimar und Goethe und Schiller schreiben. Wir können nicht über den Ettersberg schreiben und über das Konzentrationslager schweigen. Wir können nicht über den deutschen Wald schreiben, ohne gleichzeitig auch über all das zu schreiben, was in ihm verborgen liegt.

Im Jahr 2020 verzeichnete Deutschland die höchste Rate an rechtsextremer Gewalt und rassistisch motivierten Verbrechen seit Beginn der Aufzeichnungen 2001, darunter der Anschlag in Hanau, ein Anstieg an antisemitischer Gewalt und Vandalismus, Angriffe auf Journalisten sowie Vorfälle in Schulen und auf Spielplätzen, bei denen ein rassistischer Hintergrund nachgewiesen werden konnte.[153] Zeitgleich ereilte am Rand von Berlin ein Skandal eine »freie Schule«, einst Teil der Waldorfschulenbewegung, der zur Entlassung der Schulleitung führte. Diese hatte bis zum Hals in Verbindungen zu Mitgliedern der wachsenden »völkischen« Bewegung in Deutschland gesteckt und unter anderem an Demonstrationen für bekannte Holocaustleugner teilgenommen.[154]

Eine der Geschichten, die dabei zutage traten, betraf die Auswahl der Bücher, die im Rahmen des Lehrplans gelesen werden sollten. Einige Bücher wurden ganz bewusst nicht behandelt. Bücher von Anne Frank und Heinrich Heine.

Joseph Roth, der den Großteil der 1920er- und 1930er-Jahre damit verbrachte, journalistische Artikel zu schreiben, die sich heute wie eine Warnung vor dem, was kommen sollte, lesen, und der ein Muss für all jene ist, die sich mit dem Aufstieg des rechtsextremen Nationalismus in Deutschland und andernorts befassen, war sich der Bedeutung Heines absolut bewusst. Er bedrängte seine Leser geradezu, Heine zur Hand zu nehmen, wollten sie ihre damalige Zwangslage verstehen, und folgte ihm in den Harz, von dem aus er Briefe für die *Frankfurter Zeitung* schrieb. Es gab zwar auch Aspekte, die Roth an Heine kritisierte, nicht zuletzt was seine Reiseberichte betraf, doch teilte er mit ihm die Vorliebe, Reportage mit Literatur zu verbinden, und die Vorstellung von der Wichtigkeit des Werks, wenn es gut gemacht war.

> *Heinrich Heine ist ebenso ein unsterblicher Dichter,* schrieb Roth, *wie ein ewig aktueller Schriftsteller. Seine dauernde, gewissermaßen immer wieder erwachende publizistische Aktualität wetteifert mit seiner dichterischen Unsterblichkeit. Die Grazien und die Frauen haben ihn immer geliebt, infolgedessen hat ihn Deutschland immer gehaßt. Er hat dieses Land, das sich unaufhörlich zu beweisen bemüht, daß es seiner Genies unwürdig ist, genau gekannt, geliebt, beweint und verachtet. Er ist sein Prophet. Er hat die Entwicklung Deutschlands genau vorausgesagt. Man lese in seinen Schriften, und man erspart sich die tägliche Lektüre der Berichte aus Deutschland in den Zeitungen. Jede neue deutsche Katastrophe bestätigt ihn.*[155]

Unten in Weimar stellten wir uns zur einer Schar Menschen, die sich vor einer Bar auf dem Goetheplatz versammelt hatte. Eine Band spielte, Hardrock erfüllte die frühe Abendluft, der Klang der Gitarren und des Schlagzeugs hallte von den Gebäuden um den Platz herum wider. Der Bass schien durch das Kopfsteinpflaster in unsere Eingeweide zu kriechen, während die Fenster über uns in ihrem Rahmen vibrierten. In diesem Augenblick schienen die Band und ihre Musik die ganze Stadt zu verschlingen, als könnten Dezibel und Verzerrung allein alles andere in Weimar auch nur annähernd zum Schweigen bringen.

Doch das Konzert konnte nicht ewig dauern. Irgendwann wäre es zu Ende. Die letzten Klänge würden verklingen, und Weimar würde noch einmal vom Widerhall anderer Stimmen erfüllt. Vom Widerhall der Worte Goethes und Schillers, vom Widerhall der Musik Bachs und Liszts. Vom Widerhall der Schritte auf der Blutstraße und dem sanften Schließen des Buchenwald-Tors. Vom Widerhall des »Jedem das Seine« und des Vogelgesangs im Wald, der Warnungen Joseph Roths und dessen, was sie uns heute sagen wollen. Und vom Widerhall der Worte Heinrich Heines, der uns in den Wald mitnahm und der vielleicht besser als jeder andere das Deutschland begriff, das darin zu finden war. Das Deutschland der Vergangenheit und seiner Gegenwart und das Deutschland, das noch kommen sollte.

Anmerkungen

Sofern nicht anders vermerkt, stammen alle Übersetzungen englischer Zitate von Ulrike Kretschmer.

1 Auf dem Stein steht: die älteste Straßenhändlerin der Welt.

2 Das englische Originalzitat stammt aus dem Feature »Coleridge in Göttingen« von BBC Radio 3 (2010).

3 »Lines Written in the Album at Elbingerode, in the Hartz Forest«, *Poetical Works of Samuel T. Coleridge*. Deutsche Übersetzung: »Zeilen, geschrieben in das Album zu Elbingerode im Harz«, in: Heubner, *Englische Dichter*, S. 543 f.

4 Zitiert nach dem BBC-3-Radiofeature »Coleridge in Göttingen« (2010).

5 Zitiert in Iken, »Die Frau mit der Peitsche« (2016).

6 Zitiert in Welsch und Pfeiffer, *Lou Andreas-Salomé.*

7 Zitiert in Angela Brünjes, »Lou Andreas-Salomé« (2011).

8 Iken, »Die Frau mit der Peitsche« (2016).

9 Diski, »It Wasn't Him, It Was Her« (2003).

10 Iken, »Die Frau mit der Peitsche« (2016).

11 Zitiert in Liedtke, *Heinrich Heine*, S. 36.

12 Ebd., S. 39 f.

13 Ebd., S. 46, in dessen Schreibweise.

14 Zitiert nach dem BBC-3-Radiofeature »Coleridge in Göttingen«.

15 Liedtke, *Heinrich Heine*, S. 7 f.

16 Ebd., S. 11.

17 Ebd., S. 20.

18 Ebd., S. 25.

19 Eine Auswahl von Texten aus *Pleasure of Ruins* ist in deutscher Übersetzung 1966 unter dem Titel *Zauber der Vergänglichkeit* erschienen.

20 Macaulay, *Pleasure of Ruins*, S. 9.

21 Die Schreibweise ist von Heine übernommen.

22 Robertson, Einleitung zur englischen Übersetzung der *Harzreise* in der Reihe Penguin Classics, S. 14.

23 Zitiert in Sammons, *Heinrich Heine*, S. 190.
24 Larkin, »Romantic Writing and Pedestrian Travel«, S. 64.
25 Solnit, *Wanderlust*, a. d. Engl. v. Daniel Fastner, S. 130.
26 Siehe Larkin, »Romantic Writing and Pedestrian Travel«, S. 66.
27 Zitiert im BBC-3-Radiofeature »Coleridge in Göttingen«.
28 Goethe an Charlotte von Stein am 7./8. September 1780, in: *Briefe. 1780–1781*, S. 120.
29 Heine, *Die Bäder von Lucca.*
30 Heine, *Geständnisse*, online abgerufen über Projekt Gutenberg.
31 Watson, *Der deutsche Genius*, a. d. Engl. v. Yvonne Badal, S. 316 f.
32 Die Schreibweise ist von Heine übernommen.
33 Solnit, *Wanderlust*, S. 17.
34 Im ersten Weltkrieg änderte die britische Königsfamilie ihren Nachnamen Saxe-Coburg-Gotha zum patriotischer anmutenden Windsor.
35 Vgl. Harvey und Umbach, »Photography and Twentieth-Century German History« (2015).
36 Ebd.
37 Alle Zahlen zum Waldbestand aus: Jed O. Kaplan u. a., »The Prehistoric and Preindustrial Deforestation of Europe« (2009).
38 Wohlleben, *Gebrauchsanweisung für den Wald*, S. 270.
39 Ebd., S. 146.
40 Ebd., S. 271.
41 Zitiert in: Liedtke, *Heinrich Heine*, S. 71.
42 Wortsman, Einführung zu *Travel Pictures*, S. 208.
43 Zitiert in: Rösler, »Künstler nach der Flucht« (2017).
44 Zitiert in: Roper, *Hexenwahn*, a. d. Engl. v. Holger Fock u. Sabine Müller, S. 24 f.
45 Ebd., S. 20.
46 Ebd., S. 37.
47 Joseph von Eichendorff, »Der Jäger Abschied«.
48 *Das Nibelungenlied, Erster Teil*, S. 7.
49 MacGregor, *Deutschland*, a. d. Engl. v. Klaus Binder, S. 166.
50 McNee, »Spruce Bark Beetle's Devastating Impact on German Forests« (2020).
51 Siehe Craig, *The Politics of the Unpolitical*, S. 130.
52 Zitiert in: Liedtke, *Heinrich Heine*, S. 44.
53 Zitiert ebd., S. 100.
54 Zitiert ebd., S. 103.
55 Zitat aus dem Oberharzer Bergwerksmuseum Clausthal-Zellerfeld.

[56] Aus den Briefen aus Deutschland, zitiert nach dem BBC-3-Radiofeature »Coleridge in Göttingen«.
[57] Siehe beispielsweise Heinrich von Kleists *Die Hermannsschlacht*, die Neil MacGregor als »ziemlich schreckliches Stück« (*Deutschland*, S. 166) bezeichnet.
[58] Borchmeyer, »Into the Woods« (2019).
[59] Blackbourn, »Famous for its Sausages« (1997).
[60] Siehe: Liedtke, *Heinrich Heine*, S. 104.
[61] Siehe ebd., S. 119.
[62] Siehe Reeves, »Heinrich Heine – Politics or Poetry?«, S. 107 f.
[63] Anfangszeilen von Heines *Deutschland. Ein Wintermärchen*.
[64] Zitiert in: Liedtke, *Heinrich Heine*, S. 135.
[65] Aus dem Vorwort von *Deutschland. Ein Wintermärchen*, September 1844.
[66] Siehe: Liedtke, *Heinrich Heine*, S. 137.
[67] Zitiert ebd., S. 141.
[68] Das Gedicht »Wo?«.
[69] Coleridge in einem Brief über Wordsworth, zitiert in Wu, »A Romantic Journey« (2003).
[70] Die deutsche Übersetzung von Wolfgang Schlüter erschien 2015 unter dem Titel *Gedicht, noch ohne Titel, für S. T. Coleridge* bei Matthes & Seitz Berlin.
[71] Aus dem Gedicht »Nutting« von William Wordsworth.
[72] Zitiert in Wu, »A Romantic Journey« (2003).
[73] Johnston, »Wordsworth's Mission to Germany«, S. 19.
[74] Ebd.
[75] Von: Spurensuche Harzregion e. V.
[76] Zitiert in: Robert G. Lee und Sabine Wilke, »Forest as Volk«, S. 22.
[77] Die Zahlen stammen von der Stiftung Gedenkstätten Buchenwald und Mittelbau-Dora.
[78] Ebd.
[79] Notizbucheintrag des ehemaligen Häftlings Roman Drung vom April 1945; zitiert nach der Stiftung Gedenkstätten Buchenwald und Mittelbau-Dora.
[80] Zitiert in Lee und Wilke, »Forest as Volk«, S. 38.
[81] Zitiert in: *MDR Zeitreise*, »Die Bücherverbrennungen« (2019).
[82] Beschrieben in Peters, »*Ergriffenheit* and *Kritik*«, S. 285.
[83] Siehe ebd.
[84] Zitiert in: Craig, *The Politics of the Unpolitical*, S. 126.
[85] Zitiert in: Steinecke, *Heinrich Heine im Dritten Reich und im Exil*, S. 10.

86 Peters, »*Ergriffenheit* and *Kritik*«, S. 285. Peters' Formulierung »a [...] love that dare not speak its name« im Original ist ein Verweis auf eine berühmte Zeile aus Lord Alfred Douglas' Gedicht »Two Loves« (1894).

87 Aus der »Vorrede zur dritten Auflage« von Heines *Buch der Lieder*.

88 Die Zahl stammt aus dem Museum des Nationalpark-Besucherzentrums Brockenhaus.

89 Aus einem Brief an Mrs S. T. Coleridge vom 17. Mai 1799.

90 Coleridge, »Kubla Khan«, a. d. Engl. v. Florian Bissig.

91 Karl-Günther Fischer, Anwohner, in Werner, »›Da war für uns die Welt zu Ende‹ – Leben im geteilten Harz« (2008).

92 Shepherd, *Der lebende Berg*, a. d. Engl. v. Judith Zander, S. 60.

93 Die Geschichte des 3. Dezember 1989 erzählte der Fotograf Hansjörg Hörseljau im Rahmen einer Sendung zum dreißigsten Jahrestag des Ereignisses in Wunram, »Als auf dem Brocken die Mauer fiel« (2019).

94 Zitiert ebd.

95 »Tausende von DDR- und auch Bundesbürgern feierten auf dem Plateau ein Volksfest«, *Goslarsche Zeitung*, 4. Dezember 1989, zitiert auf der Website »Grenzöffnung im Harz«.

96 Flyn, *Islands of Abandonment*, S. 10.

97 Zitiert in Weikop, »Forests of Myth, Forests of Memory«, S. 30.

98 Zitiert ebd.

99 Zitiert in Jackson, »Anselm Kiefer« (2018).

100 Griep, *Mythologie Harz*, S. 5.

101 Ebd.

102 Siehe: Andersen, *Reiseschatten*.

103 Scholz, »Heine in der deutschen Presse«, S. 59.

104 Zitiert in: Liedtke, *Heinrich Heine*, S. 191.

105 Aus: »Rede über Heine«, am 15. Januar 1950 in New York gehalten. Abgedruckt in Heym, *Offene Worte in eigener Sache*, S. 260.

106 Zitiert in: Reich-Ranicki, *Der Fall Heine*, S. 48.

107 De Quincey, »Das Brockengespenst«, Übersetzer nicht angegeben, S. 60.

108 Ebd., S. 61.

109 Coleridge, »Constancy to an Ideal Object«.

110 Siehe Keil, »Chronik einer Panik« (2004).

111 Siehe: Weidner, *25 Years of Modern Environmental Policy in Germany*, S. 8.

112 Markham, »In a ›Dying‹ Forest, the German Soul Withers Too« (1984).

113 Ebd.

114 Siehe Jones, »Origins of the East German Environmental Movement«, S. 235.

[115] »Dem deutschen Wald geht es schlechter als je zuvor«, *Deutsche Welle*, (2021).
[116] Morris, *Harry Price. The Psychic Detective.*
[117] Price, *Confessions of a Ghost-Hunter.* Exzerpte daraus von der Harry-Price-Website abgerufen.
[118] Ebd.
[119] Ebd.
[120] Goethe, *Faust I*, V. 3956–3961.
[121] Siehe: BBC Radio 4, *In Our Time: Faust* (2004), eine interessante Einführung zur fünfhundertjährigen Geschichte des Faust und seines Einflusses auf die deutsche (und britische) Fantasie.
[122] Es handelt sich hierbei um das *Faustbuch des Christlich Meynenden.*
[123] Heine, *Der Doktor Faust. Ein Tanzpoem*, online abgerufen über Projekt Gutenberg.
[124] Mann, *Mephisto*, S. 262 f.
[125] Benno Schmidt verstarb im Dezember 2022 im Alter von neunzig Jahren. Zu diesem Zeitpunkt hatte er den Brocken neuntausend Mal bestiegen. Seine Homepage {www.brocken-benno.de}, die Bilder und Presseberichte zu seinen Wanderungen sammelt, ist weiterhin erreichbar.
[126] Wohlleben, *Gebrauchsanweisung*, S. 83.
[127] Siehe: »Naturschutzgebiete« auf der Website des Bundesamts für Naturschutz.
[128] Nicolaisen u. a., *Rechtsextreme Ideologien im Natur- und Umweltschutz* (2018).
[129] Ebd., S. 5.
[130] Thiele und Weiss, »Idylle in Grün-Braun« (2012).
[131] Siehe Nicolaisen u. a., *Rechtsextreme Ideologien*, S. 8.
[132] Siehe ebd., S. 24.
[133] Jünger, *Der Waldgang*, S. 34 f.
[134] Jünger, »Der Kampf als inneres Erlebnis«, S. 73.
[135] Siehe Craig, »Insouciance« (1997).
[136] Jünger, *Der Waldgang*, S. 28.
[137] Ebd., S. 27.
[138] Zitiert in Nicolaisen u. a., *Rechtsextreme Ideologien*, S. 24.
[139] Jünger, *Der Waldgang*, S. 48.
[140] Aus: Griep, *Mythologie Harz.*
[141] Ebd.
[142] Zitiert in: Liedtke, *Heinrich Heine*, S. 72.
[143] Siehe ebd., S. 73.

[144] Zitiert ebd.

[145] Siehe ebd., S. 76.

[146] In: MacGregor, *Deutschland*, S. 505.

[147] Semprún und Wiesel, *Schweigen ist unmöglich*, a. d. Frz. v. Wolfram Bayer, S. 26 f.

[148] Das Manuskript befindet sich im Leo Baeck Institute in New York und ist mit dem Hinweis »letzter Artikel vor seinem Tod am Montag, den 22. Mai 1939« versehen. Zitiert in Wunberg, »Die Eiche Goethes in Buchenwald«, S. 332 f.

[149] Garton Ash, *The File*, S. 44.

[150] »Englands grünem, schönem Land« ist ein Verweis auf William Blakes Vers »In England's green & pleasant Land« aus dem Gedicht »And Did Those Feet in Ancient Time« (popularisiert als Hymne »Jerusalem«), hier in der Übersetzung von Thomas Eichhorn.

[151] Smyth, »The Dark Side of Nature Writing« (2018).

[152] Ebd.

[153] Siehe: »Zahl der rechtsextremen Straftaten auf höchstem Stand seit 2001« (2021).

[154] Siehe: Fröhlich, »Berliner Schulleitung demonstrierte für Holocaustleugnerin Haverbeck« (2021).

[155] Roth, »Fern von der Scholle«, S. 513.

Ausgewählte Literatur

Hans Christian Andersen, *Reiseschatten. Eine Reise von Lübeck durch den Harz nach Dresden und zurück über Berlin im Sommer 1831*, Berlin 2016.

Neal Ascherson, »Imagined Soil. The German War on Nature«, *London Review of Books*, 26. April 2006, online verfügbar.

David Blackbourn, »Famous for its Sausages«, *London Review of Books*, 2. Januar 1997, online verfügbar.

William Blake, *Zwischen Feuer und Feuer. Poetische Werke. Zweisprachige Ausgabe*, aus dem Englischen von Thomas Eichhorn, München 2007.

Dieter Borchmeyer, »Into the Woods«, *German Times*, April 2019, online verfügbar.

Helmut Brackert (Hg.), *Das Nibelungenlied*, aus dem Mittelhochdeutschen von dems., Frankfurt a. M. 2004.

Angela Brünjes, »Lou Andreas-Salomé: Neuer Blick auf ihr Leben«, *Göttinger Tageblatt*, 9. Januar 2011, online verfügbar.

Horatio Clare, *Something of His Art. Walking to Lübeck with J. S. Bach*, Beaminster 2018.

Samuel Taylor Coleridge, »Kubla Khan«, in: *In Xanadu. Gedichte*, aus dem Englischen von Florian Bissig, Zürich 2022.

Gordon A. Craig, »Insouciance«, *London Review of Books*, 17. Juli 1997, online verfügbar.

Gordon A. Craig, *The Politics of the Unpolitical. German Writers and the Problem of Power 1770–1871*, Oxford 1995.

»Dem deutschen Wald geht es schlechter als je zuvor«, *DW Online*, 24. Februar 2021, online verfügbar.

Jenny Diski, »It Wasn't Him, It Was Her«, *London Review of Books*, 25. September 2003, online verfügbar.

Sabine Eickenrodt und Erhard Schütz (Hg.), *Robert Walsers Wälder*, Berlin 2019.

Joseph Epstein, »Wit, Exile, Jew, Convert, Genius. The Life and Art of Heinrich Heine«, *Commentary Magazine*, Juni 2018, online verfügbar.
Cal Flyn, *Islands of Abandonment. Life in the Post-Human Landscape*, London 2021.
Alexander Fröhlich, »Berliner Schulleitung demonstrierte für Holocaustleugnerin Haverbeck: Sonnenwende statt jüdischer Dichter«, *Der Tagesspiegel*, 19. April 2021, online verfügbar.
Timothy Garton Ash, *The File. A Personal History*, London 2009.
J. W. Goethe, *Briefe. Historisch-kritische Ausgabe, Bd. 4: 1780–1781*, hg. v. Elke Richter u. a., Berlin 2020.
J. W. Goethe, *Faust. Der Tragödie Erster Teil*, Leipzig 1950.
Michael Gorra, *The Bells in Their Silence. Travels through Germany*, Princeton 2004.
Anthony Grafton, »Those Limbs We Admire«, *London Review of Books*, 14. Juli 2011, online verfügbar.
Hans G. Griep, *Mythologie Harz. Märchen und Sagen*, Goslar 2015.
Nigel Hamilton, *The Brothers Mann*, New Haven 1978.
Elizabeth Harvey und Maiken Umbach, »Photography and Twentieth-Century German History«, *Central European History* 48.3 (2015), S. 287–299.
Heinrich Heine, *Buch der Lieder*, Frankfurt a. M. 2010.
Heinrich Heine, *Deutschland. Ein Wintermärchen*, Frankfurt a. M. 2005.
Heinrich Heine, *Reisebilder*, Stuttgart 2010.
Heinrich Heine, *The Harz Journey and Selected Prose*, aus dem Deutschen von Ritchie Robertson, London 2006.
Heinrich Heine, *Travel Pictures*, aus dem Deutschen von Peter Wortsman, New York 2008.
Heinrich Heine, *Der Doktor Faust. Ein Tanzpoem, nebst kuriosen Berichten über Teufel, Hexen und Dichtkunst*, Projekt Gutenberg, online verfügbar.
Otto Leonhard Heubner, *Englische Dichter. Eine Auswahl englischer Dichtungen mit deutscher Übersetzung*, Leipzig 1856.
Stefan Heym, *Offene Worte in eigener Sache*, München 2003.
Katja Iken, »Die Frau mit der Peitsche«, *Der Spiegel*, 29. Juni 2016, online verfügbar.
Kitty Jackson, »Anselm Kiefer: Symbolism of the Forest«, *ArtDependence Magazine*, 5. April 2018, online verfügbar.
Kenneth R. Johnston, »Wordsworth's Mission to Germany: A Hidden Bicentenary?«, *The Wordsworth Circle* 30.1 (1999), S. 15–22.

Merrill E. Jones, »Origins of the East German Environmental Movement«, *German Studies Review* 16.2 (1993), S. 235–264.
Ernst Jünger, *Der Waldgang*, Stuttgart 2001.
Ernst Jünger, »Der Kampf als inneres Erlebnis«, in: *Sämtliche Werke. Bd. 9: Essays I, Betrachtungen zur Zeit*, S. 11–119.
Jed O. Kaplan, Kristen M. Krumhardt und Niklaus Zimmermann, »The Prehistoric and Preindustrial Deforestation of Europe«, *Quaternary Science Reviews* 28 (2009), S. 3016–3034.
Günter Keil, »Chronik einer Panik«, *Die Zeit*, 9. Dezember 2004, online verfügbar.
Karl Ove Knausgård, »Into the Black Forest with the Greatest Living Artist«, *New York Times Magazine*, 12. Februar 2020, online verfügbar.
Kerstin Lange, »Border Forests: Legacies of the Iron Curtain«, *Northern Woodlands*, Frühjahr 2016, online verfügbar.
Walter Laqueur, »The Artist in Politics«, *The New York Times*, 15. Mai 1983, online verfügbar.
Peter Larkin, »Romantic Writing and Pedestrian Travel by Robin Jarvis«, *The Coleridge Bulletin* 11 (1998), S. 64–71.
Robert G. Lee und Sabine Wilke, »Forest as Volk. *Ewiger Wald* and the Religion of Nature in the Third Reich«, *Journal of Social and Ecological Boundaries* 1.1 (2005), S. 21–46.
Rolf Lessenich, »Literary Views of English Rhine Romanticism 1769–1860«, *European Romantic Review* 10 (1999), S. 480–514.
Christian Liedtke, *Heinrich Heine*, Hamburg 2006.
Rose Macaulay, *Zauber der Vergänglichkeit*, aus dem Englischen von Wolf-Dieter Bach, München/Zürich 1966.
Neil MacGregor, *Deutschland. Erinnerungen einer Nation*, aus dem Englischen von Klaus Binder, München 2015.
Klaus Mann, *Mephisto. Roman einer Karriere*, Reinbek 2012.
James M. Markham, »In a ›Dying‹ Forest, the German Soul Withers Too«, in: *The New York Times*, 25. Mai 1984, online verfügbar.
John McNee, »Spruce Bark Beetle's Devastating Impact on German Forests«, *Forestry Journal*, 10. Oktober 2020, online verfügbar.
Billy Mills, »Path to Enlightenment. How Walking Inspires Writers«, *The Guardian*, 9. August 2012, online verfügbar.
Richard Morris, *Harry Price. The Psychic Detective*, Stroud 2006.
Lukas Nicolaisen und Yannick Passeick u. a., *Rechtsextreme Ideologien im Natur- und Umweltschutz*, FARN (Fachstelle Radikalisierungsprävention und Engagement im Naturschutz), 1. Auflage 2018, online verfügbar.

George F. Peters, »Heinrich Heine at 200«, *The German Quarterly* 71.3 (1998), S. 284–298.
Paul Peters, »*Ergriffenheit* and *Kritik*: or, Decolonizing Heine«, *Monatshefte* 89.3 (1997), S. 285–306.
Christian Pfaffinger, »Braune Bio-Kameradschaft«, *Der Spiegel*, 3. April 2012, online verfügbar.
Thomas De Quincey, »Das Brockengespenst«, in: *Suspiria de Profundis. Seufzer des Verderbens. Eine Fortsetzung der Bekenntnisse eines englischen Opiumessers*, Übersetzer nicht angegeben, Hamburg 2009.
Nigel Reeves, »Heinrich Heine – Politics or Poetry? Hegel or Enfantin? A Review of Some Recent Developments in Research«, *The Modern Languages Review* 75.1 (1980), S. 105–113.
Marcel Reich-Ranicki, *Der Fall Heine*, München 2000.
Lyndal Roper, *Hexenwahn. Geschichte einer Verfolgung*, aus dem Englischen von Holger Fock und Sabine Müller, München 2007.
Paula Rösler, »Künstler nach der Flucht: Heinrich Heine – geflüchtet, um in Freiheit zu schreiben«, Online-Artikel Deutsche Welle, 25. Dezember 2017, online verfügbar.
Joseph Roth, »Fern von der Scholle«, in: *Werke, Band 3: Das journalistische Werk, 1929–1939*, hg. v. Klaus Westermann, Köln 1991, S. 513–516.
Jeffrey L. Sammons, *Heinrich Heine. Alternative Perspectives 1985–2005*, Würzburg 2006.
Rüdiger Scholz, »Heine in der deutschen Presse der Nachkriegszeit 1945–1947«, *Colloquia Germanica* 41.1 (2008), S. 59–94.
Jorge Semprún und Elie Wiesel, *Schweigen ist unmöglich*, aus dem Französischen von Wolfram Bayer, Frankfurt a. M. 1997.
Nan Shepherd, *Der lebende Berg*, aus dem Englischen von Judith Zander, Berlin 2017.
Richard Smyth, »The Dark Side of Nature Writing«, *New Humanist*, 20. Juni 2018, online verfügbar.
Rebecca Solnit, *Wanderlust. Eine Geschichte des Gehens*, aus dem Englischen von Daniel Fastner, Berlin 2019.
Hartmut Steinecke, *Heinrich Heine im Dritten Reich und im Exil*, Paderborn 2008.
Harry Steinhauer, »Heinrich Heine«, *The Antioch Review* 16.4 (1956), S. 445–458.
Bernd Sternal, *Sagen, Mythen und Legenden aus dem Harz*, o. O. 2016.
Irvin Stock, »Ironic Conservatism. Thomas Mann's Reflections of a Non-Political Man«, *Salmagundi* 68/69 (1985/1986), S. 166–185.

John-Paul Stonard, »At the RA: Anselm Kiefer«, *London Review of Books*, 6. November 2014, online verfügbar.
Christian Thiele und Marlene Weiss, »Idylle in Grün-Braun«, *Süddeutsche Zeitung*, 13. April 2012, online verfügbar.
Walther Victor (Hg.), *Heinrich Heine. Ein Lesebuch für unsere Zeit*, Berlin/Weimar 1968.
Nikolaus Wachsmann, »Marching under the Swastika? Ernst Jünger and National Socialism, 1918–33«, *Journal of Contemporary History* 33.4 (1988), S. 573–589.
Peter Watson, *Der deutsche Genius. Eine Geistes- und Kulturgeschichte von Bach bis Benedikt XVI.*, aus dem Englischen von Yvonne Badal, München 2014.
Helmut Weidner, *25 Years of Modern Environmental Policy in Germany. Treading a Well-Worn Path to the Top of the International Field*, WZB Discussion Paper FS II 95–301, Berlin 1995.
Christian Weikop, »Forests of Myth, Forests of Memory«, in: *Anselm Kiefer*, London 2014, S. 30–47.
Ursula Welsch und Dorothee Pfeiffer, *Lou Andreas-Salomé – Eine Bildbiographie*, Stuttgart 2008.
Carina Werner, »›Da war für uns die Welt zu Ende‹ – Leben im geteilten Harz«, *NDR online*, 14. November 2008, online verfügbar.
Peter Wohlleben, *Gebrauchsanweisung für den Wald*, München 2017.
Duncan Wu, »A Romantic Journey«, *The Guardian*, 6. Dezember 2003, online verfügbar.
Gotthard Wunberg, »›Die Eiche Goethes in Buchenwald.‹ Zu Joseph Roths letztem Text. Heimat als Nähe und Ferne.«, in: ders., *Jahrhundertwende. Studien zur Literatur der Moderne*, Tübingen 2001, S. 331–341.
Jörg Wunram, »Als auf dem Brocken die Mauer fiel«, *NDR Info*, 3. Dezember 2019, online verfügbar.
»Zahl der rechtsextremen Straftaten auf höchstem Stand seit 2001«, *Die Zeit*, 4. Mai 2021, online verfügbar.
Johannes Zechner, *Der Deutsche Wald. Eine Ideengeschichte*, Darmstadt 2016.

Sonstige Quellen

Coleridge-Briefe: online archiviert unter {inamidst.com/coleridge/letters/}.

»Coleridge in Göttingen« von BBC Radio 3, 20. Juni 2010, online verfügbar unter {www.bbc.co.uk/programmes/b00ss24p}.

Dritte Bundeswaldinventur (2012), online abgerufen unter {https://bwi.info/}.

»In Our Time: Faust« von BBC Radio 4, 23. Dezember 2004, online verfügbar unter {www.bbc.co.uk/programmes/p004y2bt}.

Zur Geschichte von Harry Price siehe {www.harrypricewebsite.co.uk}.

Online-Quellen des Bundesamts für Naturschutz unter {www.bfn.de}.

Online-Quellen der Bundeszentrale für politische Bildung unter {www.bpb.de}.

Online-Quellen zur Grenzöffnung im Harz unter {www.grenzoeffnung-im-harz.de}.

Online-Quellen von MDR Zeitreise zur Bücherverbrennung von 1933 unter {www.mdr.de/zeitreise/buecherverbrennung-deutschland-100.html}.

Online-Quellen der Spurensuche Harzregion e. V. unter {www.spurensuche-harzregion.de}.

Online-Quellen der Stiftung Gedenkstätten Buchenwald und Mittelbau-Dora unter {www.buchenwald.de}.